GOTTESDIENST PRAXIS SERIE A

Arbeitshilfen für die Gestaltung
der Gottesdienste im Kirchenjahr

Herausgegeben von Erhard Domay

Gütersloher Verlagshaus

GOTTESDIENST-PRAXIS

II. Perikopenreihe

Band 2: Septuagesimae bis Kantate

Gütersloher Verlagshaus

Die Deutsche Bibliothek - CIP-Einheitsaufnahme

Gottesdienstpraxis. - Gütersloh : Gütersloher Verl.-Haus.

Ser. A, Arbeitshilfen für die Gestaltung
der Gottesdienste im Kirchenjahr.
Perikopenreihe 2. hrsg. von Erhard Domay.

Bd. 2. Septuagesimae bis Kantate - 1998
ISBN 3-579-02941-X

ISBN 3-579-02941-X

Umschlagentwurf: Franz Wollzenmüller, Oberhaching
Umschlagbild: © Johannes Schreiter, Langen, Fazit 35/1985/GB
Die hier wiedergegebene Reproduktion entspricht dem Original:
Freis Glasbild, 39,5 x 56,5 cm
Satz: Fotosetzerei Steggemann, Herford
Druck und Bindung: Ebner Ulm

Gedruckt auf chlorfrei gebleichtem Werkdruckpapier

Printed in Germany

Inhalt

Septuagesimae

Annäherungen an den Predigttext 1. Brief an die Gemeinde in Korinth 9,24-27

Gunnar Sinn

Paulus im Trainingsanzug oder im Kraftraum ... - ein fremder Gedanke. Der Apostel in der Fankurve der isthmischen Spiele in Korinth oder bei Olympia? Immerhin, er gebraucht Bilder aus der Welt des Sports, um mit seiner Gemeinde Klartext zu reden. Die Disziplinen, die er auswählt, entsprechen zudem Deutschlands (männlichen) Sportidolen 1995 (Wenn man den Postern in den Zimmern der Konfirmanden und dem Presseecho trauen darf): Henry Maske (›nicht wie einer, der in die Luft schlägt‹ V. 24) und Michael Schumacher, einer, der seine Runden in der ›Kampfbahn‹ dreht, um einen - vergänglichen - ›Siegeskranz‹ zu gewinnen (V. 26). Leistungssport (Ausdauer und Reaktion) als Bild für den Glauben? - eine reizvolle und schwierige Aufgabe für die Predigerin/den Prediger? Was meint wohl eine Gesprächsgruppe kritischer, junger Erwachsener in einer deutschen Großstadt dazu?

»Was, aus der Bibel ist das?« - fragen gleich zwei. »Glaube hat doch nichts mit Leistung zu tun und mit Anstrengung.« Auch die ›Leibfeindlichkeit‹ fällt ins Auge und erregt Protest, vor allem bei den weiblichen Teilnehmern. »Und wieso kann nur einer gewinnen?« »Was ist mit den anderen?« Wir sind uns einig, daß wir mehr Informationen benötigen. Warum wurden diese Zeilen geschrieben? Wer ist wir? Was ist das Ziel und die Absicht der Aussagen? Ich gebe einige Hinweise zur Ursprungssituation des Textes (Parteien in Korinth; Verteidigung des Apostolates).

Das Gespräch nimmt eine Wendung. Manche Gesprächsteilnehmer/innen versuchen, dem Text Positives abzugewinnen. »Paulus meint: Ihr sollt euch Mühe geben mit eurem Glauben.« - sagt ein Abiturient, und eine Studentin findet die ausgewählten Sportarten bemerkenswert: »Das Laufen steht für das Kontinuum des Glaubens und das Boxen für die Fähigkeit, streitbar darin zu sein.« Auch die Absicht des Paulus (V. 27) authentisch zu bleiben, entspricht den ethischen Maximen der Gesprächsteilnehmer/innen. Das wollen sie nicht - anders reden als sie handeln.

Dennoch bleibt der negative Eindruck vom Anfang bei manchen bestehen. Ein Student sagt: »Der Text entspricht zum Teil meiner Lebenserfahrung, aber nicht meiner Lebensauffassung.« Daß das Leben auch der Glauben-

den (und nicht nur dieser) den Charakter eines Kampfes hat, dem stimmen alle zu, aber - klagt einer - »der Text gibt mir keinen Ausweg frei.« Dem wird allerdings widersprochen, denn »wir laufen ja nach Paulus nicht ins Ungewisse, sondern auf ein lohnendes Ziel zu«.
Ich stelle nun die Frage, in welche Richtung die Predigt nach Meinung der Gesprächsteilnehmer/innen gehen sollte. Man wünscht sich, daß anderes gesagt wird, als man im Alltag auch erlebt. Ein Architekturstudent: »Begriffe wie Kampf, Faust, Schlagen, Bezwingen und Zähmen klingen für mich sehr radikal und gehören nicht zum Vokabular meines Glaubens.« Dazu muß eine Klärung herbeigeführt werden. Ein anderer schließt sich dem an: »Was will Paulus eigentlich wirklich mit den schwierigen Bildern sagen?« Ich erhalte noch weitere Antworten: »Christsein darf kein ungewisses Ziel vor Augen haben.« »Das Leben ist mit sinnvollen Zielen zu füllen und soll sich weniger von Oberflächlichkeiten leiten lassen.« »Glaube ist ein Weg, der von Höhen und Tiefen geprägt ist. Eine Besinnung auf mich selbst und mein Ziel kann Orientierung verleihen.« »Ziele im Leben verlangen manchmal Verzicht und Engagement. Doch welche Ziele lohnen sich?« »Die Predigt sollte Mut machen, daß jeder Mensch, solange er lebt, ein Ziel hat und kein Leben daher sinnlos sein muß.«
Immer wieder die Stichworte Ziel und Orientierung. Daran wird man als Prediger/Predigerin nicht vorübergehen können; eine Klärung der Ursprungssituation ist jedoch ebenso vonnöten. Reizvoll aber bleiben mir dennoch die Metaphern aus der Welt des Sports, die ja in der Bibel nicht so breit gestreut sind. Welche sportlichen Großereignisse finden eigentlich an Septuagesimae 1998 statt?

Zum Gottesdienst

Heiderose Gärtner

Exegetisch-homiletische Skizze

Auch wenn dieser Text wenige exegetische Probleme aufgibt, bleibt er doch sperrig, wenn er homiletisch verarbeitet werden will. Viele unterschiedliche, nicht stringent ausgeführte Bilder, auch wenn sie alle aus dem Bereich des Sportes kommen, machen das Verstehen schwer. Unterschiedliche Konnotation zum Begriff Leistung werden durch den Text herausgefordert. Das stellt die Frage nach dem Rechtfertigungsverständnis.
Bei diesem ersten Hinschauen frage ich mich, worauf sich dieser Text bezieht. M. E. ist er eine Erläuterung, eine Auslegung des Verses 23. »Alles aber tue ich um des Evangeliums willen, um an ihm teilzuhaben.« Die bild-

lichen Schilderungen in den folgenden Versen bieten dann die Explikation. So wird dieser Text verständlich. Denn sogar die sprachliche und strukturelle Form des Verses 23 wird in den Versen 24–26 aufgenommen.
Vers 24: Nur einer empfängt den Siegespreis. Dieser Satz erregt Anstoß. Die Feststellung, daß nur einer gewinnt, muß aber im Bild interpretiert werden. Die Gläubigen sollen angespornt werden, damit sie sich anstrengen. Die Betonung liegt damit auf dem Sich-wirklich-Bemühen um die Sache des Evangeliums, nicht auf dem Sieg.
Vers 25: Ein Hinweis auf die Lebensführung wird hier laut. Wenn man sich der Sache des Evangeliums ganz verschreibt, hat das Auswirkungen auf die Lebensführung, weil diesem unvergänglichen Ziel alles unterstellt wird.
Vers 26: Im Bild vom Boxen gibt Paulus seinen Kampf mit sich selbst zu erkennen. »Ein-immer-wieder-Aufraffen« zur Verkündigung des Evangeliums wird deutlich. Auch Paulus braucht das, das macht ihn sympathisch. Trotz des paulinischen Apostolat wird die grundsätzliche Solidarität unter den Christen deutlich, die grundsätzliche Angewiesenheit auf Gott und die Gleichwertigkeit der Kinder Gottes.
Der Vers 27 stellt ein Problem dar: »Damit ich nicht andern predige und selbst verwerflich werde«. Wie kann er verstanden werden? Hier helfen Überlegungen zur Ursprungssituation weiter. Die vermutlich vorauszusetzende Situation in Korinth, zu der sich Paulus äußert, wird bestimmt durch die Verbreitung von enthusiastisch-gnostischen Vorstellungen, von denen Paulus meint, daß sie Fuß in den christlichen Gemeinden fassen könnten. Aus seiner Reaktion kann erschlossen werden, daß die Menschen, die dieser Strömung nahe standen, meinten, daß sie jetzt schon von der Sünde erlöst und zur absoluten Freiheit begabt sind. Diese Auffassung teilt Paulus nicht, jeder Mensch ist sündig und bedarf der Zusage Gottes. Wer etwas anderes predigt, verkündigt nicht Jesus Christus. Deshalb ist das Auslegen und Predigen eine Aufgabe, die vor Gott und den Menschen von den Predigenden verantwortet werden muß. Die ganze Person steht auf dem Spiel. Zwei Metaphern sollen für die Predigt in besonderer Weise fruchtbar gemacht werden: Das Ziel und das Laufen.
Ziel:
Das Leben hat ein Ziel, es plätschert nicht nur dahin. Ihm ist ein Ziel (vgl. »Annäherungen zum Predigtext«) vorgegeben, nämlich die Teilhabe am Reich Gottes. Der Mensch muß sich im Leben kein Ziel erfinden oder machen, wie etwa Leistung und Erfolg, das Ziel ist vorgegeben. Wichtig allerdings ist, daß der Mensch dieses Ziel vor sich sieht, daß er es akzeptiert. Deshalb betont Paulus dies durch drei Bilder: Er spricht vom Siegespreis, vom unvergänglichen Kranz und davon, daß er nicht ins Ungewisse läuft. Die Konkretion des Zieles, das in biblischer Diktion Reich Gottes genannt wird und die Übersetzung dieses Bildes in die heutige Zeit, muß in der Predigt geleistet werden. Das Reich Gottes ist nach jüdischer und frühchristlicher Vorstellung der Herrschaftsbereich Gottes, die Glaubende

erkennen ihn an. »Das Joch der Gottesherrschaft auf sich nehmen« ist ein Ausdruck der Anerkennung Gottes. »Christsein darf kein ungewisses Ziel vor Augen haben« (vgl. »Annäherungen«), denn es geht um den Glauben an Gott und die Akzeptanz seines Herrschaftsbereiches.

Für dieses Ziel gilt es alles dranzugeben, um es zu erlangen. Alles muß der Mensch einsetzen. D.h., daß er von sich und seinen Bedürfnissen wegschaut. Nicht das eigene »feeling«, die Nabelschau, das Drehen um sich selbst läßt den Sinn des Lebens finden, sondern der Einsatz für die Sache des Evangeliums macht das Leben lebenswert und sinnvoll.

Nicht selten erkranken Menschen an ihrer ständigen Schau auf sich selbst. Der Hypochonder z.B. betrachtet jegliche Äußerungen seines Körpers mit Mißtrauen und Angst. In der Logotherapie nach V.E. Frankl werden diese Menschen dadurch geheilt, daß sie lernen, von sich selbst wegzusehen, sich selbst zu transzendieren. Das gelingt aber nur, wenn sie sich auf etwas anderes, eine wichtige Sache oder eine Arbeit konzentrieren und so das ängstliche Beobachten des eigenen Körpers buchstäblich vergessen.

Laufen:

Viermal begegnet uns im griechischen Text das Wort »laufen«, es hat zentrale Bedeutung. Es ist ein zielgerichtet Laufen. Ein Bild für die christliche Existenz ist dieses Laufen, diese Bewegung auf das Reich Gottes hin. Zwar bekommt nur einer den Siegeskranz, aber es geht Paulus hier nicht um die Konkurrenz mit dem Mitläufer. Er betont, daß man sich anstrengen soll beim Laufen, alles dransetzen soll. Das ist der Vergleichspunkt. Uns anzustrengen, uns zu bemühen um das Evangelium, dazu sollen wir herausgefordert werden. Hier lohnt sich ein Blick in die Evangelien. Mehrfach werden vor allem in den »anstößigen« Gleichnissen Ereignisse dargestellt, die unsere Vorstellung von Moral und Gewissen verletzen. Aber es geht dabei eben nicht um Moral, sondern sie wollen damit herausfordern, alles auf eine Karte, die Karte des Reiches Gottes zu setzen (Lk 16,1–13, Mt 13,44, Lk 12,39, vgl. T. Schramm, K. Löwenstein, Unmoralische Helden, Göttingen 1986).

Das Bild des Laufens beinhaltet den Aspekt des Weitermachens, des Durchhaltens, des An-der-Sache-bleibens. »Paulus meint, ihr sollt euch Mühe geben mit eurem Glauben«, so sagt es eine Teilnehmerin des Gesprächskreises, der die »Annäherungen an den Predigttext« verantwortet hat. Dies kann ein Anstoß zum Nachdenken in Richtung Konkretion sein.

Diese Form christlicher Existenz hat ihren Preis. Viele Selbstverständlichkeiten des modernen Leben werden dadurch vielleicht in Frage gestellt. Was ist wirklich wichtig im Leben, wird die Frage sein, die zum Grundrepertoir christlicher Existenz gehört.

Zur Situation der Gemeinde:

Analog den Voten in den »Annäherungen«, vermute ich die Empfindungen bei den Hörenden des Bibeltextes in der Stadtmittegemeinde von Ludwigs-

hafen. Überbetonung des Leistungsbegriffs und Leibfeindlichkeit. Ob eine Klärung der Ursprungssituation in der Predigt zu einem besseren Verständnis führt, wie der Verfasser der »Annäherungen« meint, bezweifle ich. Wie oben erläutert, kann in der Predigt das »Anstößige« im doppelten Sinn des Wortes, der »Knackpunkt« der Bilder, herausgearbeitet und für die heutige Situation der Hörenden fruchtbar gemacht werden.
Gerade das »Sich-dauerhaft-für-etwas-voll-und-ganz-einsetzen« gilt es in der Zeit, die von dauerndem Wechsel lebt, zu betonen und umzusetzen, ebenso wie die Hervorhebung des einen Ziels in dieser Gesellschaft, die sich durch die Qual der Wahl auszeichnet.

Vorschläge zur Liturgie

Nach dem *Votum* wird der *Wochenpsalm* im Wechsel mit der Gemeinde gesprochen.

Eingangsgebet
Beim aufgehenden Morgenlicht preisen wir Dich, o Gott, Du Schöpfer.
Danke für diesen Tag, der den Menschen einen neuen Anfang bringt.
Laß diesen von Dir neugeschaffenen Tag gelingen!
Gib Güte und Barmherzigkeit dazu!
Laß unsere Hoffnungen nicht scheitern,
verbirg Dich nicht vor uns!
Gott, der Du uns trägst, Du sorgst Dich um uns,
laß nicht ab von uns!
O Gott, verlaß uns nicht, sei bei uns und begleite uns
an diesem Morgen und an jedem unserer Tage.
Amen

Vielleicht kann in diesem Gottesdienst das traditionelle *Fürbittengebet* durch ein Gebet der Basisgemeinden der Philippinen ersetzt werden. Ich halte das Fürbittengebet für wesentlich, möchte aber in diesem Gottesdienst durch den Bilderreichtum des philippinischen Gebets eine »offene« meditative Gebetsatmosphäre herstellen. Die in der Predigt angeregten Fragen nach dem Glauben, dem Ziel und dem Sinn des Lebens können durch andere Bilder in verfremdeter Weise weitergeführt oder bearbeitet werden.

Mach uns unruhig, o Gott,
wenn wir allzu selbstzufrieden sind;
wenn unsre Träume sich erfüllt haben,
weil sie allzu klein und eng und beschränkt waren;
wenn wir uns im sicheren Hafen bereits am Ziel wähnen,
weil wir allzu dicht am Ufer segelten.

Mach uns unruhig, o Gott,
wenn wir über die Fülle der Dinge, die wir besitzen,
den Durst nach den Wassern des Lebens verloren haben;
wenn wir, verleibt in diese Erdenzeit,
aufgehört haben, von der Ewigkeit zu träumen;
wenn wir in den Aufbau der Neuen Erde investieren,
unsere Visionen des Neuen Himmels verblassen ließen.

Rüttle uns auf, o Gott,
damit wir kühner werden
und uns hinauswagen auf das weite Meer,
wo uns die Stürme deine Allmacht offenbaren,
wo wir mit schwindender Sicht auf das Ufer
die Sterne aufleuchten sehen.

In Namen dessen, der die Horizonte
unserer Hoffnungen weit auseinandergeschoben
und die Beherzten aufgefordert hat,
ihm zu folgen.
Amen

Liedvorschläge: EK 670; 261; 610; 647

Zur Predigt

Möglicher Anfang
Liebe Gemeinde!
»Was ist das Leben?«, fragte ein frecher Buchfink, die Mittagsruhe der anderen Waldbewohner empfindlich störend. »Eine schwere Frage«, stöhnten die anderen. Eine Rose entfaltete gerade ihre Knospe und schob Blatt um Blatt hervor. »Das Leben ist Entwicklung«, sagte sie. Der weniger tief philosophierende Schmetterling, der hin und her flog und hier dort ein wenig an den Blumen naschte, sagte: »Das Leben ist lauter Freude und Sonnenschein«. Die sich gerade mit einem viel zu langen Strohhalm abquälende Ameise hielt dagegen: »Das Leben ist nichts als Mühe und Arbeit.« Es hätte nun sicher einen großen Streit gegeben, wären sie nicht durch Schritte auf dem nahen Weg gestört worden. Ein Mann ging von seinem Liebesabenteuer kommend auf dem Weg am Waldrand nach Hause. Er murmelte vor sich hin: »Das Leben ist ein ständiges Suchen nach Glück und eine Kette von Enttäuschungen.« (veränderte Nacherzählung von »Was ist das Leben« in: W. Hoffsümmer, Kurzgeschichten 2, 2. Aufl. 1984, Seite 111).
Das Leben ist ein ständiges Suchen, nach was? ... Ich würde sagen, nach dem Sinn im Leben. Wir tun unsere Arbeit, leisten etwas, laufen kräftig mit

im Wettbewerb um jenes Leben, dem man ansieht, daß sein Besitzer einer ist, der weiß, wo's lang geht. Die Bilder von gelingendem Leben in unserer Gesellschaft wechseln schnell. Ist nun ein erfülltes Leben, das von der Frau, die Zuhause das richtige Waschpulver benutzt oder das von der tüchtigen Geschäftsfrau, die mit dem richtigen Deo den anstrengenden Tag übersteht. Viele wechselnde Bilder von scheinbar gelingendem Leben werden nicht nur in den Medien verkauft.

Zum weiteren Verlauf

Das Leben ist eine ständige Suche nach dem Sinn, nach dem richtigen Ziel im Leben. Dabei ist das Ziel unseres Lebens doch vorgegeben und nach Paulus auch ganz klar zu erkennen. Gott ist das Ziel. Wenn man Gott als den Sinn im Leben erkennt, verändert sich die eigene Haltung zu Besitz und Leistung. Sie bringen's nicht auf die Dauer, werden schal. Wenn man Gott als Ziel seines Lebens erkennt, gewinnt man Freiheit gegenüber allen anderen Abhängigkeiten.

Gott als die wichtigste Größe im Leben anzuerkennen, formulierten die Juden zur Zeit Jesu als das »Joch der Gottesherrschaft« auf sich nehmen. D. h. Gott über alles im Leben zu stellen.

Ich brauche nicht mehr nach dem Sinn des Lebens zu suchen, ich weiß, er ist da. Ich werde dieser ständigen Sorge um das Gelingen meines Lebens enthoben. Ich kann das tun, was mir jeden Tag aufgetragen wird, das ist wichtig und muß getan werden. Ich gebe mich hin an die mir im Leben aufgetragenen Aufgaben. Weil ich mich nicht verliere im Labyrinth der eigenen Nabelschau, laufe ich auf das Ziel, auf Gott zu.

Daß Menschen von sich wegschauen lernen, auf Aufgaben, andere Menschen oder Sachen, ist eine Form der Heilmethode der Psychotherapie für solche Menschen, die an ihren eigenen Problemen zu ersticken drohen. Kinder leben so. Sie vergessen beim intensiven Spiel, das für sie Erfahrung der Welt und Einübung ins Leben ist, sich selbst und alles um sich herum. Sich in dieser Weise selbst zu vergessen, bedeutet erfülltes Leben gefunden zu haben. Manchmal vergessen wir auch alles, weil z. B. ein Gespräch so interessant war. Wie ist die Zeit vergangen, ich habe es gar nicht gemerkt, sagen wir dann. Vertieft, versunken und an einen anderen, ein Gespräch hingegeben, haben wir dann gelebt.

Im Sich-selbst-vergessen, in der Selbsthingabe liegt der Schlüssel zur Erfüllung unseres Lebens. Indem das krampfhafte Suchen nach gelingendem Leben aufgegeben wird und Leben in der Selbsthingabe gelebt wird, geschieht Verkündigung. Nämlich, daß Gott das Ziel gelingenden Lebens ist und nicht Leistung, Besitz, Macht oder Selbstbehauptung.

Man kann fragen, was bei dieser Lebensführung vorgezeigt werden kann an Erfolgen? Sicher eine ganze Menge, aber wohl kaum meßbare oder vorzeigbare. Vielleicht ist das der wahre Reichtum eines Menschenlebens. Ein Relief des Abts Gerlannus bildet einen Menschen und seine Lebensernte ab (Quellenangabe siehe Kontext). Der Ertrag, die Lebensernte des Mannes liegt nicht auf einem Haufen vor ihm, oder wird durch ein riesiges Haus oder ein Sparbuch vor seinen Augen deutlich, nein, die Lebensernte wächst hinter ihm, auf dem Relief ist das ein Zweig oder ein Baum. Diesen »lebendigen« Ertrag kann der Mensch nicht sehen, die wirkliche Lebensernte wächst hinter uns und kann nicht in Säcken davon getragen werden. Bei dieser Lebensführung zu bleiben, sich nicht abbringen lassen, sondern wie Paulus sagt, laufen auf das Ziel hin, bedeutet anders zu leben. Man bleibt bei einer Sache, muß nicht ständig Neues ausprobieren, sich der Qual der Wahl von Lebensentwürfen und -möglichkeiten ausliefern (Hier sind weitere Konkretionen, die einen Bezug zur Gemeinde haben, möglich).

Möglicher Schluß
Kaum war der Mann am Waldrand vorüber gegangen, so geht die Geschichte, die am Anfang der Predigt stand, weiter, kam die Morgenröte an den Himmel. Sie sagte: »Wie ich, die Morgenröte, der Beginn des kommenden Tages bin, so ist das Leben der Anbruch der Ewigkeit.«

Kontext

Ergreife, was Dir gegeben ist

Frage nicht jeden Tag aufs neue:
Bin ich wohl auf dem richtigen Weg?
Mach dich nicht selbst jeden Tag aufs neue unsicher.
Du kannst, wenn du ein Kind hast, nicht täglich fragen:
War es richtig, dieses Kind zu wünschen?
Es ist dir gegeben.
Also gehe mit ihm Schritt um Schritt.
Du kannst, wenn du eine Ehe führst, nicht täglich fragen:
Hätte ich nicht vielleicht jemand anderen wählen sollen?
Dein Partner ist dir gegeben.
Also gehe Schritt um Schritt mit ihm.
Ergreife, was dir gegeben ist:
Tue das Nächstliegende.
Verzehre dich nicht im Zweifel.
(in: Jörg Zink, Ich werde gerne alt, Kreuz Verlag, Stuttgart 1990)

Sexagesimae

Annäherungen an den Predigttext
Brief an Hebräerinnen und Hebräer 4,12-13

Wolfgang Gerts

Gespräch in einem Kreis engagierter Frauen der Gemeinde, die gelegentlich auch aktiv Gottesdienste mit eigenen Beiträgen gestalten. Ich gebe die Vorinformation, daß es sich um einen »Hymnus«, ein Gedicht, handelt, das der Autor des Hebräerbrief vermutlich aufgenommen und zitiert hat.

Zunächst langes Schweigen. Die Stimmung, die sich breit macht, wird von einer Frau so beschrieben: »Der Text hat etwas Unangenehmes. Ich mag es nicht, wenn irgendetwas oder irgendwer die Macht haben sollte, tief in mich einzudringen, mich bloßzustellen.« Eine andere: »Das klingt sehr feindlich - Gottes Wort ist gegen mich.« - Gegenfrage: »Wie kommen Sie darauf?« - »Ein Richter ist doch jemand, der urteilt. Und wenn das Wort Gottes ein Richter meiner Sinne und Gedanken ist, muß ich daraus schließen, daß jeder meiner Gedanken und Empfindungen beurteilt wird. Das könnte ich schwer ertragen. Das macht ja Angst zu denken.«
Es folgt ein Gespräch, das um den Begriff »Wort Gottes« kreist. Daß Gottes Wort etwas Lebendiges und Kräftiges ist, wird gerne angenommen. Hier werden auch persönliche Erfahrungen berichtet. Zwar will und kann niemand genau festmachen, wo zum Beispiel im Gottesdienst sich Wort Gottes identifizierbar ereignet, aber die Erfahrungen ähneln sich: »Es gibt Momente, da fühle ich mich persönlich angesprochen, und ich beginne, über mich nachzudenken. Ich glaube, es kommt auch zu Konsequenzen in meinem Empfinden und Handeln.« - »Nach einem Gottesdienst fühle ich mich oft befreiter als vorher. Und ich wurde angeregt zu ganz neuen Gedanken.« - »So, wie ich die Verkündigung erlebe, fühle ich mich angenommener, akzeptabler vor mir und vor anderen.« Deutlich wird, daß das »Wort Gottes« für die meisten nicht identisch ist mit dem Wortlaut der Bibel, sondern wirklich wie etwas Lebendiges »sich ereignet«, einfach kommt, geschieht. Das schließt nicht aus, daß manchmal auch nichts passiert, vielleicht ein »Wort Gottes« nicht überkommt. Ich bestärke die Frauen darin, daß sie hier ein ausgereiftes Verständnis entwickelt haben: Wort Gottes kann sich zu jeder Zeit und aus jedem Mund ereignen. Es ist in der Tat, wie der Hebräerbrief es beschreibt, gebunden an die eigene Seele, das Herz, die Sinne, die es berührt, an die Gedanken, die es auslöst.

»Es geht mir wohl auch mal so, wie der Hebräerbrief es sagt: Ich fühle mich auch mal in Mark und Bein getroffen, vielleicht sogar ertappt.« - Diese Äußerung löst einen neuen Versuch der Annäherung an die »schwierigen« Stellen des Textes aus.
Eine Frau entwickelt die Sicht: »Es ist ja auch eine Belastung, daß man seine ›wirklichen‹ Gedanken oft verbergen muß. Nach dem Motto ›Die Gedanken sind frei‹ unterscheiden wir zwischen dem, was wir andere wissen lassen, und dem, was wir wirklich empfinden. Wir haben gelernt, das sorgfältig auseinanderzuhalten. - »Nur vor Gott kann ich davon ausgehen, daß er mein Innenleben sieht, wie es ist, und es auch sehen darf. Er kennt meine Gedanken vor ferne, heißt es doch. - Das kann ich gut zulassen. Im Hebräerbrief ist das nur so negativ ausgedrückt, daß ich gleich einen Schreck kriege.« - Eine andere: »Die Vorstellung, daß Gott mir ins Herz sieht, macht mir keine Angst, weil ich voraussetze, daß Gott mich liebt und mir vergibt.« - Ich erinnere daran, daß Gottes Wort auch eine »prophetische« Seite hat. Auch die Propheten haben Wort Gottes verkündet, mit der ständigen Aufforderung an Israel oder Juda, Gerechtigkeit, das Recht der Schwächeren zu achten und für »Rechtsspruch statt Rechtsbruch« (Jesaja 5) einzutreten. Eine Frau sagt: »Da ist es ganz gut, daß gerade dem Wort Gottes zugetraut wird, - zum Beispiel bei sozialer Ungerechtigkeit - die geheimen Hintergedanken nach persönlicher Macht, eigenem Fortkommen und schlicht dem eigenen Reichtum aufzudecken.« - Eine andere: »Und zu richten - also die wirklichen Motive aufzudecken.« (Es wird an manchen Skandal der Gegenwart erinnert).
Die Äußerung, daß wir bei »Gottes Wort« auch von einer Dimension der Liebe ausgehen, bringt uns auf den Gedanken, nachzusehen, wie der Bibeltext - außerhalb der vorgeschlagenen Lesung - fortfährt. Beim Lesen machen wir eine überraschende Entdeckung: Es wird gesprochen von Jesus Christus, der freiwillig mit unserer Schwachheit mitleidet (wir befinden uns immerhin an der Grenze zur Passionszeit) und durch den wir Gnade und Barmherzigkeit empfangen. Aus diesem Gesichtswinkel, so sind wir uns einig, hört sich der Text ganz anders an. So kommen wir zu der Empfehlung, die vorgeschlagene Abgrenzung des Textes um die Verse 14-16 zu erweitern. Wir sortieren die Schritte einer möglichen Predigt:

I Gottes Wort ereignet sich lebendig und trifft mich ins Herz und die Seele. (V. 12)

II Es leitet mich zu einer Überprüfung meiner Sinne und zur Änderung meiner Gedanken an. (V. 12B/13)

III Aber ich muß mich nicht bloßgestellt fühlen. Jesus leidet mit mir mit. (V. 15)

IV Weil ich von ihm Gnade und Barmherzigkeit erfahre, kann ich meine geheimsten Gedanken und Empfindungen Gott anvertrauen (V. 16) und mich der Wirkung seines Wortes getrost aussetzen.

Zum Gottesdienst

Theodor Bohlen

Exegetisch-homiletische Skizze

Eine Gemeinde, die unterwegs ist, braucht Stärkung und Ermutigung im Glauben. Das ist einer der Grundgedanken des Briefes an die Hebräer; es ist ebenso Leitmotiv für eine Predigt heute.

In meiner Predigt möchte ich den Hörern vermitteln, Gottes Wort als Wort zu verstehen und zu begreifen, das zum Leben befreit und dem Leben dient: »Denn Gottes Wort ist lebendig und kräftig« (Hebräer 4, 12 a). Ich wünsche mir, daß die Hörer Gottes Wort als eine zum Leben ermutigende Kraft annehmen, wenn sie von Ungerechtigkeiten und Grausamkeiten hören, wenn sie sehen, wie Verhältnisse Menschen kaputtmachen, wenn sie beobachten, wie Menschen unmenschlich miteinander umgehen.

Beim ersten Lesen des Textes jedoch reagiere ich mit Gedanken und Gefühlen der Abwehr. Ich höre die beiden Verse (Hebräer 4,12 und 13) vielmehr als »Gerichtsworte«, die schonungslos und unausweichlich aufdecken und bloßstellen, was los ist mit uns und unserem Leben. Der Wahrheit ins Gesicht zu sehen, erweckt Angst und Abwehr. Die Formulierungen »schärfer als jedes zweischneidige Schwert« und »dringt durch, bis es scheidet Seele und Geist« vermitteln einen Gott zum Fürchten. Ich vermute, die Predigthörer reagieren ähnlich.

Einem solchen falschen und unbiblischen Verständnis des Wortes Gottes möchte ich entgegenwirken. Deshalb möchte ich die »prophetische Dimension« des Wortes Gottes aufdecken und Hebräer 4,12–13 in dieser Weise auslegen. Gottes Wort will die Unwahrheit, die Ungerechtigkeit, das Machtstreben und die Unbarmherzigkeit in unserer Welt aufdecken und uns im Sinn der Bergpredigt (Matthäus 5) zur Wahrheit, zur Gerechtigkeit und Liebe befreien. Es geht um die verändernde, befreiende, dem Leben dienende Kraft des Wortes Gottes, daß »Güte und Treue einander begegnen, Gerechtigkeit und Friede sich küssen ...« (Psalm 85,9-14).

Um die Gemeinde zu diesem befreienden Gehorsam zu ermutigen und Angstgefühle zu wehren, beziehe ich die folgenden Verse Hebräer 4,14–16 in meine Überlegungen ein. Die die Verse 14,15 und 16 einleitenden Worte »weil ..., denn ..., darum ...« machen deutlich, daß unser Predigttext in seinem christologischen Kontext zu sehen und zu verstehen ist: Christus ist der Hohepriester, der Brückenbauer (pontifex maximus), der unsere Angstgefühle, unser Wissen um die eigenen Schwächen und unsere immer wiederkehrende Mutlosigkeit kennt. Er tritt für uns ein. Seine Barmherzigkeit besteht darin, daß er nicht verurteilt, sondern Mut macht. Seine Worte und seine die Worte bezeugenden Taten haben befreiende, ermutigende Kraft. Er sagt nicht: »Ihr sollt, ihr müßt, sondern: Nur Mut, ihr könnt; denn

ich bin mit euch«. Er bezeugt bis in den Tod den Gott, der zum Leben befreit. In seiner Nachfolge können wir Zeichen der »neuen Gerechtigkeit Gottes« setzen.
Wir leben in einer Zeit, in der Worte blaß, leer und nichtssagend geworden sind. Umgeben von einer Fülle von Worten, Parolen, Schlagzeilen trauen viele Hörer der Kraft des Wortes nicht mehr: »Worte sind Schall und Rauch« (Sprichwort); »Ich kann das Wort so hoch unmöglich schätzen, ... Und schreibe getrost: Am Anfang war die Tat!« (Goethe, Faust). Deshalb kann es hilfreich sein, in der Predigt - vielleicht einleitend - an Hand von Beispielen z.B. aus der Seelsorge, aber auch aus der öffentlichen Rede über ausländische Mitbürger, Randgruppen u. a. die heilende und helfende bzw. die verletzende und zerstörende Kraft des Wortes aufzuzeigen.

Vorschläge zur Liturgie

Eingangspsalm/Psalmgebet
Psalm 42,1-6; Psalm 85,8-14; Psalm 119,89-94.105.116

Liedvorschläge
Er weckt mich alle Morgen (EG 452)
Du hast uns, Herr, gerufen (EG 168)
Tut mir auf die schöne Pforte (EG 166)
Wohl denen, die da wandeln (EG 295)
Sonne der Gerechtigkeit (EG 263)
O heiliger Geist, o heiliger Gott (EG 131)
Gott gab uns Atem (EG 432)
Bewahre uns Gott (EG 171)
Kanon: Sende dein Licht und deine Wahrheit (EG 172)

Eingangsgebet
Herr, hilf, daß wir hören - unter vielen Stimmen, die um uns her laut sind, - deine Stimme;
über dem, was unser Herz uns vorhält an Angst und Sorge, - dein Wort;
über allem, was unser Verstand uns vorrechnet, - deine Verheißung.
Hilf uns so hören, daß unser Leben sich deiner Güte öffnet,
daß unsre Augen deine Freundlichkeit sehen
und daß unsere Hände tun, was du haben willst.
Segne diesen Gottesdienst.
Sei du gegenwärtig an jedem Ort,
wo sich Menschen versammeln, die dich brauchen.
Nimm den Schatten des Vergeblichen aus unserem Leben
und erfülle unsere Tage mit der Kraft deines Erbarmens. Amen.

Rede zu uns, Gott, wir möchten hören.
Menschen können wohl Worte machen, du aber erfüllst sie mit Geist.
Menschen lehren den Buchstaben, du aber öffnest den Sinn.
Menschen zeigen den Weg, du aber gibst die Kraft, ihn zu gehen.
Laß nicht zu, daß uns dein Wort dadurch zum Gericht wird,
daß wir es hören, aber nichts tun;
daß wir es kennen, aber nicht lieben;
daß wir glauben, aber ihm nicht gehorchen.
Darum rede, Gott, wir möchten hören.
Du hast Worte des ewigen Lebens. Amen.

Fürbittengebet
Guter Gott,
wir suchen und erfahren Zeichen deiner Nähe in unserer Zeit.
Wir danken für Worte, die uns berühren und aufrichten,
für Menschen, die uns zuhören und begleiten.
Du bist unsere Hoffnung.
Wir bitten für Menschen, die allein sind,
die dein Wort nicht erreicht:
Laß uns Worte finden, die weiterhelfen,
Menschen sein, die andere begleiten.
Laß uns Christus vertrauen und Vertrauen weitergeben.
Guter Gott,
wir danken für Gemeinschaft, die uns Heimat gibt
und bestärkt auf deinem Weg,
für eine Kirche, die lebendig ist und deine Güte weitergibt.
Du bist der Geist, der uns bewegt.
Wir bitten für Menschen, die unter erstarrten Formen leiden.
Laß uns Gemeinde sein, die Heimat gibt,
und Kirche sein, die Leben verstärkt.
Laß uns geborgen sein in dir, mit dir Kirche erneuern.
Guter Gott,
wir danken für Geschwisterlichkeit, die redlich miteinander teilt,
für Gruppen, die Zeichen setzen im Verzicht.
Wir bitten für Menschen, die benachteiligt sind,
die zu wenig zum Leben haben.
Laß uns frei sein von der Sorge um uns selbst,
bereit sein, Brot und Arbeit zu teilen.
Laß uns teilhaben an dir und miteinander teilen.
Guter Gott,
wir danken für Vertrauen, das geweckt und entgegen gebracht wird,
für Versöhnung über Grenzen und Mauern hinaus.
Du bist unser Frieden.
Wir bitten für Menschen, die unterdrückt werden,

für Menschen, die dem Krieg und der Gewalt zum Opfer fallen.
Laß uns nicht immer Recht behalten wollen,
sondern laß uns auch anderen Recht geben.
Laß uns Frieden finden in dir und Frieden stiften.
Guter Gott,
wir danken für die Schönheit und Vollkommenheit deiner Schöpfung,
für das Leben, das wir empfangen und das uns erfüllt.
Du hast uns geschaffen.
Wir beten für uns und alle Kreatur,
bedroht von Giften und Raubbau:
Laß uns verantwortlich umgehen mit den Gütern der Erde,
damit genug bleibt für alle, die nach uns kommen.
Laß uns dein Bild bleiben und die Schöpfung bewahren.
Zwischen den einzelnen Fürbitten kann die Gemeinde oder der Chor »Kehret um …« (EG 603) singen.

Vorschlag zur Predigt

Möglicher Anfang
Der Sohn kommt von der Schule nach Hause. Die Eltern sehen es seinem Gesicht an: Er hat eine schlechte Zensur mitgebracht. »Das ist nun schon die dritte Arbeit, die danebengeraten ist!«, reagiert der ehrgeizige Vater enttäuscht. Und dann rutscht es ihm heraus: »Versager!« Das Wort trifft, es sitzt tief. Ohne ein Wort zu sagen, verläßt der Sohn das Zimmer. »Versager« - das Wort läßt ihn nicht los, er kommt darüber nicht zur Ruhe.
Worte haben Macht, liebe Gemeinde, Worte können verletzen, Vertrauen und Gemeinschaft zerstören.
Worte können aber auch das genaue Gegenteil bewirken.
Ich sehe die Szene vor mir, als ob sie gestern geschehen wäre. Zwei Männer sind aus irgendeinem Anlaß in Streit geraten. Ein Wort ergibt das andere. Häßliche, beleidigende Worte fallen. Plötzlich schlägt einer der Männer zu. Der Geschlagene taumelt. Das darf er sich nicht gefallen lassen! Aber dann bleibt er stehen, besinnt sich, geht mit ruhigen Schritten auf den anderen zu. »Verzeihung«, sagt er auf einmal, »ich wollte dich nicht beleidigen. Komm, laß uns darüber reden!« Und er holt eine Schachtel aus der Tasche und bietet dem, der ihn geschlagen hat, eine Zigarette an.
»Ich verzeihe dir«, »ich vergebe dir«: Welche Kraft können solche Worte haben. Menschen atmen auf, können eigene Fehler und Schwächen zugeben, können sich ändern, können sich dem Leben neu zuwenden.
Wir brauchen Worte, die uns aufrichten, Mut machen, Hoffnung wecken.
Wir brauchen Worte, die uns spüren lassen: Ich bin wichtig; ich werde

geliebt; ich werde gebraucht; ich kann zurückfinden, wenn ich einen falschen Weg gegangen bin; ich kann mithelfen, daß andere zurückfinden.
»Gottes Wort ist lebendig und kräftig«, so beginnt unser Predigtwort. Unser Gott hat Worte für uns bereit, die uns helfen wollen, daß wir unser Leben finden.

Weiterführende Gedanken und Stichworte

1. Ich erinnere an Jesus Christus. Seine Worte richten auf, ermutigen zum Leben.
»Heute muß ich in dein Haus einkehren«, sagt er zu Zachäus (Lukas 18). »Hat dich niemand verurteilt?«, sagt er zur Ehebrecherin, »dann verurteile ich dich auch nicht« (Johannes 8). »Laßt die Kinder zu mir kommen. Ihnen gehört das Reich Gottes«, läßt er die Erwachsenen wissen (Matthäus 18). Diese oder andere Jesus-Erzählungen können den Gedanken, daß Jesu Worte dem Leben dienen, veranschaulichen.
2. Jesu Worte zeigen: Er ist mit uns solidarisch; er hat Verständnis, auch für unsere Schwächen, unsere Fehler, unser eigenes Versagen, helfende und heilende Worte zu finden. Er baut uns Brücken, trotz unseres Versagens immer wieder neue Worte zu sagen, die andere Menschen aufrichten, ihnen helfen zu leben.
3. Dieses Vertrauen macht Mut, die Worte unseres Predigttextes als zum Leben befreiendes Wort Gottes zu entdecken. Es nimmt uns die Angst, bloßgestellt zu werden. Es macht frei, das Wort Gottes, das die Unwahrheit und Ungerechtigkeit und Selbstgerechtigkeit in unserer Welt und in mir selbst aufdeckt, als Chance zur Umkehr zum Leben zu entdecken. Es lädt ein, der »aufdeckenden Gerechtigkeit« Gottes meinen Mund, meine Hände und mein Herz zu leihen.

Möglicher Predigtschluß

Gott, segne meine Ohren,
daß sie deine Stimme zu erhorchen vermögen,
daß sie hellhörig seien für die Stimme der Not,
daß sie verschlossen seien für den Lärm und das Geschwätz,
daß sie das Unbequeme nicht überhören.
Gott, segne meinen Mund,
daß er dich bezeuge,
daß nichts von ihm ausgehe, was verletzt und zerstört,
der er heilende Worte spreche,
daß er Anvertrautes bewahre.
Gott, segne mein Herz,
daß es Wohnstatt sei deinem Geist,
daß es Wärme schenken und bergen kann,
daß es reich sei an Verzeihung,
daß es Leid und Freude teilen kann.

Kontexte

Wenn die Propheten einbrächen
durch die Türen der Nacht
mit ihren Worten Wunden reißend
in die Felder der Gewohnheit,
ein weit Entlegenes hereinholend
für den Tagelöhner
der längst nicht mehr wartet am Abend -
Wenn die Propheten einbrächen
durch Türen der Nacht
und ein Ohr wie eine Heimat suchten -
Ohr der Menschheit
du nesselverwachsenes,
würdest du hören?
Wenn die Stimme der Propheten
auf dem Flötengebein der ermordeten Kinder
blasen würde,
die vom Märtyrerschrei verbrannten Lüfte
ausatmetete -
wenn sie eine Brücke aus verendeten Greisenseufzern
baute -
Ohr der Menschheit
du mit dem kleinen Lauschen beschäftigtes,
würdest du hören?
(Nelly Sachs, Fahrt ins Staublose, © Suhrkamp Verlag, Frankfurt am Main 1961)

Jeder braucht einen, der ihn kennt!
Seit Jahren schon laufe ich mit einer Maske umher, die ist mein zweites Gesicht geworden.
Ich habe gelernt, wie man es macht, seine Schwächen zuzudecken und die Gefühle zu verbergen. - Ich lächle verbindlich, aber mein Lachen ist nicht echt; ich lege Sicherheit an den Tag, aber in Wirklichkeit spiele ich Theater.
Ich tue so, als fiele mir alles in den Schoß, als irrte ich niemals, als hätte ich weder Sehnsucht noch Heimweh.
Warum bin ich nicht so wie ich wirklich bin?
Wenn ich allein und für mich bin, fällt mir die Maske vom Gesicht.
Wenn dann einer käme und sagte: Ich mag dich trotzdem. Ich will dich so, wie du bist, ich brauche dich.
(Christa Weiß, Quelle nicht bekannt)

Estomihi

Annäherungen an den Predigttext
1. Brief an die Gemeinde in Korinth 13

Dieter Schupp

Acht erwachsene GesprächsteilnehmerInnen
Materialen: a) 1. Korinther 13 in Luther-Übersetzung
b) Nach erster Korinther dreizehn (Eva Zeller in: Auf Wasser gehen, DVA 1980, Seite 74)
c) Handzettel für die TeilnehmerInnen

1. Welches Wort/Aussage ist für mich neu? Habe ich so noch nie gehört, gesehen, bedacht?
2. Was ist mir unverständlich geblieben? Ist mir ganz fremd und sehr fern?
3. Gibt es eine Stelle/Wendung, die meinen Widersinn erregten, meinen Eigensinn herausforderten?
4. Was finde ich einfach nur schön, ohne es begründen zu müssen? Und was möchte ich gar nicht erklärt bekommen?
5. Habe ich beim Lesen nur an Paulus/Korinther gedacht? Nur an mich? Oder doch an jemanden, den ich gut kenne?
6. Gelingt der Versuch, den Text zu lesen mit den »Augen« eines anderen? Sich einzufühlen in dessen Leben/Schicksal?

Gesprächsergebnisse
Zu 1)
Nicht der Glaube (das Fürwahrhalten), nicht die Hoffnung, sondern die Liebe. - Die Liebe rechnet nicht, rechnet nicht auf, rechnet nicht ab, rechnet sich nicht, macht keine Rechnung auf, zieht keinen Schlußstrich. - Die Liebe lebt im Jetzt und lebt eigentlich vom »Dann aber«. - Schön die einfachste Definition von Liebe: Sie ist freundlich.
Zu 2)
Fragenzeichen hinter »Nichts ohne die Liebe«. - Gibt es eine Liebe ohne Tätigkeit(-swörtern)? - Zu oft wird gesagt, was die Liebe nicht ist. - Mir fehlen die Hinweise auf die Zwischenräume der Liebe. - Vor allem problematisch: Dulden. Verstanden im Sinne von hinnehmen, einstecken und runterschlucken. - Liebe erleben (passiv wie aktiv) heißt a) sie geschehen, sich widerfahren lassen, b) sie ausdrücklich erlauben und sich daran freuen, c) sie einem anderen geben mit Leib und Herz und Seele.

Zu 3)

Was eigentlich ist »ungehörig«? Dinge zu tun, die »sich nicht gehören?« Darf man - aus Liebe - in bestimmten Situationen einem andren die Wahrheit vorenthalten? - Ist denn die Liebe auch immer nur Stückwerk? - Was heißt (V. 13) »Die Liebe ist die größte ...«? Groß bzw. Größe (Superlativ) im Sinne von -?

Zu 4)

Luther ist einfach Luther. - Eines der schönsten Wörter für mich: »mutwillig, d. h. willens zu sein, mutig zu sein. Freilich, man kann auch »mutwillig« etwas zerstören. - Für mich sind die V. 2+11 die wichtigsten. - Liebe ist die Kraft, die die Welt bewegt. Etwas so Vollkommenes, das man nie erreichen, dem man sich höchstens nur annähern kann. - Ich möchte für mich allein 1. Korinther 13 lesen; eine Predigt darüber würde mir manches vielleicht kaputt machen. - Keine Predigt, aber mit anderen zusammen Gedanken austauschen.

Zu 5)

Nein, nie an die damals, nie an Paulus, sondern nie ohne mich. - Ich erinnerte mich: Als ich 17 war und an einer Hochzeit teilnahm und dann kam der Vers 7. Von da an hörte ich dem Pfarrer nicht mehr zu. - Ich bestreite alles, was in V. 7 steht. Ich kann nicht anders, sehe ich mir nur die Welt an. - Bei »die Liebe hört niemals auf« dachte ich an meine Kollegin: Ihr Mann macht ihr das Leben zur Hölle! Da kann schon seit Jahren von Liebe keine Rede mehr sein. - Mir ist bei der »klingenden Schelle« ein Name eingefallen. Den müßtet ihr mal kennenlernen!

Zu 6)

Ja, es ist möglich, den Text mit den »Augen« eines anderen zu lesen. - Sich einfühlen in das Leben und dabei mitbedenken, was das heißt: Alles ertragen, alles glauben, alles hoffen, alles dulden. - Gibt es denn keine Grenzen? - Ich kenne einen »Weltmeister« in Sachen Glauben. Mit dem würde ich mich gerne mal darüber unterhalten. - Erinnerung an das Kinderlied: Er kennt auch dich und hat dich lieb. - Ich will das Kapitel so verstehen: Das wichtigste für mich und mein Leben ist, daß Gott mich liebt. Ohne seine Liebe wäre ich wie ein Gras oder wie ein Hauch.

Nach erster Korinther dreizehn

I

Wenn ich
das Schweigen brechen könnte
und mit Menschen-
und Engelszungen reden
und hätte der Liebe nicht
so würde ich
leeres Stroh dreschen
und viel Lärm machen
um nichts

II

Und wenn ich wüßte
was auf uns zukommt
und könnte alle Situationen
im Simulator durchspielen
und den Winkel errechnen
unter dem ich umkehren könnte

und ließe mich nicht einfangen
vom Schwerefeld der Liebe

so schösse ich
übers Ziel hinaus
und alle Reserven
nützten mir nichts

III

Und wenn ich
bei dem Versuch zu überleben
mein Damaskus hätte
und fände mich selbst
über alle Zweifel erhaben
auf dem Pulverfaß sitzend
wie in Abrahams Schoß

und hätte die Liebe nicht
als eiserne Ration
hinübergerettet
so fiele ich
auf meinen bergeversetzenden
Glauben herein

IV

Und wenn ich
alle meine Habe den Armen gäbe
daß meine linke Hand nicht wüßte
was die rechte tut
und ich ginge nicht
zur Tagesordnung über
sondern wäre der Spielverderber
und die lebende Fackel

und erklärte mich nicht
solidarisch mit der Liebe
so hätte ich
im Ernstfall
Steine statt Brot
und Essigschwämme
für den Durst des Menschen

V

Die Liebe ist lächerlich
Sie reitet auf einem Esel
über ausgebreitete Kleider
Man soll sie hochleben lassen
mit Dornen krönen
und kurzen Prozeß mir ihr machen
Sie sucht um Asyl nach
in den Mündungen unsrer Gewehre
Eine Klagesache von Weltruf
Immer noch
schwebt das Verfahren

VI

Sie stellt sich nicht ungebärdig
sondern quer zur Routine der Machthaber
Die Behauptung
sie ließe sich nicht erbittern
hat sie im Selbstversuch
eindrücklich bestätigt
Sie ballt nicht die Faust
Sie steigt nicht herab
Sie hilft sich nicht selbst

Sie dient als Kugelfang

VII

Sie freut sich nicht
über die Ungerechtigkeit
Sie ergreift Partei
für die Ausgebeuteten
Daher ist es lebensgefährlich
sich mit ihr einzulassen
Sie könnte nämlich
Bewußtsein bilden
und den Lauf der Dinge
durchkreuzen
Also üben wir ihre Vermeidung
Tuchfühlung nur
mit ihrem ungenähten Rock
dem durch und durch gewirkten
um den wir würfeln
bis zum dreimal krähenden Morgen

VIII

Was ich auch zuwege bringe
sie ist nicht produzierbar
die Liebe
In keiner Retorte zu züchten
und schon gar nicht
auszumendeln
und aus der Welt zu schaffen
Sie ist ein Skandal
geboren
bezeugt
in Beweisnot geraten
verurteilt
gestorben
begraben
in Strahlung zerfallen

IX

Die Liebe hört nicht auf
mich zu verunsichern
Sie findet Fugen zum Eingreifen
wo ich keine vermute
Sie überredet mich
in der Muttersprache des Menschen
Sie öffnet mir die Augen
und tritt als Sehnerv ein
An dieser Stelle ist der blinde Fleck
Und ich sollte nicht
mit der Wimper zucken?

X

Wir sehen jetzt den Text
nicht fettgedruckt
sondern unleserlich
im Kontext beweglicher Leuchtschrift
der an- und ausgeht
Wir sind in unserm Element
im Zustand der fressenden Larve
und können nur hoffen
bis in die Verpuppung zu kommen
in den durchsichtigen Kokon
in dem wir zu erkennen sind.

XI

Nun aber bleibt
Glaube Liebe Hoffnung
diese drei
Aber die Liebe
ist das schwächste
Glied in der Kette
die Stelle
an welcher
der Teufelskreis
bricht

Zum Gottesdienst

Hartmut Wenzel

Exegetisch-homiletische Skizze

»Die Liebe rechnet nicht, rechnet nicht auf, rechnet nicht ab, rechnet sich nicht« (s. »Annäherungen«). Aber die Liebe allein zählt. Der Apostel Paulus schreibt der Gemeinde in Korinth, daß die Liebe die höchste Gabe ist. Sie steht an erster Stelle, sie ist der »köstlichere Weg« (1. Korinther 12,31). Die von Gott geschenkte größte Gabe gelten lassen und einsetzen, das ist das Tun der Christen, der Weg, den sie gehen sollen. Die Korinther gehen einen anderen Weg. Sie sehen in der Liebe nicht die höchste Gabe. Wundermänner, Asketen, Propheten und Charismatiker imponieren den Korinthern, vor allem das Zungenreden, das stammelnde Reden der Ekstatiker wird als eindrucksvollste Gabe verstanden. In religiöser Verzückung meinen sie die Sprache der Engel zu vernehmen, der Erde entrückt und schon im Himmel zu sein.
Wird aber die Liebe nicht mehr als die höchste Gabe erkannt, mit der Gott uns liebt und mit der wir unsere Nächsten lieben sollen, dann werden die anderen Gaben, die Paulus durchaus anerkennt, die Erkenntnis, die Prophetie, das Zungenreden dazu mißbraucht, um sich selbst mit dieser Bega-

bung hervorzuheben. Dann rühmt man sich dieser Gaben, tritt in Konkurrenz zu anderen und sucht den Beifall der Mehrheit. Die Gemeinde droht in Gruppen auseinanderzufallen, die gegenseitig auf die anderen herabschauen. Ebenso geht das entscheidende Merkmal einer christlichen Gemeinde, das Tun der Liebe, verloren.

Dagegen protestiert der Apostel auf schärfste in seinem Brief an die Korinther. Der Wunsch, durch religiöse Verzückung schon jetzt mit Gott im Himmel zu sein, ist Illusion. Wir sind noch nicht auferstanden. Im Glauben an die Auferweckung Jesu Christi hoffen wir auf unsere eigene Auferweckung (Kapitel 15). Wir schauen Gott noch nicht von Angesicht zu Angesicht. Solange wir auf Erden unterwegs sind, glauben und hoffen wir von der Auferstehung Christi her, daß die Liebe Gottes siegt. Der Sieg der Liebe Gottes soll durch uns sichtbar werden, indem wir selber lieben. Wir Christen sind dazu begabt, weil uns Jesus Christus, die Liebe Gottes in Person geschenkt wurde. Indem wir diese Gabe gelten und bei uns wirken lassen, haben wir schon jetzt Anteil an dem siegreichen Handeln Gottes. Unser Wissen und unser Können sind begrenzt und werden ein Ende haben. Indem wir lieben, nehmen wir aber schon jetzt auf Erden teil an dem, was niemals aufhören wird. Daher ist die Liebe die größte Gabe, weil sie ewig ist. Wir dürfen nicht von der Erde in einen Traumhimmel fliehen, wir sind dazu begabt, das Himmelreich auf dieser Erde, das allein Bleibende in allem Vergänglichen zu bezeugen. Die Verantwortung für diese Erde, auf der wir auf unserem irdischen Lebensweg lieben sollen, schließt die Bereitschaft zum Leiden ein. Es gibt keine Liebe ohne Leiden. Die Korinther wollten dem Leiden entfliehen. Diese Flucht aus der Wirklichkeit, in der wir nicht an der Liebe festhalten, weil wir das Leiden nicht aushalten, ist die ständige Bedrohung der Christen. Der Sonntag »Estomihi« will uns vor der Passionszeit ermutigen, der Liebe mehr zuzutrauen als uns selbst.

Deshalb rühmt der Apostel im 1. Korinther 13 die Liebe. Hat er in den Kapiteln vorher das Verhalten der Korinther scharf kritisiert, so schlägt er nun einen ganz anderen Ton an. Um die Korinther, die durch eindrucksvolle Prediger und durch die Wahrnehmung der Engelszungen verwöhnt waren, von der höchsten Gabe der Christen zu überzeugen, wählt er eine Sprache, in der direkte theologische und dogmatische Aussagen fehlen. Noch heute, über die Zeiten hinweg, vermag uns das »Hohe Lied der Liebe«, das Helmut Gollwitzer zur Weltliteratur zählt, unmittelbar anzusprechen.

In den »Annäherungen« heißt es: »Ich möchte für mich allein 1. Korinther 13 lesen, eine Predigt darüber würde mir manches kaputt machen.« Christen/innen haben mit diesem Text in ihrem Leben ihre eigenen Erfahrungen gemacht, die viel tiefer sein können als die Auslegung eines Predigers. Die Liebe ist leicht verletzlich, und eine Predigt über Liebe kann leicht verletzen, zumal wenn Prediger/innen sich genötigt fühlen, den heute vermeintlich kitschigen oder sentimentalen Sprachgebrauch des

Wortes »Liebe« anzuprangern. Der Apostel definiert nicht, was Liebe ist. Er setzt voraus, daß die Hörer wissen, was mit Liebe gemeint ist. Indem er die Liebe beschreibt, geht er davon aus, daß wir seinen Aussagen zustimmen, auch wenn wir im Blick auf unser Leben zugeben müssen, daß wir der Liebe oft nicht diesen höchsten Stellenwert einräumen. Paulus sieht in der Liebe keine Forderung, kein Ideal, sondern eine Gabe, die Christen geschenkt ist. Diese Gabe wirken zu lassen macht das eigentliche Tun der Christen aus. Als Gabe Gottes ist die Liebe keine Überforderung. Karl Barth ist darin Recht zu geben, daß Paulus die Liebe im Korinther 13 wohl im Blick auf ihr Urbild, auf Jesus Christus hin beschreibt.
Daß die Liebe niemals aufhört, ist nicht von unserer Wirklichkeit her ablesbar, sondern kann nur von der Auferstehung Jesu Christi her geglaubt werden. Karl Barth weist aber auch mit Recht darauf hin, daß im 1. Korinther 13 Paulus die Liebe einen Weg genannt hat, den die Leser gehen sollen. (KD IV, 2, Seite 939). Die Gabe der Liebe Gottes eröffnet die Freiheit, daß der Mensch nun auch tatsächlich lieben kann.
Jeder Abschnitt, ja fast jeder Vers aus 1. Korinther 13 wäre einer Predigt wert. Will man angesichts der gestellten Aufgabe nicht einzelne Aussagen des Textes als Schwerpunkte herausheben, und will man nicht der Gefahr erliegen, »manches vielleicht kaputt zu machen«, so kann sich die Predigt damit bescheiden, zu helfen, einen Zugang zu diesem wunderschönen Text zu eröffnen. Ich möchte deshalb vorschlagen, in der Predigt den Zusammenhang dieses Kapitels innerhalb des 1. Korinther aufzuzeigen und die Frage: Was ist das Wichtigste im Leben der Christen? zu beantworten. Die Hörer sollen ermutigt werden, noch einmal »für sich allein« dieses Kapitel zu lesen, zugleich soll der Gefahr gewährt werden, diesen so unmittelbar ansprechenden Text als ein lyrisches Gedicht mißzuverstehen.

Vorschläge zur Liturgie

Als *Eingangsspruch* schlage ich Psalm 31,3 und 4 vor, als alttestamentliche *Lesung* Micha 6, 6–9

Lieder
EG Nr. 409, Gott liebt diese Welt
EG Nr. 412, So jemand spricht: »Ich liebe Gott«
EG Nr. 414, Laß mich, o Herr in allen Dingen

Eingangsgebet
Herr, unser Gott, du hast uns in Jesus Christus deine ganze Liebe geschenkt. Wir sind von dir anerkannt, angenommen und geliebt bis in alle Ewigkeit. Und du willst, daß wir durch unser Leben deine Liebe weitergeben an die Menschen, die mit uns leben. Wir hören von deinem Geschenk, und wir

vernehmen deinen Willen. Aber vor dir gestehen wir es ein: Es gelingt uns nicht, daß wir uns allein auf deine Liebe verlassen. Wir taugen kaum dazu, deine Liebe weiterzugeben. Wir sorgen uns noch immer um uns, wir leben noch immer in der Angst, nicht genug geliebt zu werden, wir wollen noch immer durch unsere Kraft und unsere Anstrengung uns beliebt machen. Vergib uns, Herr, daß wir dein Geschenk mißachten und daß wir deshalb so wenig Liebe weitergeben. Komm du heute zu uns durch deinen Geist, befreie uns von der Sorge und der Angst, daß wir nicht geliebt seien und wir uns noch immer beliebt machen müßten. Schenke uns deine Liebe, damit wir erleichtert und freudig aufatmen, weil uns nichts von deiner Liebe trennen kann. Und schenke uns den Mut und die Phantasie, zu den Menschen hinzugehen, die unsere Liebe brauchen.
Amen.

Schlußgebet
Vater im Himmel, wir danken dir, daß die Liebe niemals aufhört. Wir danken dir, daß nicht der Haß, nicht der Tod, sondern allein die Liebe siegen wird. Nun haben wir Hoffnung und Mut, zu denen zu gehen, die auf unsere Liebe warten, zu den Schwachen und zu den Kranken, zu den Unterdrückten und zu den Fremden, zu den Trauernden und zu den Armen, zu unseren Nächsten, die wir oft so lieblos behandeln. Wir bitten dich darum, daß du uns zu Botschaftern und Überbringern deines Geschenkes der Liebe machst, damit wir Zeit haben für unsere Mitmenschen, damit wir zuhören, sie begleiten, trösten und ihnen beistehen können. Wir bitten dich für unsere Kirche und Gemeinden, daß sie allein die Liebe in den Mittelpunkt stellen, daß man ihnen anmerkt und sie es glaubwürdig bezeugen, daß sie nicht um ihr Überleben kämpfen, sondern sie dazu beitragen, daß die Liebe siegen wird. Wir danken dir, Vater im Himmel, daß deine Liebe zu uns um soviel größer ist, als wir weitergeben können. So haben wir niemals zu befürchten, daß es uns an Liebe mangelt. Schenke uns nur weiterhin Glaube, Hoffnung und Liebe, damit wir deine Herrlichkeit auf Erden bezeugen.
Amen.

Vorschlag zur Predigt

Möglicher Anfang
Was muß in einer christlichen Gemeinde an erster Stelle stehen? In unserem Kapitel, einem wunderbaren Text, gibt Paulus die Antwort: »Das Wichtigste ist die Liebe«. Darum heißen wir ja Christen, weil Gott uns in Jesus Christus seine ganze Liebe gegeben hat. An erster Stelle steht also ein Geschenk, das wir nicht für uns behalten sollen. Das Wichtigste ist die Annahme und das Weitergeben der Liebe.

Weiterer Verlauf

Die Gabe der Liebe ist die höchste, aber nicht die einzige. Alles, was wir sind und haben, verdanken wir Gott. Hier sind nun konkret die vielfältigen Gaben aufzuzählen, die in unserer Gemeinde wirksam sind. Jeder hat seine eigenen, ganz unterschiedlichen Gaben erhalten. Die höchste Gabe, die Liebe, macht uns fähig, unsere jeweils ganz besonderen Gaben für die Mitmenschen einzusetzen.

Nun hat Paulus feststellen müssen, daß die Gemeinde in Korinth die Liebe nicht als höchste Gabe betrachtet. Sie setzt anderes an erste Stelle, vor allem die Gabe des Zungenredens. In den stammelnden Lauten der Ekstatiker erlebt sie die höchste Steigerung ihrer religiösen Gefühle. Sie meint darin die Sprache der Engel zu hören, schon auferstanden und im Himmel zu sein, auf ihrem Weg das Ziel schon erreicht zu haben.

Der Apostel bestreitet nicht ihre große Begabung, aber er widerspricht auf das schärfste, weil sie ihre religiösen Gaben an die erste Stelle gerückt hat. Wenn wir die Liebe, die wir von Gott empfangen, nicht mehr als das Wichtigste für uns erkennen, als das Fundament, auf dem wir stehen, dann müssen wir uns aus eigener Kraft beliebt machen. Dann fangen wir an, unsere ganz eigenen Gaben dazu zu mißbrauchen, uns selbst hervorzuheben. Wir rühmen diese Gaben, unsere Klugheit, unsere religiösen Erlebnisse und sozialen Aktivitäten. Eben das geschah in Korinth. Menschen stellen sich in den Mittelpunkt, rühmen sich ihrer eigenen Vorzüge, konkurrieren untereinander und verachten die anderen. Dann aber wird eine christliche Gemeinde ihrem Auftrag, die Liebe weiterzuschenken, nicht mehr gerecht. In jeder Gemeinde gibt es die Gefahr, durch spektakuläre Aktionen auf sich aufmerksam zu machen. Auch hier sollten konkrete Beispiele angeführt werden. Wenn uns aber nicht die Liebe zum Mitmenschen in Bewegung bringt, ist alles nur wie tönernes Erz, viel Lärm um nichts. Der Apostel malt den Korinthern den Weg vor Augen, auf dem sie die Liebe beherrschen soll. Er spricht darin nicht von Jesus Christus, in dem uns Gottes Liebe geschenkt worden ist. Er spricht einfach von der Liebe. Aber es kann kein Zweifel sein: So wie er die Liebe beschreibt, so hat er sie vom Leben und Sterben Jesu Christi abgelesen. Und wenn er sagt, daß die Liebe niemals aufhört, dann kann er das nur von Jesus Christus sagen. Daß nicht das Böse und nicht der Tod in der Welt den Sieg behalten, sondern die Liebe allein siegt, das kann man nur von der Auferstehung Jesu Christi her behaupten.

Unsere große Schwierigkeit mit der Liebe besteht darin, daß wir ihr so oft nicht zutrauen, daß sie Recht behalten wird. Angesichts der Beschreibung der Liebe durch Paulus ist unsere Frage: Wo erweist sich denn die Liebe so mächtig? Nicht nur in Korinth, auch bei uns ist die Liebe oft Nebensache. Wir lassen uns immer wieder von ganz anderen Mächten beherrschen, vor allem unserer Angst, wir kämen zu kurz, wenn wir allein auf die Liebe setzen. Deshalb müssen wir auch und gerade von der Liebe erkennen, daß sie Gottes Gabe ist. Wie alle anderen Gaben ist sie niemals unser Besitz. Unserer

eigenen Liebe können wir uns wahrhaftig nicht rühmen. Um so erstaunlicher, um so erfreulicher die Zusage des Evangeliums, daß trotz unserer Lieblosigkeit dennoch die Liebe bei uns bleibt. So wie Jesus Christus alle Tage bei uns ist, so auch die Liebe. Vielleicht spricht Paulus hier deshalb nicht von Jesus Christus, sondern ganz allgemein von der Liebe, damit uns klar wird: Wenn wir es mit Jesus Christus zu tun haben, dann haben wir es wirklich nur mit der Liebe zu tun. Er bleibt bei uns. Nicht wie ein Talisman, den wir aus der Tasche ziehen können, aber als der, der uns jeden Morgen neu mit seiner Liebe beschenken will.
Deshalb wird uns Christen zugemutet, daß wir mit allen Gaben, die uns zur Verfügung stehen, Liebe üben. Wir sollen auf Erden dafür Zeugen sein, daß allein die Liebe siegt und sie bei jedem von uns bleibt. Wir glauben und hoffen, daß das die Wahrheit ist über diese ganze Welt und unser kleines Leben: Die Liebe ist das Wichtigste!
Allerdings, solange wir unterwegs sind, sollen wir gegen allen Augenschein an der Liebe festhalten. Mit unserem Wissen und unserer Erkenntnis kommen wir nicht dahinter, wie das möglich sein soll, daß dennoch die Liebe siegen wird. Keine Zungenrede verrät uns dieses Geheimnis. Wir sind noch nicht im Himmel. Unsere Fähigkeiten sind begrenzt, all unsere Erkenntnisse sind nur Stückwerk.

Möglicher Schluß
Wir sind jetzt noch wie Kinder, sagt der Apostel, noch nicht erwachsen. Wir sehen alle noch wie durch einen Spiegel. So vieles bleibt uns dunkel, rätselhaft, verzerrt. Wir sind noch unterwegs. Und wenn wir sterben, sind wir mit all unseren Fähigkeiten am Ende. Dann wird unser Wissen und unsere Erkenntnis aufhören. Aber niemals aufhören wird die Liebe. Sie ist das einzige, was durchhält im Leben und im Sterben. In der Liebe sind wir vergänglichen Menschen schon jetzt mit dem verbunden, was ewig ist. Mit jeder Tat der Liebe kommt der Himmel schon jetzt auf die Erde. Noch sind wir nicht im Himmel, noch leben wir im Glauben und in der Hoffnung, daß es wirklich die Wahrheit ist, daß die Liebe siegen wird. Noch hat keiner von uns Gott gesehen, noch verstehen und erkennen wir Gott nicht so, wie Gott uns schon jetzt kennt und versteht. Aber in jeder Tat der Liebe leuchtet schon jetzt etwas von Gottes Herrlichkeit auf, erkennen wir Gott als den an, der er für uns sein will: als den, der keinen von uns verloren gibt. Indem wir Menschen lieben, geben wir Gott die Ehre, geben wir ihm Recht darin, woran wir jetzt noch immer zweifeln, was wir dann aber von Angesicht zu Angesicht schauen werden, daß Gott selber Liebe ist. Deshalb ist die Liebe die größte Gabe, weil sie uns schon jetzt Anteil verleiht an dem Werk, das Gott selber begonnen hat und das niemals aufhört. Haben wir also Mut zur Liebe, lassen wir sie an erster Stelle stehen! Sie allein zählt, sie allein gibt unserem Leben einen Sinn. An ihren Sieg zu glauben, das macht uns zu Christen.

Kontexte

Mit dem Ende von Sein und Zeit wird dann aber auch die Unterscheidung von sichtbar und unsichtbar hinfällig sein. Der Gott, den niemand je gesehen hat, wird dann - weil es »dann« eben kein Damals, Jetzt und Dann mehr geben wird - in seiner Bekanntheit als Liebe auch sichtbar werden »von Angesicht zu Angesicht« (1. Korinther 13,12).

Weil aber im Ereignis der Liebe Gott und Mensch dasselbse Geheimnis bereits teilen, deshalb ist die Liebe die größte unter ihnen (1. Korinther 13,13). Nicht, weil sie das wäre, worüber hinaus Größeres nicht gedacht werden kann! Die Liebe - das ist vielmehr Gott, wie er menschlicher nicht geglaubt und erhofft werden kann. Die Liebe - das ist eben deshalb zugleich die Macht, die den Menschen menschlich und immer noch menschlicher macht. Im Glauben an diese Macht und in der Hoffnung auf ihren Sieg hört der Mensch niemals auf, Mensch zu werden.
(Eberhard Jüngel, Gott als Geheimnis der Welt, J. C. B. Mohr (Paul Siebeck), Tübingen 1977, Seite 542 f.

In der Liebe sind Glaube und Hoffnung tätig, und in der Liebe geschieht das Christliche der christlichen Lebenstat. Darum ist die Liebe »die größte von ihnen«. Sie ist das in der Gegenwart leuchtende künftige, ewige Licht. So bedarf sie keines Gestaltswandels. So ist sie das Kontinuum. Denn was auch in und mit dem kommenden Vollkommenen offenbarwerden und -sein wird, in welcher neuen Gestalt dann mit allem, was jetzt ist und geschieht, auch das christliche Tun, das Leben der Gemeinde zu seinem Ziel kommen wird - das ist gewiß: Daß die Liebe nimmer aufhören, das heißt, daß auch dann die Liebe als Hingabe an Gott und an den Bruder - dieselbe, zu der der Christ jetzt schon frei ist - in unveränderter Gestalt auch die Quelle des künftigen, des ewigen Lebens sein wird. So ist sie jetzt schon des Christen ewiges Tun. Darum besteht die Liebe. Darum ist gerade das das Letzte und Höchste, was von ihr zu sagen ist. Darum war vorher von ihr zu sagen, daß sie allein zählt, daß sie allein siegt. Darum ist sie (12,31) der Weg.
(Karl Barth, Kirchliche Dogmatik IV/2, Evangelischer Verlag Zollikon-Zürich, Seite 953)

Invokavit

Annäherungen an den Predigttext
Brief an Hebräerinnen und Hebräer 4,14–16

Peter Godzik

Ergebnisse eines Gesprächskreises für die mittlere Generation der Domgemeinde Schleswig:

Sprache, Satzbau und fremde Vorstellungsbilder verstellen das unmittelbare Verstehen des Textes.
Was heißt »Thron der Gnade«? Welche Aufgaben hat ein »großer Hoherpriester«? Wieviele »Himmel« gibt es denn, die zu durchschreiten sind? Wie finde ich den Zugang zum »Thron der Gnade«? Durch Gebete, durch Glauben?
Es ist tröstlich zu wissen, daß einer mich kennt und mitfühlt mit meiner Schwachheit.
Jesus kennt unsere Schwächen. Auch er wurde in Versuchung geführt, aber er hat nicht gesündigt.
Ich bin verheiratet, ich war schon mal im »siebten Himmel». In alten Kirchen finden sich Mosaikbilder in der Apsis mit einem Thronsitz, darauf steht das Lamm Gottes.
Kathedralen haben einen Thronsitz für den Bischof. Wir sprechen auch heute noch vom »Amtssitz« des Bundespräsidenten.
Mir fällt die Redensart ein: »Gehe nicht zum Fürst, wenn du nicht gerufen wirst«.
Das »Hinzutreten« kennen wir aus dem Gottesdienst: Nach der Einladung zum Abendmahl tritt die Gemeinde an die Altarstufen heran zum Empfang des Abendmahls.
»Gnade« ist ein theologisch hoch aufgeladener Begriff. Im weltlichen Bereich gibt es noch »Gnadenerweise« der Staatsoberhäupter, die Verurteilte vorzeitig aus der Haft entlassen können. Der Text mündet in einen warmen, seelsorgerlichen Grundton: »Barmherzigkeit empfangen und Gnade finden zu der Zeit, wenn wir Hilfe nötig haben«. Aber diese gute Nachricht ist in eine sehr fremde, unvertraute Vorstellungswelt eingebettet.
In der demokratischen Gesellschaft von heute kennen wir keine Throne mehr, vor die wir treten – mit Zittern und Zagen womöglich oder auch mit Zuversicht. Aber die Erfahrung, daß wir auf Gnade und Barmherzigkeit

angewiesen sind, kennen wir schon – wenn wir unsere Schuld eingestehen müssen, keine Rechtfertigungsgründe mehr haben, mit bloßem Selbstbehauptungswillen nicht mehr weiterkommen. Dann brauchen wir die ausgestreckte Hand – »zu der Zeit, wenn wir Hilfe nötig haben«.

Im Rechtswesen gibt es noch einen Rest vom »Thron der Gnade«: Der Bundespräsident hat das Recht und die Befugnis, »Gnade vor Recht« ergehen zu lassen, unter bestimmten Umständen Begnadigungen auszusprechen. Angesichts dieser Einrichtung, die zum Rechtsstaat unverzichtbar dazugehört, kann man sich fragen, ob »Gnade« zu erweisen nicht die eigentliche Aufgabe der Herrschenden ist. Deshalb gibt es ja wohl auch die Anrede »gnädiger Herr«.

Die gnädige Ausnahme darf gemacht und zugelassen werden, ohne den Rechtsfrieden zu verletzen, wenn sie von einem dazu Befugten in weiser und heilender Weise praktiziert wird. Ohne Ausnahme kann ein Recht auch schnell »gnadenlos« werden.

Wenn es schon im Rechtswesen wichtig ist, nicht »gnadenlos« Recht zu sprechen und zu verurteilen, wieviel bedeutsamer ist derselbe Vorgang dann erst im religiösen Bereich, in der Gott-Mensch-Beziehung?

Gott ist ein gerechter Richter. Aber er ist nicht gnadenlos. Der Schöpfer allen Lebens versteht sich auf Barmherzigkeit (was im Hebräischen mit »Mutterschoß« zusammenhängt) und auf Gnade, das wahre Privileg aller auf dem Thron Sitzenden.

Sein Gnadenerweis bekommt dadurch einen besonderen Akzent, daß er den Himmelsthron verlassen hat, um uns in Jesus Christus nahezukommen. Gott kommt dem Bittsteller entgegen und nimmt den Bittenden in die Arme, ehe er sich ihm zu Füßen werfen kann. Auf einmal entschlüsselt sich auch das fremde und ungewohnte Bild des Hebräerbriefes für dieses Entgegenkommen: Nicht Gott steht auf von seinem Thron und eilt durch den Thronsaal dem Menschen in gnädiger Absicht entgegen, sondern Christus durchschreitet die Himmel und bahnt den Zugang zum Vater, damit die Menschen zuversichtlich hinzutreten können.

Die fremden Bilder werden deutlicher und verstehbar: So wie der Hohepriester in Israel allein einmal im Jahr am Versöhnungstag einen Zugang hatte zum Allerheiligsten, so hat Jesus durch sein Lebensopfer ein für allemal den Zugang zum gnädigen Gott eröffnet.

Er ist ein besonderer Hoherpriester dadurch, daß er auch auf die menschliche Seite gehört, Schwachheit und Versuchung kennt, aber ohne Sünde geblieben ist.

»Ohne Sünde sein« – das heißt, ganz zu Gott gehören, freien Zutritt zu seiner Sphäre haben. Und so bahnt dieser Hohepriester, der Gott und Mensch zugleich ist, den Weg zum Thron der Gnade im Himmel und auf Erden. Der Himmel scheint mit mehreren Sphären und Räumen (»die Himmel«) so ähnlich gegliedert zu sein wie der Tempel in Jerusalem mit Vorhof, Heiligem und Allerheiligstem. Der Vorhang ist zerrissen, der Zugang aufgetan.

Christus, wahrer Mensch und wahrer Gott, eilt hin und her zwischen der Schwachheit der Menschen und dem Thron der Gnade. Er bringt Gott zu den Menschen und die Menschen zu Gott, damit auch sie freien Zugang haben zu der göttlichen Gnade und Barmherzigkeit.
Der Zutritt zu den »Thronen« der Herrschenden wird heute über das Protokoll geregelt und ist ein höchst komplexer Vorgang mit Anmeldung, Vorladung, Vorstellung und Audienz. In der christlichen Gemeinde ist der Zugang zum Heiligen, zum Sakrament, anders geregelt: »Der Herr sei mit euch. Und mit deinem Geiste. Die Herzen in die Höhe. Wir erheben sie zum Herren. Lasset uns danksagen dem Herrn, unserm Gotte. Das ist würdig und recht. Wahrhaft würdig und recht, billig und heilsam ist's ... Kommt, denn es ist alles bereit. Schmecket und sehet, wie freundlich der Herr ist.«
Auf diese Weise können wir doch auch mit Zuversicht hinzutreten zum Altar mit Brot und Wein, dem Leib und dem Blut Jesu Christi, zum »Thron der Gnade«, »damit wir Barmherzigkeit empfangen und Gnade finden zu der Zeit, wenn wir Hilfe nötig haben«. Bei der Abendmahlsentlassung heißt es dann: »Das stärke und bewahre euch im rechten Glauben zum ewigen Leben.«
Über das Gnadenprivileg des Bundespräsidenten, diesem letzten Rest eines weltlichen »Gnadenthrons«, ist uns die ganz andere Versöhnungspraxis in Israel am Versöhnungstag im Salomonischen Tempel deutlich geworden. Und daran angelehnt und doch wiederum ganz anders in Praxis und Auswirkung der christliche »Gnadenort« des Abendmahls.
An der Gabe des Abendmahls sollen wir festhalten, »damit wir Barmherzigkeit empfangen und Gnade finden zu der Zeit, wenn wir Hilfe nötig haben«. Tägliches »Hinzutreten zum Thron« (wie z. B. in Taizé) schafft erst die Intimität, die wir dringend nötig haben, wenn uns die Sinne schwinden. Ich finde, daß der Text gar nicht mehr so fremd ist, wie es am Anfang den Anschein hatte.

Zum Gottesdienst

Christian Fuhrmann

Exegetisch-homiletische Skizze

Verstehen fällt schwer. Auch ich bin als Hörer überfordert, wenn ein Prediger mir als Gottesdienstbesucher in etwa 35 Sekunden diesen Abschnitt vorliest. Der Gesprächskreis der »Annäherungen« macht fremde Vorstellungen, die Syntax und die Sprache dafür verantwortlich. Ich fühle mich

durch die theologische Wucht der drei Verse zusätzlich »erpreßt«. Aus dieser Umklammerung kann ich mich nur lösen, wenn ich buchstabiere, was hier geballt angeboten wird.
Die im Hebräerbrief betonte Hohepriesterschaft Jesu ist für die Erstadressaten des Briefes als Aufhebung der alttestamentlichen Vorstellung von der Funktion des Hohenpriesters am Versöhnungstag verständlich. Viele Besucher heutiger Gottesdienste, besonders Konfirmanden und bisweilen auftauchende Jugendliche wird dieser christologische Titel zwar nicht verwundern - verständlich jedoch ist er ihnen kaum.
Nicht zuletzt deswegen muß ich in der Auslegung dieser christologischen Prädikation ein mögliches Predigtanliegen sehen.
Jesus ist der einzigartige Hohepriester, weil er zu den Menschen geht (Lukas 19,1-10) und nicht diese zu ihm aufbrechen müssen. Dieser Hohepriester gibt sich selbst als Opfer und damit ist sein Wirken ungleich anders als die Funktion des alttestamentlichen Hohenpriesters, der lediglich die Gabe der Opfernden zuzubereiten hatte. Auch durchschreitet dieser einzigartige Hohepriester nicht die Bezirke des Tempels bis ins Allerheiligste hinein, er hat die Himmel - für den Hebräer Orte der Gottesferne mit den widergöttlichen Kräften - bis in alle Winkel durchschritten. Damit begegnet Gott nicht mehr besonders an dem Ort des Allerheiligsten, sondern auch da, wo Menschen bis dahin nur die Gottesferne gefürchtet haben und noch heute fürchten.
Für den Hebräer ist das Festhalten am Bekenntnis das Herzstück christlicher Lebensexistenz. Für ihn ist (natürlich auch zeitbedingt) nicht der Austritt aus dem Verein das Problem, sondern die Müdigkeit, die mangelnde Zuversicht in der Gemeinde und die Angst, auf zu unsicherem Boden zu stehen.
Gespräche mit Menschen unserer Gemeinde, die bei Veranstaltungen schon lange nicht mehr gesehen wurden, haben nicht selten bei mir einen ganz ähnlichen Eindruck hinterlassen. Für mich als Prediger und Seelsorger steht doch damit die drängende Frage, wie etwas von dieser Grundthese des Hebräer rüberkommen kann: Mit dem Bekenntnis gehörst du einer anderen Wirklichkeit an. Es ist die Wirklichkeit dessen, der in alle Gottesferne - die auch ich erlebe/erleide - Gottes Nähe getragen hat. Predigt als Zeugnisrede ist gefragt, weil ich hier nicht mehr allein aus dem Talar, sondern auch von mir selbst zu sprechen habe. Hier liegt für mich ein weiterer Ansatzpunkt meiner konkreten Predigtarbeit.
Opfer sind nach biblischer Sicht auf Versöhnung aus. Versöhnung ist lebensnotwendig, weil wir der Versuchung, das Miteinander von Menschen zu stören, und damit Gottes Willen zu verletzen, nicht immer entgehen können.
Das Gefühl, mit den Schritten der Versöhnung zunächst auch etwas aufzugeben, eben etwas zu »opfern«, ist mir sehr bekannt, und nicht selten sind es ja schmerzende Schritte, die zur Versöhnung führen. Also: Ohne

»Opfer« keine Versöhnung! Diese Lebenserfahrung können wir kontrastreich der Glaubenslehre des Hebräerbriefes gegenüberstellen. Jesus ist das letztgültige, einmalige Opfer, das alle unserer Opfer überbietet und dabei in sich einschließt. Denn so ganz geht es ohne unsere »Opfer« nicht.
Allerdings reden wir von ›Opfer‹ heute oft in einem sehr anderen Zusammenhang. Opfer von Kriegen und Naturkatastrophen und besonders die Menschen, die wir unserer Mobilität im Straßenverkehr »opfern«, sind uns nicht nur durch die Presse allgegenwärtig. Der umgangssprachliche Gebrauch dieses Wortes birgt in sich homiletische Chancen und Gefahren.
Hebr ist sich mit dem Evangelisten Matthäus einig: Jesus war versuchlich und ist versucht worden. Damit weist der Briefschreiber auf ein weiteres »Prädikat« des einzigartigen Hohenpriesters hin. Jesus war versuchlich wie alle Menschen auch. Jesus - auch hier herrscht Übereinstimmung mit den Evangelien - kann leiden und hat gelitten. Denn auch hierin ist er uns allen gleich. Die Not unserer Schwachheit, worin sie auch immer begründet ist, kennt Jesus. Nur die eine Erfahrung, aus Schwäche der Versuchung nachzugeben, kennt Jesus nicht. Das ist die einzige Ausnahme seines Menschseins zu uns, die ihn dann aber eben doch fundamental von uns, mit denen er sonst in jeder Hinsicht gleich ist, unterscheidet.
Der 16. Vers greift zurück auf das vorher Gesagte, versteht sich in dem »Darum«, leitet die folgende Schlußfolgerung ein. Weil es eben so ist, daß Jesus der Hohepriester mit all den Einzigartigkeiten ist, weil es eben so ist, daß es keinen »gottlosen Ort« in dieser Welt gibt, weil es eben so ist, daß von uns keine Opfer (?!) mehr abverlangt werden und nicht zuletzt, weil es eben so ist, daß Jesus einer von uns ist, deswegen können wir da, wo wir auch immer stehen und leben, zu ihm hinzutreten. Was wir von diesem Thronenden zu erwarten haben, ist etwas grundsätzlich anderes als das, was wir meist von unseren weltlichen Herren erwarten: Barmherzigkeit, Gnade und Hilfe.
Die Einengung dieser Aussage auf das Abendmahl halte ich weder für exegetisch stringent noch homiletisch sinnvoll. Der Hebräer sieht gerade in dem Festhalten am Inhalt des Bekenntnisses und der damit verbundenen Hoffnung die Tatsächlichkeit einer neuen Wirklichkeit beschlossen. Die Gesprächsgruppe der »Annäherungen« hat sich auch auf dieses Element des Predigtabschnittes besonders bezogen und weist damit auf eine weitere wichtige Zugangsmöglichkeit in unserer Predigtarbeit hin: unser mehr oder weniger starkes Bewußtsein, ohne Gnade und Barmherzigkeit verloren zu sein. Von früher Kindheit an wachsen Menschen mit dem Wunsch auf, daß man uns etwas nachläßt, übersieht und nicht verübelt. Darauf sind wir angewiesen als Kinder wie als Erwachsene. Denn Recht und Gesetz sind ohne Gnade unbarmherzig.
Die abschließende Wendung vom Hilfefinden zu jeder Zeit, da wir es nötig haben, kann wohl nur so verstanden werden, daß es darüber hinaus keine Festlegungen gibt, wann diese Hilfe uns widerfahren wird. Im Heute

und Jetzt gilt dieses Hilfsangebot genauso wie in der Situation, wo mit einem »Schlußstrich abgerechnet« wird. Jesus ebnet uns in allen Räumen und Zeiten ohne Beschränkungen den Weg zu Gott, er ermöglicht uns Gottesnähe.

Fast wie ein therapeutischer Versuch des Briefschreibers kommt es mir vor, die eingangs angedeutete Situation der Adressatengemeinde auf dem Hintergrund der neuen Wirklichkeit neu aufzuhellen. Wenn nur noch müde die mangelnde Gottesnähe beklagt wird und die Möglichkeit der Gotteserfahrung hinterfragt wird, stellt der Hebräer die uneingeschränkte Nähe Gottes in dem Hohenpriester dagegen. Damit bin ich genau in meiner Lebens- und Gemeindesituation angekommen. Wer den Verein auch notariell verläßt, der tut dies erst zuletzt aus Ersparnisgründen. Zuerst ist die Müdigkeit so groß und die Zuversicht so klein geworden - vielleicht war es aber auch nie anders - und wenn dies voll bewußt ist - und wirklich erst dann - kommt dieser Schritt.

Freilich wird allein durch das Bild vom Hohenpriester die ermutigende Zuversicht der in Jesus neu angebrochenen Wirklichkeit heute nicht transparent. Wir können aber die Situation mit dem Hebräer gemeinsam erhellen, wenn wir die Konvergenzpunkte unseres Lebens heute mit dem des Hebräer treffen.

Das heute weit verbreitete und viel diskutierte Lebensgefühl, nur als einzelner Mensch - als Single - durch Ungebundenheit, freie Entscheidungsmöglichkeit, nur sich selbst gegenüber verantwortlich, flexibel und durch fehlende Bindungen als anpassungsfähiger Mensch das Leben richtig nutzen und auskosten zu können, erweist sich oft nach Jahren erst - dann aber um so bedrohlicher - für viele Mitmenschen als Überforderung, vielleicht sogar als Irrtum. Für uns alle gilt, ob als Single oder als familiär gebundener Mensch: An den Wendepunkten des Lebens, an den Höhen wie Tiefen müssen wir uns mitteilen können. Und es gilt für mich besonders für diese Abgründe des Lebens, daß dort die Nähe dessen allein Halt schenken kann, der alle Nuancen meines Lebens kennt, der Himmel und Hölle durchschritten hat. Wie kein anderer kennt er das, was mein Leben geprägt und vielleicht auch verbogen hat, wie kein anderer bietet er seine Nähe an - weil er mir auch da nahe ist, wo Dunkelheit und Gottesferne mich zu umgeben scheinen.

Vorschläge zur Liturgie

Votum

Diesen Gottesdienst feiern wir im Namen Gottes, der uns das Leben schenkt.

In der Hoffnung, die Jesus Christus, der Sohn Gottes, zu uns bringt.

In der Nähe des Heiligen Geistes, der uns Augen und Ohren aufschließt.

Psalmgebet
Psalm 91. Im Wechsel mit der Gemeinde zu lesen nach EG 736.

Kollektengebet
Gott, Vater des Lebens, Vater unseres Herren. / Hier stehen wir vor dir. / Mit Fragen und etwas Zuversicht. / In Hoffnung auf deine Stärkung und im Zweifel über unsere eigene Kraft.
Gott, / Vater des Lebens, Vater unseres Herren. / Nimm uns an in unserer Zerrissenheit. / Schenke uns Nähe, Wärme und Gnade durch deinen Sohn, unseren Herrn. Amen.

Lesungen
- Der Hohepriester Jesus kommt zu uns - wer wir auch sind: Lukas 19,1-10
- Sonntagsevangelium; Der Hohepriester Jesus ist versucht wie wir: Matthäus 4,1-11
- Wir haben Erwartungen an den neuen Hohenpriester; »Invokavit«: Markus 10,46-52

Lieder
Ich möcht', daß einer mit mir geht, EG 209
Ach bleib mit deiner Gnade, EG 347
O Durchbrecher aller Bande, EG 388
Ich steh vor dir mit leeren Händen, EG 382
Laß mich dein sein und bleiben, EG 157
Ja, ich will euch tragen, EG 380
Jesus nimmt die Sünder an, EG 353

Gebet
Guter Gott, unser Vater, du hast unserem Leben ein Ziel gesetzt, dich beten wir an.
Jesus Christus, dein Sohn und unser Bruder, zeigt uns den Weg des Lebens.
Dein Geist, guter Gott, schenke uns die Kraft und Zuversicht, auf daß wir dir vertrauen und dich bitten:
Laßt uns beten für unsere Erde,
für unsere Geschwister, die unter Hunger, Ungerechtigkeit und Willkür, unter Krankheit und Naturkatastrophen leiden.
Du bist doch unser Gott des Lebens!
Du willst unser Wohl und nicht die Vernichtung.
Nimm weg aus unserer Mitte alle Gewalt und lösche aus den Haß unserer Herzen.

Laßt uns beten für die, die ohne Hoffnung sterben und verzweifeln.
Dein Sohn, Gott des Lebens, hat Hoffnung in die Gottlosigkeit des Todes getragen.

Schenke auch den verzweifelt Sterbenden das Licht der Hoffnung.
Du bist doch unser Gott des Lebens!
Das bitten wir um Jesu Christi willen, heute und alle Zeit.

Laßt uns beten für alle, die mit den Schwierigkeiten des Lebens kämpfen.
Für die, die den Glauben verloren haben an Menschen und Liebe und den Glauben an Gott.
Für alle, die die Wahrheit suchen und nicht finden können,
für alle, die vor Entscheidungen stehen und sich nicht entschließen können.
Du bist doch unser Gott des Lebens!
Dein guter Geist kehre bei uns ein und schenke uns Zuversicht, Gelassenheit und Mut.

Du bist unser Gott des Lebens,
dich bitten wir um Vergebung, um Barmherzigkeit und Gnade:
für die Lüge, mit der wir uns hinters Licht führen,
für den Schmerz, den wir uns antun,
für das Unverständnis, mit dem wir verletzen,
für unsere Hartherzigkeit, die uns das Vergeben so erschwert.

Du bist unser Gott des Lebens, zu dir rufen wir mit dem Gebet deines Sohnes, unseres Bruders
Vaterunser ...
(Nach Nr. 278 in: Gottesdienstgestaltung. Ein ökumenisches Werkbuch, hrsg. von K.-H. Bieritz u. a., 2. Aufl. Leipzig 1986, Seite 235 ff.)

Vorschlag zur Predigt

Möglicher Predigtanfang
Liebe Gemeinde, am Ende dieses 20. Jahrhunderts organisiert sich die Menschheit offenbar ganz neu. Das Leben als alleinstehender Mensch - als Single - nimmt immer mehr zu.
Ja - das muß doch ein schönes Leben sein!
Eine Woche lang kein Abwasch, bis der Inhalt aller Schränke das Bewegen in der Küche zum Problem werden läßt; und keiner meckert. Abends nach Hause kommen und keiner fragt, was war und wie's war. Beim Einkauf nur darauf achten, was mir gefällt und schmeckt.
Einfach ganz spontan die Sachen packen, die freien Tage ganz anders als geplant verbringen. Keinem verantwortlich kann ich allein entscheiden, was wichtig und richtig ist.
Nach heutigen Vorstellungen hat dieses Leben doch alles, was gut und angenehm ist.
Nur einen kleinen Nachteil - so geben selbst eingefleischte Singles zu - hat dieses Leben: die Einsamkeit.

Die Wohnung ist eben fast immer leer, wenn man nach Hause kommt. Immer nur die Lieblingsspeise für sich selber kochen, wird auch langweilig. Und übrigens kann die Beseitigung des Chaos in der Küche auch für Singles zu einem Streßfaktor werden, es ist schon besser, wenn man in derartig unangenehmen Lebenssituationen nicht alleine ist.
Was ich hier etwas locker anspreche, verstehe ich nicht als Kritik einer weit verbreiteten und berechtigten Lebensform unserer Zeit.
Es geht mir vielmehr darum, daß uns schon an diesen kleinen Notwendigkeiten des Lebens aufgeht, wie sehr wir als Menschen aufeinander angewiesen sind. Wir brauchen jemanden, mit dem wir uns aussprechen können. Fragen des Lebens und Entscheidungen bedenken können. Und oft brauchen wir ganz einfach jemanden, der nur bei uns ist: sei es die gewohnte Nähe, das Gefühl nicht allein dazustehen.
Das Gefühl allein gelassen zu sein, hatte die Gemeinde, an die der Brief adressiert ist, aus dem wir eingangs der Predigt einen Abschnitt gehört haben. Und diese Christen der dritten Generation damals haben auch unsere Erfahrung gemacht, daß es Lebenssituationen gibt, in denen auch die Nähe unter Menschen an ihre Grenzen kommt. Denn es gibt eine Traurigkeit, die kein Wort mehr fassen kann. Es gibt Schuld, die wir gerade dem uns nächsten Menschen nicht bekennen können. Es gibt Enttäuschungen, die jegliches Vertrauen in Menschen unmöglich machen können. Es gibt Ängste, die wir keinem mitzuteilen wagen. Es gibt das Gefühl der Sinnlosigkeit, das jede Hoffnung und Zuversicht unmöglich macht.

Zum weiteren Verlauf
3 Themenpunkte der weiteren Predigt könnten sich an diese Grundfrage anschließen:
- Jesus ist der Hohepriester auch heute für uns.
Er ist die neutestamentliche Antwort auf unsere Lebensfragen. Das Besondere am Hohenpriester im Jerusalemer Tempel besteht darin, daß er den Bereich mit der größten Nähe Gottes betreten durfte. Der Hebräerbrief verkündet, daß Jesus in die Bereiche, die bisher als gottlos galten, Gottes Nähe hineingetragen hat.
Den mutlos gewordenen Christen damals wie uns heute wird also gesagt: Es gibt nirgends in dieser Welt noch einen Ort, an dem Gott nicht anwesend ist. Es gibt nirgends in dieser Welt noch einen Ort, an dem ihr euch von Gott verlassen fühlen müßt. Ihr alle, Du und ich - wir können die Gewißheit haben, daß wir nicht einsam und verlassen sind - nicht heute und nicht morgen und an dem Ort, vor dem wir uns alle fürchten, auch nicht.
- Wir können mit diesem Hohenpriester leben.
Als Christ mit Jesus leben zu wollen wird auch für uns solange leeres Gerede ohne konkreten Inhalt bleiben, solange wir dies nicht üben. Mit der Nähe Jesu Christi und der Erfahrung, daß wir von ihm nicht allein gelassen

werden, ist es eben so, wie mit anderen ganz normalen menschlichen Kontakten auch. Wer mit Jesus nicht rechnet, wer nicht beginnt, mit ihm zu reden in stillen Gedanken und in Worten des Gebetes, der wird diese Erfahrung der trostvollen Nähe auch nicht machen können. Wer die Bibel nicht aufschlägt und dort nach Worten des Trostes sucht, der wird Jesus auch nicht kennenlernen können, der wird folglich auch keine Erwartungen an die Nähe Gottes in Jesus Christus stellen.
Wir können uns aus vielerlei Gründen zur Kirche halten und auch sporadisch oder regelmäßig zum Gottesdienst gehen, wenn wir uns nicht auf die Nähe Jesu Christi einlassen wollen, wird uns so manches neben der Langeweile hier im Gottesdienst vielleicht beschäftigen, aber das tiefe und guttuende Angebot des Hohenpriesters werden wir nicht verstehen.
Am Bekenntnis festhalten heißt aber auch, daß wir als Christen genausowenig wie alle anderen Menschen von Gott ein Schlaraffenland erwarten können. Der Hohepriester ist kein Zauberer mit Hocos-Pocus, er entläßt uns nicht aus der Aufgabe, uns in unserem Leben zu bemühen - aber wir dürfen ihn in unserer Nähe wissen und gegen unsere Angst und Einsamkeit auf ihn hoffen. Wo wir auch leben, was uns auch bewegt und ängstigt - Jesus fühlt mit uns mit, wie kein anderer Mensch mit uns mitzufühlen vermag.
- Unseren Fehlentscheidungen bringt der Hohepriester Gnade entgegen.
Der Anfang der Predigt klingt wieder an: der selbständige, möglichst ungebundene Mensch ist der Mensch unserer Zeit. Als Menschen in diesem Teil Europas genießen wir ein großes Stück an Freiheit und an Entscheidungsmöglichkeiten. Größer als bei uns ist die Freiheit sonst kaum auf der Welt. Aber wir kennen eben auch die Kehrseite dieser Freiheit, in der auch wir immer wieder erkennen müssen, daß wir die Freiheit der Entscheidung gerade nicht zum Guten genutzt haben. Denn der moderne Mensch unserer Zeit ist wohl auf den ersten Blick gesehen der freieste Mensch aller Zeiten - auf den zweiten Blick aber müssen wir auch sehen, daß heute wie kaum zuvor Menschen an sich selbst verzweifeln.
Versöhnung gelingt nicht, weil wir nicht über den eigenen Schatten springen können und als erster um Verzeihung bitten. Wir haben eben gelernt, auf unser Recht zu pochen.
Weil wir rackern und anschaffen müssen, um unsere Wünsche zu erfüllen, übersehen wir unser Bedürfnis nach menschlicher Wärme. Wir haben eben gelernt, für uns selbst zu sorgen. Wer aber keine Wärme ausstrahlt, wird auch bald keine Wärme mehr empfangen.
Und wenn wir in unseren schönen Häusern sitzen und in den blinkenden Autos durch die Natur flitzen, dann kommt uns nicht selten diese Leere an. Mit dem Haus ist bei uns die Sorge der Abzahlung eingezogen. Das ersehnte Auto, steht es erst in der eigenen Garage, ist gar nicht mehr so verlockend, wie es noch beim Autohändler war. Die erwachsenen Kinder besuchen ihre Eltern nicht - sie befinden sich ja noch auf der Aufholjagd nach Haus, Auto und Erfolg. Und irgendwann drängt sich uns die Frage auf, was

wohl alles in unserem Leben hätte besser laufen können. Doch die Zeit ist nicht zurückzudrehen. Worte einmal ausgesprochen, sind nicht zurückzunehmen. Verletzungen, die wir durch Kurzsichtigkeit begangen haben, vernarben oft nur und werden niemals heil.
Was wir in den Situationen der Reue und Selbstvorwürfe brauchen, ist das, was der Hohepriester Jesus uns ermöglicht: Wir können zu der Zeit, da wir die Hilfe nötig haben, auf Barmherzigkeit und Gnade hoffen. Bei ihm gibt es kein Zu-spät, das es unter uns Menschen so oft gibt.

Möglicher Predigtschluß
Wer sich mit diesem Zimmermann aus Nazareth, der mit seinem Leben und Sterben Gottes Nähe in die gottlosen Verhältnisse bringt, beschäftigt, wird erkennen, was er von ihm erwarten kann. Wer mit dem Hohepriester Jesus Christus lebt, wird die gute Erfahrung machen, daß es bei ihm niemals ein ZUSPÄT gibt. Wer wir auch sind, wie wir auch leben - zu ihm können wir immer kommen - warum eigentlich nicht schon heute und jetzt?!

Kontexte

»Hoherpriester und Opfer sind hier identisch. Dasselbe anders: Ein Anwalt, der vor Gericht den Angeklagten verteidigt, wird sein Bestes tun, um ihn herauszupauken; wenn aber das Urteil ergangen und die Strafe verhängt ist, geht der Anwalt unbehelligt nach Hause, während der Verurteilte in seine Zelle geführt wird. Es ist bei Jesus anders: Der Anwalt verbüßt die Strafe, der Deliquent ist frei. So hat Jesus mit uns »mitgelitten« ... Jesus geht nicht von unserer Seite, auch wenn der Böse zum letzten, vernichtenden Schlag ausholt. Der Priester hat sich selbst geopfert.«
(Voigt, Gottfried: Homiletische Auslegungen der Predigttexte, Reihe 2: Das heilige Volk, Vandenhoeck & Ruprecht, 2. Aufl. 1985, Seite 157)

»Die große Schuld des Menschen sind nicht seine Sünden, die er begeht - die Versuchung ist mächtig, und seine Kraft ist gering! Die große Schuld des Menschen ist, daß er in jedem Augenblick die Umkehr tun kann und nicht tut.« Rabbi Baumann
(R. u. W. Klein [Hrsg.], Der Hoffnung ein Fest. Wege zum eigenen Glauben finden, Quell-Verlag, Stuttgart 1993)

»Aus dem Leben der ägyptischen Wüstensiedler wird erzählt, wie einer nach langer Prüfung der Ferne fragt: ›Herr, wo warst Du doch in der schrecklichen Zeit?‹ Gott aber antwortet: ›Dir näher als je!‹ Immer ist er nahe, seiend an der Wurzel unseres Seiens; redend in der Tiefe unseres Gewissens. Doch es ist offenbar so, daß wir unser Verhältnis zu Gott zwischen den Polen der Ferne und der Nähe erleben sollen. Durch die Nähe werden wir gestärkt, durch die Ferne geprüft. Wenn Gottes Nähe sich zu fühlen gibt, ist es leicht, gläubig zu sein; ist er aber fern, dann wird es Zeit für den nackten Glauben, der nichts hat als das Wort: ›Ich lasse dich nicht!‹«
Romano Guardini

Reminiscere

Annäherungen an den Predigttext
Brief an die Gemeinde in Rom 5,1-5 (6-11)

Ludwig Burgdörfer

Die Annäherungsversuche sind von 2 verschiedenen Seiten geschehen:
1. Talk im Turm - eine Gruppe Jugendlicher und junger Erwachsener, entstanden im Umfeld des Kirchentages, die sich im Turm unserer Stiftskirche treffen, hat den Text schriftlich als Denkzettel bekommen und ebenso schriftlich reagiert.
2. Der Bibelkreis, zumeist besucht von älteren, engagierten Christinnen der Gemeinde, hat sich an einem Abend spontan und ausführlich mit dem Text beschäftigt.
Bemerkenswert allerdings, wie nahe die unabhängig voneinander entstandenen Beiträge einander sind:
Grundthema: FRIEDE mit Gott - Friede mit sich selbst.
Kein konstanter Dauerzustand, sondern chronisch gefährdete Zielvorgabe.
Große Anziehungskraft hatte für alle die »Stufenleiter« der Verse 3-5. Das ist keine einmalige Aufstiegsgeschichte, keine Karriere der unumkehrbaren Bekehrten, das geht rauf und runter, vor und zurück. Wiederholungstäter sind hier die Regel. Das ist so schwierig, das muß geübt werden. Meistens unfreiwillig als Lebensschulung ohne absehbaren Abschluß - bestenfalls »mittlere Reife« - keine vollkommene jedenfalls. Die Rückfallquote ist enorm hoch. Wir sind »auf Bewährung freigelassen« - d.h. nicht, daß wir ungefährdet im Frieden mit Gott und mit uns selbst ankommen.
Bewährung geht nicht ohne Bewahrung. Freigänger sind mitunter mehr gefährdet als Gefangene.
Die Friede mit Gott mag von seiner Seite aus definitiv feststehen. Das heißt aber noch lange nicht, daß wir unentwegt in diesem Frieden zuhause sind. Wie in jeder guten Beziehung gibt es gerade wegen der engen Bindung erhebliche Verletzungen und Kränkungen, die uns bis auf weiteres von Gott entfernt und in Unfrieden mit ihm leben lassen.
Dann gilt es eben eine ganze Zeit diesen Unfrieden auszuhalten, zuzulassen, auszuleben, und Ihm die Fragen und Bedrängnisse vorzu-werfen.
Die psychohygienische Relevanz der Klagepsalme ist uns in diesem Zusammenhang wichtig geworden. Es ist für Leib und Seele gesünder, vor

dem Friedensschluß mit Gott immer wieder den Unfrieden konsequent zu seinem Recht kommen zu lassen.
Immer wieder ist doch auch eine gewisse Aversion gegen die scheinbare Leidens-Lust des Paulus hochgekommen. Er macht sich mit diesem Ansatz immer wieder unbeliebt.
In diesem Zusammenhang wird vielfach betont, daß die genannten seelischen »Zustände« von Bedrängnis bis Hoffnung allesamt nicht das Ergebnis eigener Kraftbeweise sind, sondern Erträge ausgehaltener Schwächen sein werden.
Innerhalb des Gespräches wurde uns wieder einmal die depressive Tendenz paulinischer Texte deutlich und aber auch unsere eigene Affinität zur trübseligen Bestandsaufnahme unseres defizitären Glaubenslebens.
Bis plötzlich jemand protestierte und sagte: Der Spaß und die Leichtigkeit einer beschwingten Freude im Glauben sei doch wohl auch berechtigt.
Da wurde uns plötzlich der besondere Reiz und der Charme und der Schatz eines Gemeindelebens deutlich:
In unseren verschiedensten Aggregatszuständen kommen wir zusammen und bilden das ganze Spektrum möglicher Gottes-Beziehung und möglicher Friedens-Krisen-Phasen in uns und an uns ab. Und gerade diese bunte Versammlung eigenartiger Befindlichkeiten macht uns Mut, es bei uns selbst und beieinander in der Nähe Gottes auszuhalten.
Ob Jesus wohl den Frieden mit seinem Gott nicht unüberbietbar gefährdet und verloren sah, auf seinem unvergleichlichen Leidensweg? ER steht als Beispiel für die durchgehaltene Friedenshaltung Gottes über dunkle Täler des Todes und des Zweifels hinaus, – Gethsemane-Geschichten überdauernd.
Die ganze Vielfalt erlebter und erlittener Gottverlassenheit als trügerisches Indiz für das Ende Seiner Anwesenheit in meiner Biographie, ist auf diesem Hintergrund neu zu durchdenken.
Unverbindliche Reizempfehlungen:
»Versöhnt« klingt wie »verwöhnt« – das »Verwöhnaroma« Gottes. Wie kann man es schmecken?
Die Übersetzung der GUTEN NACHRICHT ist verbraucherfreundlicher als der Luthertext.
Viele Menschen haben nicht Frieden, sondern Krieg mit Gott. Ihre Niederlagen und Verletzungen hindern sie daran, Frieden mit sich und mit Gott zu schließen. An ihnen redet Paulus ziemlich exakt vorbei. Das darf der Predigt nicht passieren!
Das Abendmahl als ein gemeinsames Anstoßen auf die Freundschaft mit Gott und miteinander, sozusagen Brüderschaft und Schwesterschaft trinken mit dem Kelch des Heils – das wäre erlebnisorientierte, vertrauensbildende Maßnahme im Gottesdienst, auf dem Weg zu einem schmackhaften Frieden, der nach außen wächst. Der Appetit kommt beim Essen.

Der gesamte Text ist eine gehörige Zumutung. Wer ihn der Gemeinde serviert, muß wissen, daß er eine absolute Überforderung darstellt, bedingt durch die Dichte theologisch-dogmatischer Gelehrsamkeit. Er leistet u. U. einem pastoral-pfarrherrlichen Auftreten Vorschub, nach dem Motto: »Ich weiß etwas, was ihr nie verstehen werdet ...« Hier ist Predigt vor allem im Sinne eines barmherzigen Dolmetschens zu verstehen, sonst widerspricht nämlich die Aufbereitung und die Verpackung dem zu präsentierenden Inhalt total.
Darum lieber nur Teile, einzelne Verse des Textes auswählen. Kleine Häppchen, nicht die ganze Portion! Der Gottesdienstbesuch darf nicht zu einem unangesagten Intelligenztest mißbraucht werden. Viele Leute hat dieser Text schlichtweg sprachlos gemacht. Prediger/innen müssen bedenken: Ehe wir etwas mit dem Text auf der Kanzel machen, macht der etwas mit uns. Die Verlesung vor der Predigt ist manchmal schon das Ende derselben. Bei manchen Paulustexten müßte vor Risiken und Nebenwirkungen gewarnt werden.

Zum Gottesdienst

Heidi Kell

Exegetisch-homiletische Skizze

Wie wahr, was Sie da in den letzten beiden Absätzen der »Annäherungen« formulieren, lieber Herr Kollege!
Schon beim Gedanken an die Lesung sehe ich die Gesichter der Gemeinde vor mir: Bemüht-angestrengt die regelmäßigen KirchgängerInnen, verständnislos bis ärgerlich die Frauengruppe, gelangweilt die Jugendlichen, sie tun mir leid. Und ich sehe Paulus vor mir - auch er tut mir leid: Dolmetschen soll ich, kürzen, nur weniges rausgreifen, Paulus light sozusagen, sonst wird's zu anstrengend.
Aber was tue ich der Gemeinde, dem Apostel, mir selbst da eigentlich an? Ich halte Gottesdienste, um Menschen einen Raum zu eröffnen, in dem sie zu sich selbst und zu Gott kommen können; in dem sie von einem Gott erfahren, dem sie sich anvertrauen können.
Von diesem Gott scheint mir der Text auf der ersten Blick wenig zu erzählen. Vor allem die Verse 6–11 arbeiten dagegen an. Meiner Gemeinde werde ich diese Verse nicht zumuten, nicht weil ich sie unverständlich finde, sondern weil sie meinem Glauben geradezu widersprechen. Der Gott, den ich in meinem Leben erfahre, hat nichts zu tun mit dem Gott, der ein Sühneritual vollzieht, um den Menschen Zugang zu sich zu ermöglichen. Die meisten Passionslieder malen diesen Gedanken des Paulus geradezu genüßlich aus:

- Wir danken dir, Herr Jesu Christ, daß du für uns gestorben bist und hast uns durch dein teures Blut gemacht vor Gott gerecht und gut. (EG 79)
- Für deine Pein und Schmerzen, Herr Jesu, Lob und Dank, für dein Not und Angstgeschrei, für dein unschuldig Sterben usw. (EG 82)
- Ein Lämmlein (...) ergibt sich auf die Würgebank (EG 83)
- Herr Jesu, dir sei Dank für alle deine Plagen: Für deine Seelenangst, für deine Band und Not, für deine Geißelung, für deinen bittren Tod. (EG 87)

Wie aus dem Sich-Weiden in den Wunden Jesu ein befreiender, lebendiger und tatkräftiger Glaube wachsen soll, will mir nicht einleuchten.

Indes: »Jetzt ist Friede zwischen ihm und uns.« Gott sei Dank! Auf dem Hintergrund obiger Liedexzesse kann ich aufatmen bei diesem Satz. Endlich keine Wunden und Schlachtbänke mehr, endlich Frieden!

Paulus versteht diesen Frieden ganz als Gottes Heilstat an uns. Durch Christus haben wir Zugang zu Gottes Gnade.

Dieser Friede zwischen Gott und uns müßte sich aber doch auswirken auf unseren Alltag, unser Leben, unsere gesellschaftlichen und politischen Beziehungen. Ebenso die Liebe, die Gott in unsere Herzen gegeben hat. Aber Paulus redet nicht davon, daß nun Liebe und Frieden den Alltag der Gemeinde kennzeichnen, sondern »schon« Freude und Zuversicht auf der einen und »noch« Leiden auf der anderen Seite. Gottes Friedensschluß mit seinen Menschen schließt also offenbar das Leiden nicht aus; im Gegenteil, nicht *trotz,* sondern gerade *durch* das Leiden entsteht die Gewißheit, daß Gott uns nicht fallen läßt (V. 5).

Das ist die wohl stärkste Zumutung des Textes. Sicher hat Paulus das so erfahren. In beiden Briefen an die Gemeinde in Korinth verweist er auf seine Leiden (jeweils Kap. 4). Aber lassen sich diese Erfahrungen verallgemeinern? Haben Leidenserfahrungen einen Sinn oder hat es einen Sinn, sie zu meiden. Haben wir einen Anspruch auf ein Leben ohne Leiden?

In unserem Text wird das Leiden nicht als positiver Wert an sich verstanden. Leiden führt im Gegenteil über sich selbst hinaus. Und: Die Leiden sind begrenzt. Im »jetzt noch« von V. 3 ist das Ende des Leidens schon am Horizont zu sehen.

Ich möchte im Gottesdienst die Gemeinde einladen, ihrem Umgang mit dem Leid, dem anderer und dem eigenen, nachzugehen. Welche Bedeutung hat dabei mein Glaube? Was heißt in diesem Zusammenhang »Bewährung« und »Standhaftigkeit«?

Wichtig ist mir, daß auf diesem Weg sowohl das Fragen und Einklagen (in Psalm und Gebet) als auch das Suchen nach Gewißheit (im Credo) Raum hat.

Vorschläge zur Liturgie

Eingangsvotum
In Namen Gottes, aus dem unser Leben wächst,
in Namen Jesu, der sich uns an die Seite stellt
und im Namen des Heiligen Geistes, der uns bestärkt,
hineinzuwachsen in ein Leben in Fülle. Amen.

Psalm
Psalm 25 (EG 713)

Eingangsgebet
Gott, zu dir kommen wir,
um unseren Alltag zu durchbrechen;
um ein paar Schritte zurückzutreten
und einen anderen Blick zu gewinnen
auf unser Leben, auf unsere Welt.
Hattest du nicht Frieden verheißen
und Liebe eingegossen in unsere Herzen? –
Manchmal spüren wir so wenig davon.
Manchmal beklemmen uns Angst und Sorge um uns selbst.
Manchmal wollen wir nichts mehr hören und sehen
vom Elend der anderen.
Manchmal wollen wir nur noch die Hände in den Schoß legen
und ausruhen bei dir.
Wenn wir so dasitzen, bitten wir dich:
Gib uns deinen Geist, daß wir deinem Segen
mehr zutrauen als uns selbst. Kyrie eleison!
Gib uns deinen Geist, daß wir weinen mit den Weinenden
und lachen mit denen, die sich freuen können, Kyrie eleison!
Gib uns deinen Heiligen Geist, daß wir deinem Reich
mutig entgegengehen, Kyrie eleison!

Lesungen
Brief des Paulus nach Röm 5,1–5
evtl. »Leiden« von D. Bonhoeffer (s. Kontexte)

Credo
Die folgenden Sätze aus dem Gesangbuch sind jeweils abgeschlossene Glaubensbekenntnisse. Von der Gemeinde sprechen lassen. Dann einige Atemzüge lang Zeit geben, sich festzumachen bei »meinem« Bekenntnissatz.
Jesus Christus, mein Zugang zu Gott.
Jesus Christus, mein Herr!

Jesus Christus, das Lämmlein auf der Würgebank.
Jesus Christus, für uns gestorben.
Jesus, Lebensbaum des Paradieses.
Jesus, Rabbi und Geschichtenerzähler.
Jesus Christus, liebster Freund.
Jesus Christus, unser Befreier.
Jesus Christus, Gottes Sohn.
Jesus Christus, Marien Sohn.
Jesus Christus, Menschensohn.
Jesus Christus, das Weizenkorn.
Christe, Schöpfer aller Welt.

Lieder

Zum Eingang: Tut mir auf die schöne Pforte (EG 166), nach dem Gebet: Kyrie eleison (EG 178.9), nach der Lesung: Warum leiden viele Menschen (s. unten), nach der Predigt: In der Mitte der Nacht (Lieder für Kirchentage, Frankfurt 1987, Nr. 47); Fürchte dich nicht (EG 607).

M: arab. Passionslied T: R. Schiller

Vorschläge zur Predigt

Möglicher Predigtanfang

Liebe Gemeinde, daß die Not beten lehrt, sagt ein bekanntes Sprichwort. Und wenn ich die KonfirmandInnen frage, wann sie einmal gebetet haben, dann scheinen ihre Antworten die Not als Gebetsschule zu bestätigen: Wenn es um Leben und Tod geht, dann wird schon gebetet, dann stehen die richtigen Worte zur Verfügung, dann ist Gott plötzlich ganz nah, auch als Streitpartner.

So ist es auch in dem Psalm, den wir eingangs miteinander gebetet haben: Da wird Gott aufgefordert, sich doch an seine frühere Gnade und Barmherzigkeit zu erinnern - und entsprechend zu handeln im Leben des Beters. Dieser Psalm hat diesem Sonntag seinen Namen gegeben: Erinnere dich!

Zum weiteren Verlauf

Glauben hat immer etwas zu tun mit der Fähigkeit, sich zu erinnern. Nicht nur mit Gottes Fähigkeit, sich an seine früheren Wohltaten zu erinnern, sondern auch mit unserer Fähigkeit, Erfahrungen von Güte, Wärme, Geborgenheit, aber auch Leid und Abschied festzuhalten.

Ich würde mit der Gemeinde zurückgehen in die ersten Kindheitserinnerungen, Gerüche von zu Hause, Kleidungsstücke, Menschen; gute und schmerzhafte Erfahrungen; Liebe, Trennungen von Partnern, Kindern, Freunden; Am Ende resümieren: Wie sieht meine Lebensbilanz aus? Was überwiegt - das Glück oder das Leid?

Mitten in diese Lebensbilanz, wie sie auch sei, trifft der Satz des Paulus: Nun ist Frieden zwischen Gott und uns. Das ist gut nachzuvollziehen für den, der eine positive Bilanz ziehen kann, der mag darin sogar Gottes Gnade zu erkennen - wo aber wird denn Gottes Friede anschaulich, wenn jemand von einer lebensbedrohlichen Krankheit aufgezehrt wird; wenn jemand Jahr um Jahr immer tiefer in die Schuldenlast hineingerät? Was ist schließlich mit den Menschen, die um ein Recht auf Nahrung kämpfen, was ist mit den Opfern deutscher Waffenexporte?

Der Satz des Paulus: »Sogar, daß wir jetzt noch leiden müssen, ist uns ein Grund zu Freude« klingt da zynisch.

Hinweisen auf die persönlichen Erfahrungen des Paulus. Daß Leiden über Bewährung und Hoffnung zur Gewißheit führt, läßt sich nicht verallgemeinern.

Aber: Daß Leiden verändert, daß ich aus bestandenen Leiderfahrungen verändert hervorgegangen bin, das kann ich bestätigen. Die Gemeinde wird zu ganz anderen »Bewährungserfahrungen« kommen. Wichtig wäre hierbei nochmal festzuhalten, wie mir Gott in diesen Situationen begegnet ist.

Möglicher Schluß
»In dir ist Freude, in allem Leide«, singt ein altes Kirchenlied. Ein schwer verdaulicher Satz, nahezu unerträglich, für Menschen, die ganz hart vom Leiden betroffen sind. Aber das ist nicht der Satz des Paulus. Paulus meint etwas entschieden anderes, wenn er sagt: »Sogar daß wir hier noch leiden müssen, ist uns ein Grund zur Freude«. Wir müssen *noch* leiden, d. h. ja, das Leiden hat ein Ende, sehr bald schon, von Gott her. Paulus weiß, daß die ganze Schöpfung, nicht nur der Mensch, erlöst werden wird. Die nahende Erlösung wirkt jetzt schon in unser Leben hinein.
Dort nämlich, wo wir das Leid ansehen können, dort, wo wir uns wehren gegen unnötiges Leid und ganz bestimmt dort, wo wir andere in ihrem Leid nicht alleinlassen. Amen.

Kontexte

Leiden
Wunderbare Verwandlung. Die starken, tätigen Hände sind dir gebunden. Ohnmächtig, einsam siehst du das Ende deiner Tat. Doch atmest du auf und legst das Rechte still getrost in stärkere Hand und gibst dich zufrieden. Nur einen Augenblick berührtest du selig die Freiheit, dann übergabst du sie Gott, damit er sie herrlich vollende.
(aus: Dietrich Bonhoeffer, Widerstand und Ergebung, © Chr. Kaiser/Gütersloher Verlagshaus, 15. Aufl. 1994)

In seiner surrealistischen Geschichte »Langsam, wie ein Planet sich dreht« beschreibt Michael Ende einen Menschen, dessen Welt versinkt, dem aber Jesus immer wieder seine rettende Hand anbietet. Aber der Mensch wagt den vertrauensvollen Sprung in seine Hand nicht - und geht unter.
(In: M. Ende. Der Spiegel im Spiegel. Stuttgart 1984)

Okuli

Annäherungen an den Predigttext
Brief an die Gemeinde in Ephesus 5,1-8 a

Ingrid Keßler-Woertel

Der Epheserbrief spielt im Gemeindealltag einer durchschnittlichen Kirchengemeinde nun wirklich nicht die große, tragende Rolle. Gewiß, ab und an wird aus dem Epheserbrief gepredigt. Im Kindergottesdienst kommt er überhaupt nicht vor. Schade, denn in vielen Gemeinden sind die Kindergottesdienstmitarbeiter/Innen diejenigen, mit denen gründlich und wöchentlich Bibelstudien betrieben werden. Dort werden, meist im kleinen Kreis junger Leute, Bibeltexte gelesen und besprochen. Wenn also der Epheserbrief nicht im Kindergottesdienst vorkommt und auch nur selten darüber gepredigt wird (und meist entsteht ja die Predigt als Solistenwerk am Schreibtisch der PfarrerIn), dann muß ich mir einen anderen Kreis zur Besprechung suchen.

Zunächst konfrontiere ich meine Konfirmanden mit Eph 5,1 ff. Bereitwillig schlagen Sie ihre Bibeln auf, lesen den angegebenen Text. Dann meldet sich Maike zu Wort: »Da steht ›Epheser‹, hat das was mit ›Ephesus‹ zu tun?« Ich bejahe, und Maike hakt nach: »›Ephesus‹ in der Türkei?« Wieder bejahe ich. Und mit einem erleichterten Lächeln auf den Lippen lehnt sich Maike zurück. Endlich hat sie etwas in der Bibel gefunden, das ihr bekannt ist: »Ephesus«, sagt sie, »Ephesus kenne ich. Da war ich in den Sommerferien mit meinen Eltern.«

Was Ephesus allerdings mit der Bibel und den Briefen in der Bibel zu tun hat, das sei ihr dort nicht erzählt worden. So ändern sich die Zeiten: Während früher die Konfirmanden höchstens Dias über die Stätten der Bibel zu sehen bekamen, wandeln sie heute sozusagen »live« auf den Spuren des Paulus, ohne davon etwas zu wissen.

Allerdings flachte die durch Maikes Reaktion emporgeschnellte Aufmerksamkeit der Konfirmanden schon nach kurzer Zeit wieder ab. Skizzenhaft habe ich die Kommentare der Konfirmanden mitgeschrieben. Interessanterweise fielen die Aussagen zu Eph 5,1 ff. bei den Konfirmanden extrem auseinander. »Endlich sagt einmal einer, was ein Christ zu tun und zu lassen hat.« »Wie schrecklich, wenn wir das alles einhalten sollen, dann kann ja keiner in den Himmel kommen.« »Das ist ja total unmodern.« (Wörtlicher Kommentar: »So'n autoritäres Gelaber ist doch total out!«) Es gab

auch einige Konfirmanden, die sich, ganz vehement und ehrlich, für eine sofortige »Umsetzung« der in den Versen angesprochenen Verbote aussprachen: Das ging bis hin zur konkreten Forderung nach Abschaffung aller brutalen Krimi- und Sexszenen im Fernsehen, zur Forderung, auch im täglichen Umgang der Menschen müßten diese Verse Anwendung finden, wenn nicht freiwillig, dann durch staatliche Sanktionen. Was mich allerdings beeindruckte, waren die vielen Beispiele aus dem täglichen Leben. Dinge, die die Konfirmanden berührte, die sie jedoch erstmals (zu ihrer eigenen Verwunderung) mit einem Text der Bibel in Zusammenhang brachten. Gewalt in der Schule war ein Thema, aber auch – und zwar mehrfach – die Scheidung der Eltern, das Fremdgehen des Vaters, der brutale Umgang der Konfirmanden miteinander, Brutalität in der Familie. Einige fanden auch die rauhe Sprache schrecklich, die in vielen Familien an der Tagesordnung ist.
Szenenwechsel: In einen Kreis bibelversierter Theologen bringe ich Eph 5,1 ff. ein, allerdings in der Übertragung der »Gute(n) Nachricht in heutigem Deutsch« (nebenbei bemerkt: eine sehr viel verständlichere Version als die der Lutherbibel, wenigstens soweit es sich auf Eph 5,1 ff. bezieht.) »Da ragt der erhobene Zeigefinger aus der Bibel«, so die erste Stellungnahme, und dann: »Der Text sieht ja die perfekte Abgrenzung der Christen von allen anderen vor, und zwar in schärfster Form«. Die Ähnlichkeit mit einem Gründungspapier einer Sekte oder sektiererischen Gruppe aus dem 19. Jahrhundert wurde herangezogen. »Mich ärgert dieser Text«, so ein weiterer Gesprächsteilnehmer. »Da ist doch ganz klar und eindeutig der Zungenschlag bestimmter sektiererischer Kreise zu sehen, und zwar ›sektiererisch‹ im Sinne von ›Absonderung‹: Sehr lange wurde über die Stichworte »Vergebung« und »Versöhnung« gesprochen, merkwürdigerweise; denn im Text ist davon ja nun gerade nicht die Rede. Vielleicht gab aber gerade das Votum eines Gesprächsteilnehmers zu dieser Diskussion den Ausschlag, denn er mahnte besonders an: »In Eph 5,1 ff. vermisse ich, daß nirgendwo die Möglichkeit der Vergebung eingeräumt wird.«
Konklusio eines Pfarrers, der sich an dieser Gesprächsrunde beteiligt hatte: »Da wird man beim Predigtschreiben aber gewaltig aufpassen müssen. Da darf weder der erhobene Zeigefinger durchleuchten noch ein moralinsaurer Sündenkatalog gepredigt werden. Ich wäre gespannt, was dabei herauskommt.« Übrigens: der Pfarrer, der sich so äußerte, hält sich nicht an die Perikopenordnung und denkt auch nicht im Traum daran, Eph 5,1 ff. in naher Zukunft zu predigen.

Zum Gottesdienst

Friedhelm Borggrefe

Exegetisch-homiletische Skizze

Bevor wir uns als theologische Besserwisser von dem »moralinsauren Sündenkatolog« unseres Textes verabschieden oder nach einer schnellen Umsetzung in TV Sexszenen und Familientragödien Ausschau halten, lohnt sich ein neuer »Annäherungsversuch« nach der Lektüre des griechischen Textes. Ich entdecke: Die Christologie kommt vor der Moral! Ich notiere mir Fragen: Warum geben alle Übersetzer den Imitatiogedanken (V. 1) auf? Vgl. Luther 1912: »So seid Gottes Nachfolger als seine lieben Kinder«, 1975: »... als seine geliebten Kinder«, 1985: »So folgt Gottes Beispiel als die geliebten Kinder«, Good news 1966: »You are God's dear children, you must try to be like him«, Zürcher: »So ahmt nun Gottes Weise nach als die von ihm geliebten Kinder«? Der Mensch ist nicht der Kopierer Gottes, gewiß nicht. - Aber wissen sie nicht mehr, daß die menschliche Kultur damit erklärt werden kann, daß Menschen Tiere imitierten beim Spinnen, beim Weben und Nähen oder beim Hausbau? Ist nicht mehr bekannt, daß menschliches Handwerk den Körper und seine Funktionen als Leitgedanken benutzte, daß nicht nur der Schauspieler sondern auch der Dichter »Mimen« waren. Ist Plato mit seinem kosmologischen Begriff der Mimesis vergessen? Was bedeutet das, ein Mime Gottes zu sein? Michaelis ThW IV Seite 674 unterscheidet drei Typen der Verwendung des Begriffs: 1. Vergleich (ein älteres Beispiel wird nachgeahmt, z.B. 1. Thess 2,14). 2. Einem Vorbild, z.B. Paulus wird gefolgt (Phil 3,17). 3. Eine Autorität wird anerkannt (Eph 5,1)!

Ich frage weiter: Warum wird zum Anfang des Textes so dicht von »Liebe« gesprochen? Wer ist der Initiator? Liebe, die uns zu Kindern macht? Wie groß ist Liebe, in der man gehen kann? Liebe, die Christus hatte zu euch (V. 2 a) und als Gabe und Opfer für uns (V. 2 b)? - Das ist liturgische Sprache der Urgemeinde, soll das erinnern an den Horizont, in dem sich die Gemeinde bewegen soll, wenn sie schon den Versuch macht, Gott nachzuahmen? - Meine Fragen führen mich zunächst einmal in die Theologie. Bevor ich auf die wohlbekannten Probleme der Moral stoße, entdecke ich einen neuen Kontext. Erst in diesem neuen Rahmen kommen die alten Fragen: Wie gehen Menschen miteinander um? (V. 3. »Hurerei und Unreinheit«) - Wie gehen Menschen mit Sachen um? (V. 3: »Habgier«). Wie gehen Menschen mit Sprache um? (V. 4: »schamloses, dummes Geschwätz«).

Soll der »Klammertext« Eph 5,6-11 mitgepredigt werden? - Aber: Wo ist die Grenze? Doch erst nach Vers 21. Eigentlich würde es sich lohnen, von der breiten Basis her zu predigen schon wegen der Bilder: Licht - Finster-

nis, Früchte des Lichtes - Werke der Finsternis und wegen des schönen Taufliedes in V. 14. - Aber ich entscheide mich für Eph 5,1-5. Hier ist genug gesagt. Auch die Bilder stimmen: Nachfolger oder Nachahmer, Kinder, out sein oder in.
Allerdings vergewissere ich mich noch einmal, was das theologische Lehrschreiben, genannt »Epheserbrief«, als Ganzes sagt (vgl. TRE Bd. 9, Seite 743-753): Das ist ein antiquiertes Weltbild, aber doch so alt nicht, daß wir nicht Entscheidendes verstehen könnten. In dieser Welt gibt es ein Oben und ein Unten, Himmel und Erde, ganz oben, »weit hinterm Mond« (Hans Dieter Hüsch), dort, wo wir nichts mehr hören und sehen können, über allen Himmeln Gottes und Christusthron; und dieses Unten, wo die Macht des Todes herrscht. Und zwischen Oben und Unten, zwischen allem, was nach unten zieht und uns dunkel macht, und in allem, was uns nach oben treibt, da herrscht Dämonisches. Ganz oben, da lebt das Geheimnis des Schönen, des Lichts und ganz unten, da ist nur noch das Ende, Chaos. - Dieses Weltbild ist dualistisch, das All ist geteilt, doch nicht für immer. Die Botschaft des Epheserbriefes ist: »Christus stellt die All-Einheit wieder her und baut einen einheitlichen Herrschaftsbereich auf« (1,10.20-23; 4,9 f.) Und das Geheimnis dieser Welt ist den Aposteln und Propheten offenbart worden, und wir, die Heiden, sind Miterben und Mitteilhaber an der Verheißung Jesu Christi. Wir gehören zu dem Leib Christi. Das Haupt dieses Leibes ist erhöht, er sitzt zur Rechten Gottes, seine Herrschaft hat schon begonnen, in diesem Prozeß der »Anekephalaiosis« (Eph 1,10) faßt Gott das All zu einem einzigen Herrschaftsbereich »in Christus« zusammen. In der Kirche beginnt der Prozeß, da entwickelt sich all' das Neue zuerst und fängt an, sich zu verwirklichen. Der Ursprungsort der Kirche ist das Kreuzesopfer Jesu (2,13.14.16); er hat sich »für sie hingegeben« (5,25 b; vgl. 1,7). Der Heilige Geist, mit dem die Gemeinde in der Taufe versiegelt ist (1,13), gibt der Gemeinde die Kraft, schon jetzt »mitzusitzen im himmlischen Bereich« (2,6) und »Christus zu lernen« (4,20): Bei ihm ist der Prozeß der »Einheit der Kirche im Geist« (4,3-6), das Maß des Handelns (4,7-24) und die »Waffenrüstung Gottes« zu erfahren. Natürlich werden im ethischen Teil des Briefes, in den Tugend- und Lasterkatalogen und in den »Haustafeln«, vielfach Anleihen aus der hellenistischen Popularphilosophie und dem Frühjudentum gemacht: Die Motivation des ethischen Handelns wird jedoch aus der Christologie gewonnen.
Es geht im Epheserbrief wahrscheinlich um eine Taufdenkschrift. Jedenfalls wird die Taufe im Epheserbrief als ein Rettungsvorgang verstanden, und zwar als Rettung aus dem Tod, der verursacht ist »durch Übertretungen und Sünden« (2,1). Gott selbst rettet (2,4). Rettung bedeutet, mit Christus lebendiggemacht und mitauferweckt sein, ja, mit ihm sitzen zur Rechten Gottes (2,5), oder mit unserem Text formuliert, leben als »geliebte Kinder Gottes« (5,1), als »Kinder des Lichtes« (5,8) mit allen ethischen Konsequenzen. Die neue Moral heißt nicht wie Bert Brecht meint: »Und die

einen sind im Dunkel und die andern sind im Licht«, sondern: Wandelt als die Kinder des Lichts.

Auf diesem Hintergrund kann es nicht zu einer »Moralpredigt« kommen. In einem ersten Teil möchte ich den Versuch machen, den Vorgang der »Imitatio dei« zu beschreiben. Nachfolge oder Copy. Dabei ist zu bedenken, was Conzelmann im NTD Bd. 8, Seite 83 schreibt: »Hier wird nicht ein Bild von Gott als einem metaphysischen Wesen mit bestimmten Eigenschaften entworfen, das uns als Ideal dienen soll, Norm ist vielmehr das in Christus erwiesene und einsehbare Verhalten Gottes, sein bedingungsloses Schenken, ... In der katholischen Frömmigkeit des Mittelalters und im Pietismus ist diese Nachahmung zum Ideal entwickelt worden: Die Lebensführung soll dem Bilde des Erdenwandels Jesu, besonders seiner Demut und Armut nachgeformt werden. Auch wenn es dabei zu so tiefer Verinnerlichung wie bei Franz von Assisi kommt, bleibt doch diese Frömmigkeit theologisch beurteilt im Bereich des Gesetzes; keiner hat das schärfer gesehen als Luther. Jenes Ideal darf nicht mit dem Imitatio-Gedanken unserer Stelle verwechselt werden. Hier ist nicht das menschliche Vorbild Jesu, sondern seine Heilstat, sein Opfer ist Norm«. Es geht also um den neuen »Geruch« (5,2), den Jesus in die Welt gebracht hat.

Imitatio bedeutet, »Kinder« werden und im Bereich der Liebe Christi zu experimentieren. Kinder lernen und leben elementar neue Beziehungen mit Menschen. Jürgen Moltmann hat in diesem Zusammenhang einmal von »offener Freundschaft« gesprochen und damit das Verhältnis der Freiheit beschrieben, das Jesus zwischen Menschen stiftet. – Kinder lernen mit Sachen in einer elementaren Phase nicht »habgierig«, sondern ganz frei und experimentell umzugehen. – Und Kinder lernen Sprache ganz einfach über Menschen, die sie lieben und mit denen sie einen positiven Kontakt haben, Sprache des Herzens.

Im Blick auf die harten ethischen Konsequenzen unseres Textes (»Kein Hurer, kein Unreiner, kein Habgieriger hat ein Erbteil am Reiche Christi und Gottes«, 2,5) möchte ich eher dringend und überzeugend einladen zum Leben und weniger mit dem moralischen Zeigefinger arbeiten.

Den Predigttext lese ich aus der Einheitsübersetzung, weil er mit der Forderung »Ahmt Gott nach« einsetzt und einen moralischen Anstrich hat. – Auf die Kanzel nehme ich ein Poster oder eine große Kopie eines bekannten Gemäldes mit.

Vorschläge zur Liturgie

Eingangspsalm

Psalm 34,16–23 (Oculi: EG 721)

Lieder
Eg 276,1-5 (Ich will, solange ich lebe, rühmen den Herren mein = Ps. 34);
Predigtlied: EG 395,1-3: Vertraut den neuen Wegen
Nach der Predigt: EG 554,1+2: Licht, das in die Welt gekommen
Schlußlied: EG 384,1-4: Lasset uns mit Jesus ziehen

Eingangsgebet
Manchmal bist du uns ganz nah, Gott, dann bin ich ganz glücklich und kann durchatmen. Aber oft, wenn ich in die Kirche komme, bin ich ganz allein. Ich fühle mich ausgeschlossen, ich verstehe nicht die Sprache, und die Lieder sind mir fremd, die Menschen auch. Dabei möchte ich dich hören und fühlen. Ich möchte geborgen sein bei dir. Gemeinschaft erleben. Jetzt bin ich hier. Du hast mich eingeladen. Ich bin gekommen. Du willst mit mir reden. Ich möchte verstehen, was du mir zu sagen hast. Tritt heraus aus der Fremde, öffne mein Ohr, rühre mein Herz an. Darum bitte ich dich. Laß mich nicht allein.

Fürbittengebet
Liturg/Liturgin:
Wir beten,
Gott, unser Vater,
für die Kirche in der Welt,
daß sie teilhabe an dem, was dein Sohn in die Welt gebracht hat,
es den Menschen zeige und Menschen mit dir zusammenbringe,
für die Christenheit beten wir,
daß sie einander lieben, so wie du uns geliebt hast,
für deine Gemeinde,
daß die Einheit wachse, die du willst und uns geschenkt hast.
Gemeinde: Vater, erhöre uns.

Liturg/Liturgin:
Wir beten,
daß wir und alle Christen, das werden, was du von uns willst,
und das tun, was du von uns erwartest,
daß wir gelassen bleiben in allem, was uns begegnet
und Frieden haben mit uns selbst.
Gemeinde: Vater, erhöre uns.

Liturg/Liturgin:
Wir beten
für alle, die Leiden wegen ihres Glaubens oder ihrer Überzeugung,
die versucht sind zurückzuweichen, weil ihr Weg zu schwer ist,
hilf ihnen und stärke sie,
daß sie stark bleiben bis zum Ziel
und durch ihr Zeugnis andere zu dir führen.
Gemeinde: Vater, erhöre uns.

Liturg/Liturgin:
Wir beten
für unser Land, daß niemand andere ausnutzt
keiner vernachlässigt oder vergessen werde,
daß wir bereit sind zu helfen, wo es nötig ist
und erkennen, was jetzt wichtig ist,
daß wir alle arbeiten für das gemeinsame Wohl
und die Menschen, die uns brauchen.
Gemeinde: Vater, erhöre uns.

Vorschlag zur Predigt

Dieser Poster ist ein Poster, kein Original. Es lohnt sich darüber nachzudenken: Was soll der Poster? Soll er nicht erinnern an viel Schöneres, eben: das Original? Dieses Stück Papier hält den Platz frei für etwas Größeres, überall, wo der Poster sein Bild zeigt, erinnert er an den Künstler, der ihn geschaffen hat, überall will er sagen, was der Künstler ausdrücken wollte. Er versucht, wirklich eine Botschaft herüber zu bringen. Wer das Original kennt, weiß, das gelingt nur unvollkommen, die Farben sind nicht genau, auch wenn die Linien zu stimmen scheinen. Es ist etwas ganz anderes, das Original. Er ist eine Copy. Aber doch, unser Poster tut sein Bestes.
Ich habe gerade versucht, den Prozeß zu beschreiben, in den uns heute der Predigttext stellen will. Ahmt Gott nach! wird da gesagt. Das stelle ich mir ganz schön schwierig vor. Luther hat das auch anders übersetzt: »So seid nun Gottes Nachfolger«. Und in der neuen Lutherbibel ist das noch geändert: »Folgt Gottes Beispiel«. Egal: Alles ist schwierig. Gott nachahmen. Gott nachfolgen oder seinem Beispiel folgen. Worum geht es?
Das Weltbild der Antike hat einen interessanten Gedanken. Es unterscheidet zwischen Urbild und Abbild. Urbild, das ist die Wirklichkeit, in der die Dinge an sich existieren. Abbild, das ist die Welt, wie wir sie erleben. Dazwischen existiert der Mensch, er kann sich an das Urbild erinnern. Er kann, dazu hat er beispielsweise die Augen, im Abbild etwas vom Urbild wahrnehmen und nachahmen. Ein geschickter Handwerker sieht in der Natur, wie gewebt und gesponnen wird, er baut diesen Prozeß nach, erfindet den Webstuhl und das Spinnrad und wird zum Nachahmer der Natur. Ein Künstler oder eine Künstlerin dringt noch tiefer ein in das Abbild und kommt im Bild, in der Skulptur oder im Spiel, im Drama oder in der Tragödie dem Wesen des Abgebildeten ganz nahe. Und die Philosophen sagen: Wer als Vater und Mutter die Geburt eines Kindes erlebt, der ist beteiligt an Gottes Schöpferwerk. Oder: Wer in der Natur Gottes Plan folgt, wer die reichen Schätze der Natur hebt, der ahmt Gott nach. - Viele Naturwissenschaftler - auch solche von heute - verstehen sich so. Sie sagen: Wir

machen nichts anderes als die Natur nachbauen mit unseren chemischen Verbindungen, unserer Gentechnik, unseren Maschinen und Computern. Der Epheserbrief nimmt diese Gedanken auf und sagt: Was da zwischen Urbild und Abbild spielt, das ist ein ethischer Prozeß. Was da zwischen oben und unten läuft, das hat mit Gott zu tun. Es geht immer um das Ganze. Du darfst die Welt nicht teilen in den Himmel für Gott und die Engel und die Erde, wo unsere harten Entscheidungen laufen. Es handelt sich immer um das Ganze. Und du Mensch bist dazwischen. Deine Aufgabe ist es, möglichst viel von Gott darzustellen.
Und Gott? Gott ist nicht jenseits, weit weg. Gott hält das Ganze zusammen. Das Ganze ist sein Reich. Und das Ganze wird zusammengehalten durch die Liebe, seine Liebe. Gleich im ersten Halbsatz unseres Bibelwortes wird uns klar gesagt: Ihr seid Gottes geliebte Kinder. Christus hat euch geliebt, ja, er hat sich für uns als Gabe und als Opfer hingegeben. Und wir können lieben, das ist der Grund. Wir sind in der Lage, die Liebe Gottes mit unserer Liebe zu beantworten.
Zugegeben, wir hätten es gern einfacher. Aber ist das nicht ein wunderbarer Gedanke: Gott macht diese Welt zu einem großen Spielplatz? Wir alle ohne Unterschied der Religion, der Rasse oder der Nation, Männer und Frauen, Kinder und Alte können uns da frei bewegen. Die Welt Gottes ist nicht bestimmt durch Arbeit und Leistung, oben und unten sondern von der Liebe. Sie ist bestimmt von der Liebe, die Christus durch seinen Kreuzestod in die Welt hineingebracht hat. Das Opfer ist gebracht. Diese Liebe ist uns geschenkt. Wir haben sie gratis. Und unsere Lebensaufgabe ist es, damit zu experimentieren. Wir können probieren, wie weit wir damit kommen, wie Kinder. Wir können in diese Liebe hineinwachsen. Wir können begreifen, wie das ist, wenn wir geliebt werden: Hat das mit Zärtlichkeit zu tun? Hat das mit Menschennähe zu tun? Hat das mit Sprache zu tun, mit einer Stimme, die auch auf mich hört, vielleicht? – Wir sind Kinder, wir können das probieren, wir können unsere Erfahrungen mit der Liebe sammeln. Bringt sie uns Freundschaft vielleicht?
»Es gibt ein Kinderbuch, das auch zu ›Erwachsenen‹ und solchen, die sich dafür halten, spricht. Es stammt von Joan Walsh und hat diesen Text:

Ein Freund ist jemand, der dich gern hat.
Es kann ein Junge sein ... es kann ein Mädchen sein ...
Oder eine Katze ... oder ein Hund ... oder gar eine weiße Maus.
Ein Baum kann auch dein Freund sein:
Er spricht nicht zu dir, aber du weißt,
er hat dich gern, weil er dir Äpfel gibt
oder Birnen oder Kirschen
oder auch einen Ast zum Schaukeln.
Ein Bach kann auch dein Freund sein,
ein ganz besonderer.
Wenn er gluckert und plätschert,
dann spricht er mit dir.

Er kühlt dir die Zehen,
er läßt dich still an seinem Ufer sitzen,
wenn du nicht reden magst.
Auch der Wind kann dein Freund sein.
Er singt sanfte Lieder für dich in der Nacht,
wenn du müde bist und allein.
Manchmal ruft er dich zum Spiel.
Er schiebt dich vor sich her
und läßt die Blätter für dich tanzen.
Er ist immer um dich,
wohin du auch gehst
und darum weißt du,
er hat dich gern.
Manchmal erkennst du deine Freunde nicht,
auch wenn sie bei dir sind die ganze Zeit.
Du gehst an ihnen vorüber
und siehst nicht, wie gern sie dich haben
auf ihre Art.
Und wenn du dann denkst, du hast keine Freunde ...
dann mußt du innehalten und dich besinnen ...
Ob dich nicht jemand angelächelt hat
auf seine Art,
an einen Hund, er mit dem Schwanz wedelt,
wenn du in seiner Nähe bist,
an einen Baum, der dich leicht
hinaufklettern läßt,
an einen Bach, der dich still an seinem Ufer sitzen läßt,
wenn du nicht reden magst.
Freunde mußt du eben manchmal suchen.
Manche haben viele Freunde.
Manche haben ein paar Freunde.
Aber jeder, jeder in der ganzen weiten Welt
hat bestimmt einen Freund.«
(Ein Freund ist jemand, der dich gern hat, Walter Verlag, Freiburg/Olten 1973 zit. bei Jürgen Moltmann Neuer Lebensstil, 1980, Seite 51 f.)

So einfach kann es sein, wenn du entdeckst: Diese Welt ist voller Liebe. Gott ist die Liebe. Und diese Welt lebt davon, von nichts anderem.
Auf drei Spielverderber weist uns der Epheserbrief aber noch eindringlich hin: Unzucht, Habgier, lose Rede. An diesen drei Punkten müssen wir besonders kämpfen. Da ist die Liebe bedroht.
Liebe ist ja nicht nur ein Kinderspiel. Da geht es um Beziehungen von Menschen, zwischen Mann und Frau beispielsweise. Wo Mann und Frau liebevoll miteinander umgehen, da werden Konflikte beherrschbar. Da kann etwas Gutes werden. Aber wo sie aus der Liebe herausfallen, da ist es schlimm. Mit dem Wort »Unzucht« sind all die schlimmen Dinge gemeint, die zwischen Mann und Frau möglich sind: Da werden Menschen zur Ware. Da werden sie Wegwerfartikel, nur eingeschätzt nach ihrem Gebrauchswert und ihrem Nutzen. – Laßt es nicht dazu kommen, mahnt uns der Epheser-

brief. Und er weiß, wovon er spricht. Wir kennen das auch nur zu gut in einer Stadt, in der über 50% der Ehen geschieden werden, wo in der Zeitung jeden Tag 40–50 Anzeigen stehen, in denen Menschen sich wie Ware anbieten. - Die Liebe, die sich zwischen Mann und Frau entwickeln will, macht uns froh und dankbar dafür, daß wir uns haben können und helfen und beistehen in guten und bösen Tagen.

Kinder gehen mit Sachen nicht schonsam um, sie brauchen sie. Die Kinder und die Sachen, das ist ein neues Thema. Ich weiß nicht, ob ich das richtig beobachte: Kinder gehen mit Sachen anders um als große Leute. Sie spielen damit, die Babys auf alle Fälle. Sie wissen noch nicht, was das ist, ob es sehr wertvoll ist oder nicht. Kinder können Sachen für wichtig halten, die gar nicht wichtig sind. Natürlich möchten auch sie immer etwas haben. Aber als Habgier möchte ich das nicht so ohne weiteres bezeichnen. - Wenn wir wie Kinder mit den Sachen spielen würden, die wir haben, dann würde die Welt anders aussehen. Dann wäre nicht unser Haus, unser Geld und unser Besitz das Wichtigste. Dann würden wir mehr Freude haben und weniger Sorgen. Die Habgier ist eine große Spielverderberin. Sie wirft uns immer wieder neu heraus aus dem schönen Spiel im Menschenhaus, in das uns Gott hineingelockt hat. Jedenfalls redet sie uns mit vielen Stimmen immer wieder ein, was wir - eigentlich - noch haben müßten, sie zwingt uns zum Kaufen und Rennen, sie nimmt uns die Zeit und treibt uns in die Enge. -

Und dann ist da noch die Frage nach der Sprache: Was hat die Liebe für eine Sprache? Die Antwort kann doch nur lauten: Die Sprache des Herzens. Sie überwindet Grenzen, die bringt uns zum Lachen und schenkt uns Freude. - Ich sammle immer die Sprüche meiner Enkeltöchter. Da erlebe ich viele schöne Überraschungen. Das Fieber, das hat »zitterige Beine« und das Licht ist ein roter Farbklecks oben rechts auf dem Bild. - Die Sprache des Herzens, sie wird gesprochen von Menschen, die ganz offen sind für einander. »Schamloses, dummes oder witzelndes Geschwätz, das steht euch nicht an.« Deine Sprache verrät dich.

Es ist gut, wenn wir heute erinnert werden, wofür wir da sind: Nicht nur Nachfolger Christi sein, sondern Gottes Nachahmer; wie Kinder, die es probieren, im Spiel etwas ganz anderes zu sein, so können auch wir es immer wieder neu versuchen als Gottes geliebte Kinder. - Und: Der Test ist wichtig und: Wo Menschen alles verlieren und zur Ware werden - da sind wir herausgefallen aus der Liebe Gottes. Wo Menschen von den Sachen beherrscht werden, da sind sie weit weg von dem Maßstab der Liebe. Und wo die Sprache nur noch zum frechen, flotten, witzigen Kommunikationsmittel wird, da wird der Mensch stumm, denn er hat die Sprache des Herzens verloren, die uns alle verbindet.

Lätare

Annäherungen an den Predigttext
2. Brief an die Gemeinde in Korinth 1,3–7

Dorothée Gommen, Jörg Chilla

»... denn Gott läßt nicht zu, daß eine Waage aus dem Lot gerät.«
Beim Lesen des Textes hatte ich sofort das Bild einer Waage vor Augen – keine Digitalwaage, sondern eine dieser antiquarischen Waagen mit zwei Schalen. Auf einer dieser Waagschalen stand in großen Lettern »Trübsal«, auf der anderen »Trost«. Im Laufe des Lebens sammeln sich schwere Steine in der »Trübsals-Schale«, »die Leiden Christi (werden) reichlich über uns kommen« heißt es im Text. Doch Gott hilft immer wieder, eine Balance herzustellen. Er tröstet uns, so daß unsere Waage nicht aus den Fugen gerät, sondern sich immer wieder einpendelt. Mehr noch, er schenkt uns so viel Trost, daß wir auch andere Menschen daran teilhaben lassen können und sollen. Denn im Leiden erhalten wir eine Mittlerfunktion zwischen Gott und unseren Mitmenschen, da uns Gottes Trost verwandelt. Gottes Trost befähigt uns, andere Menschen aufzubauen, zu ermutigen und ihnen zu helfen, ihr Gleichgewicht wiederzufinden.
»Doch warum erfahren nicht alle Menschen Gottes Trost, warum gibt es viel zu viele unglückliche und resignierte Menschen?«, könnte man jetzt fragen. Vielleicht verschließen viele Menschen ihre »Trost-Schale« vor Gottes Hilfe. Im größten Leid sehen sie auf einmal nur noch Steine und glauben nicht daran, daß diese allzu schwere Last jemals wieder ins Lot gebracht werden kann – schon gar nicht durch eine unsichtbare Kraft. Und gerade hier setzt der Bibeltext an. Gerade seinem Nächsten soll man von Mensch zu Mensch Trost spenden, indem man selbst als Brücke zwischen ihm und Gott fungiert: Erniedrigt durch das eigene Leid und von Gott durch Trost erhöht, kann man nun zuversichtlich Gottes Hilfe weiterreichen.
Die Bibeltext ist also ein großer Appell, im Zusammenspiel der Lebens-Waagen, das aus einem ewigen Geben und Nehmen besteht, sich Gottes Trost zu öffnen, ihn dankend anzunehmen und großzügig weiter zu verschenken. »Wir ihr an den Leiden teilhabt, so werdet ihr auch am Trost teilhaben«, heißt es abschließend im Bibeltext. Gott läßt also nicht zu – und scheint die Last auch zentnerschwer zu sein – daß eine seiner Waagen aus dem Lot gerät.
(Dorothée Gommen, Studentin, Deutsch/Englisch)

Leid und Trost - (An-)Nehmen und Geben

In unserem Leben werden wir zum einem viel von Christus Leiden erfahren, zum anderen werden wir auch reichlich durch ihn getröstet werden. Mit diesen Worten wird eines ganz klar ausgesagt: Leid und Trost sind eng miteinander verbunden. Kein Leid soll ungetröstet bleiben, dieses Angebot macht Gott an uns. Die einzige Voraussetzung ist, daß wir seinen Trost annehmen.

Gottes Trost kann viele verschiedene Gesichter haben. Das Gesicht der Gewißheit seiner Liebe. Das Gesicht der schönen Vielfalt der Natur. Das Gesicht einer schnurrenden Katze auf meinem Schoß. Wenn ich mich an meine eigenen Zeiten des Leides und des Trostes zurückerinnere, dann fallen mir noch viele solcher Gesichter seines Trostes ein.

Doch ein Gesicht betont Paulus ganz besonders: Das Gesicht eines Menschen, der mir Trost spendet! Er schreibt: Gott beauftragt uns, den Trost, den wir durch ihn empfangen, an andere Menschen weiterzugeben.

Es geht hier aber nicht nur um die Verbindung von Leid und Trost, es geht auch um das (An-)Nehmen und Geben.

Ich selbst habe schon viel von Gottes Trost erfahren. Wie gesagt hatte der Trost für mich schon viele verschiedene Gesichter, doch eines kann ich mit Sicherheit sagen: Am besten fühlte ich mich von jenen Menschen verstanden, die vergleichbares Leid selbst erlebt hatten. Den Trost dieser Menschen anzunehmen fiel mir um ein vielfaches leichter, als den Trost anderer Menschen. Sie gaben mir Mut und Hoffnung. Von ihnen ließ ich mir helfen.

Doch nicht immer war dies so, nicht immer ließ ich mich trösten. Fühlte ich mich allein mit meinen Problemen, so sperrte ich mich vor jeglichen Trost. Erst, wenn ein »Leidensgenosse« seinen Trost anbot, war ich bereit, diesen anzunehmen.

Und ich glaube genau darauf will Paulus hinaus: Verzehrt euch nicht in eurem Leid, sondern faßt Hoffnung, nehmt Gottes Trost an. Haltet die Augen offen nach Menschen, die Trost brauchen und gebt ihnen diesen Trost weiter.

Christus gebietet uns unseren Nächsten zu lieben, wie uns selbst. Zu dieser Nächstenliebe muß das Teilen von Freud und Leid gehören. Schon aus der Nächstenliebe heraus sollte es für praktizierende Christen selbstverständlich sein, Gottes Trost anzunehmen und mit anderen zu teilen.

(Jörg Chilla, Student, Sozialpädagogik)

Zum Gottesdienst

Renate Stein

Exegetisch-homiletische Skizze

Wie der Name des 4. Sonntags der Passionszeit, »Lätare« - »Freuet Euch« - die inhaltliche Spannung zwischen Leiden und Freude ausdrückt, so auch der Predigttext, der den Bogen vom Leiden/der Bedrängnis zum Trost/Getröstetwerden spannt.
Sicher nicht nur wegen der Häufigkeit ihrer Nennungen bleiben die Begriffe »Trost/trösten« (zehnmal) und »Trübsal/Leiden/leiden« (achtmal) gleich beim ersten Lesen/Hören des Textes in Erinnerung - es sind Grundworte menschlicher Erfahrungen und Sehnsucht. Leiden - an sich selbst, an anderen Menschen, an schwierigen Lebenssituationen, an unmenschlichen Strukturen - das kenne ich aus eigener Erfahrung und meine Predigthörerinnen und -hörer sicher auch. Und ebenso könnte ich erzählen von Erfahrungen des Trostes/Getröstetwerdens - durch andere Menschen, durch die glückliche Wendung von Ereignissen, durch eine neue, vertiefte Sicht des Leidens und Einsicht in dessen Sinn. Doch nach meinem Empfinden klafft hier eine Diskrepanz, ein quantitatives Mißverhältnis zwischen Leidens- und Trosterfahrung: Längst nicht immer wurde und wird Leiden getröstet. Allzu oft bleiben Leidende ungetröstet, alleingelassen; sie resignieren, verbittern oder verdrängen das Erlebte, bis schließlich die Zeit so manche Wunde heilt - oder auch nicht.
Diese Erfahrungen und Beobachtungen bilden für mich den Verständnishorizont zur Erschließung des Predigttextes. »Gelobt sei Gott, ... der Gott allen Trostes, der uns tröstet in *aller* unsrer Trübsal ...« - das klingt ganz anders als meine Beobachtungen, fast wie ein Automatismus: Wo Leid ist, da kommt auch der göttliche Trost. Hier ist nun die Exegese gefragt.
Wenn Paulus hier statt der sonst üblichen Briefeucharistie, in der er auf positive Erfahrungen in den Gemeinden verweist und diese mit dem Dank an Gott verbindet, eine Eulogie gebraucht, die sich nur auf das Handeln Gottes bezieht, so ist dies schon ein formaler Hinweis auf die Situation des Briefschreibers und der Adressaten und darauf, welche konkreten Leiden und Bedrängnisse der Apostel zu seinen Ausführungen veranlassen:
Der Predigttext gehört innerhalb der Briefsammlung, die der 2. Kor darstellt, zum sogenannten »Versöhnungsbrief« (s. 7,5–7), dem zeitlich letzten der Briefe. Vorausgegangen ist ein heftiger Konflikt zwischen Paulus und der Gemeinde, in dessen Verlauf Paulus schwer beleidigt und gekränkt (7,12; 2,5 f.) und seine Autorität als Apostel in Frage gestellt wurde (10,7; 13,3). Er brach daraufhin seinen 2. Besuch in Korinth ab, kehrte zurück nach Ephesus, schrieb von dort aus den »Tränenbrief« (2,4), den er durch

Titus überbringen ließ. Ungeduldig wartete er auf die Reaktion der kor. Gemeinde, reiste Titus nach Mazedonien entgegen und erfuhr dort, daß sein »Tränenbrief« die Gemeinde zum Umdenken veranlaßt hatte und sie sich mit ihm versöhnen wollte. Diese Nachricht ist für Paulus so erleichternd und tröstlich, daß er Titus nochmals nach Korinth schickt - mit dem »Versöhnungsbrief«.
Bei der in V. 4 genannten Bedrängnis wird also in erster Linie an diese - nun überstandene - Auseinandersetzung zu denken sein, daneben könnten aber auch die in VV. 8–10 erwähnten Erlebnisse (überstandene Todesgefahr) eingeflossen sein.
Entscheidend für das Verständnis des Textes ist nun aber, welche theologische Bedeutung der Konflikt und die Versöhnung mit der kor. Gemeinde für Paulus hat.
Er deutet diese Bedrängnisse als Teilhabe am Leiden Christi (V. 5) d. h. sie sind für ihn keine zufälligen, ärgerlichen Mißgeschicke oder vermeidbares Unglück, sondern wesentliche und notwendige Elemente apostolischer und christlicher Existenz. Die Teilhabe am Leiden Christi ist dabei m. E. nicht zu verstehen im Sinn eines Martyriums um Christi willen oder des Widerspruchs der Welt, auch nicht als Leiden wie Christus, sondern es kann hier jede Art von Leiden eines Menschen gemeint sein. Zum »Leiden Christi« wird dieses Leiden da, wo der Christ sein Leiden im Licht seines Glaubens, also seiner Verbundenheit mit Christus deutet und so ein neues, anderes Verhältnis zu sich selbst und zum Leiden gewinnt. Christus ist somit nicht »Anlaß, sondern Interpretament des Leidens« (Falkenroth/ Held, Hören und Fragen, Bd. 4/2, Seite 148, ähnlich auch Bultmann und Voigt).
Für Paulus ist somit Christusnachfolge notwendig auch Leidensnachfolge, m. a. W. das im Leben unvermeidlich auftretende Leid - in welcher Gestalt auch immer - ist nicht abzuwerten oder möglichst zu vermeiden, sondern soll als Leiden Christi angenommen werden und bietet so die Chance, durch Teilhabe am Geschick Christi, also auch seiner Auferstehung, überwunden zu werden. So kommt es zu echtem Trost, der dann auch befähigt, andere Leidende zu trösten.
Diesen Gedanken halte ich angesichts der in unserer Gesellschaft gängigen Glücksphilosophie mit ihrer Ablehnung und angestrebten Vermeidung von Leid und der damit verbundenen Ausgrenzung von Leidenden für besonders wichtig im Blick auf die Predigt.

Vorschläge zur Liturgie

Gebete

Herr, ich möchte lernen, für den anderen dazusein; zuhörend, schweigend, wartend, in Liebe mitten im Alltag unserer Welt: eine Atempause für die

Gehetzten, Heimat für die Fremdlinge, leicht erreichbar dem Zweifler, Frieden für den Friedlosen, Entlastung für den Beladenen und ein Ja für den Sünder. Amen.

(H. Ullmann in: 52x Andachten zu Wochensprüchen, Gebet zum Wochenspruch Johannes 12,24. Luther-Verlag, Bielefeld 1980, Seite 34)

Lebendiger Gott,
Wir bitten dich für alle Menschen:
Für die Frauen, denen Tradition und Sitte ein Leben in seiner ganzen Fülle verwehren.
Für die Unterdrückten und Ausgebeuteten.
Für die, denen Systeme und Autoritäten Freiheit und Menschenwürde vorenthalten.
Für jene, die um ihrer Denkweise willen ihre Heimat verlassen müssen.
Für jene, die in ihrer eigenen Kultur und Religion Richtung und Sinn für ihr Leben suchen.
Für jene, die so lang und so schwer schuften, ohne doch sich und ihre Familien ernähren und kleiden zu können.
Für jene, die ihren Körper verkaufen müssen, wollen sie überhaupt überleben.
Für die Frauen und Männer, deren Leben in stiller Verzweiflung den Mächtigen und Einflußreichen ausgeliefert ist.
Für sie und alle, die leiden, bitten wir dich:
Gib, daß die Kirche wieder einmal deiner schöpferischen Liebe voll Freude Ausdruck gebe.
Die Schranken durchbricht und Menschen untereinander vereint,
Frauen mit Männern, Gruppe mit Gruppe.

Die dem leeren Dasein Sinn und Hoffnung gibt.
Und uns in verschwenderischer Selbsthingabe aufeinander zugehen läßt.
Was auch uns zu Menschen in mehr Fülle werden läßt:

Deshalb, Gott, erfülle deine Zusage in uns
um aller Menschen willen
durch Jesus Christus.

(Gebet aus Asien, abgedruckt in: Wir sind keine Fremdlinge mehr. Frauen halten Gottesdienst. Ein Werkstattbuch, 1987/2, Seite 48. Herausgeber der deutschen Fassung: Ev. Missionswerk [EMW]. Weltgebetstag der Frauen, Deutsches Komitee.)

Segen

Gott schickt uns in die Welt, damit wir ihren Preis auf uns nehmen
und die Freude in der Nachfolge erfahren.
Darum: Geht – und nehmt mit euch
den Frieden Christi,
die Liebe Gottes

und die Stärkung des Heiligen Geistes
in aller Anfechtung und Freude.
Amen.
(Ruth C. Duck, USA, a.a.O. Seite 68)

Neuere Lieder
Von guten Mächten wunderbar geborgen
(in: Mein Liederbuch für heute und morgen, tvd-Verlag Düsseldorf Nr. B 76)
In der Mitte der Nacht liegt der Anfang eines neuen Tages
(in: Kirchentagsliederheft 1983. Umkehr zum Leben; Hänssler-Verlag, Neuhausen-Stuttgart 1983, Nr. 616)
EG-Lieder
Die Nacht ist vorgedrungen, der Tag ist nicht mehr fern (16)
In dir ist Freude in allem Leide (398)

Vorschlag zur Predigt

Möglicher Anfang
Liebe Gemeinde, wenn man so schwierige Texte, wie es die des Apostels Paulus häufig sind, nur einmal hört - als Lesung von der Kanzel, dann rauscht sicher vieles an einem vorüber; haften bleibt vielleicht nur ein Gesamteindruck, ein Gefühl - oder man bleibt an einzelnen Worten hängen.
In unserem Predigttext sind es wohl vor allem zwei Worte, die nicht zu überhören sind - nicht nur, weil sie so häufig genannt werden, sondern auch, weil sie Urerfahrungen und Sehnsüchte unseres menschlichen Lebens ansprechen: Da geht es um Leiden und Bedrängnis auf der einen und um Trost auf der anderen Seite.
Leiden - was das heißt, das wissen sicher die meisten von uns nicht nur vom Hörensagen, nicht nur aus Erzählungen anderer oder durch die vielen Bilder des Leidens, die uns das Fernsehen tagtäglich ins Haus liefert; nein, vom Leiden kann jeder seine eigene Geschichte, jede ihre eigenen schmerzlichen Erfahrungen erzählen. Und es sind ja nicht immer nur die großen, offensichtlichen Leiden, die uns zu schaffen machen, wie etwa eine unheilbare Krankheit oder die Trauer über den Verlust eines geliebten Menschen. Es gibt so viele Formen des Leidens, die nach außen keiner so schnell sieht, weil sie eher im Verborgenen sind. Bei der Frau etwa, die von mangelndem Selbstwertgefühl geplagt wird. In ihrer täglichen Arbeit als Hausfrau und Mutter meint sie, nichts wirklich Vorzeigbares zu leisten, nichts Besonderes zu können, nichts wert zu sein. Und dieses Gefühl lähmt sie, hindert sie daran, das Gute in ihrem Leben zu genießen und auch Neues anzupacken, ihre Fähigkeiten auszuprobieren. Leiden an sich selbst, am eigenen Unvermögen, an mangelndem Selbstwertgefühl - viele Men-

schen, vor allem Frauen, sind davon betroffen und fühlen sich damit allein, denn dieses Leiden sieht man nicht so ohne weiteres, und man spricht nicht gern darüber.
Oder ich denke an die Erfahrung eines heftigen Streits - zwischen Eltern und ihren erwachsenen Kindern, zwischen guten Freunden oder Ehepartnern. Lange schon wurden negative Gefühle, kleine Verletzungen und Enttäuschungen angestaut. Jetzt ist der Punkt gekommen, wo ein Tropfen das Faß zum Überlaufen bringt. Es fallen heftige Worte des Vorwurfs auf der einen und Worte der Verteidigung und Gegenvorwürfe auf der anderen Seite. Beide sind sehr erregt, und in der Erregung fallen die Worte unkontrolliert, und am Ende stehen beide da, fühlen sich unverstanden, zutiefst verletzt, ungerecht beurteilt. Die Auseinandersetzung, anfangs noch in der Hoffnung geführt, die Beziehung klären, negative Eindrücke aussprechen und dadurch aufarbeiten zu können, ist in eine Sackgasse geraten. Nichts geht mehr. An die Stelle von Klärung ist größere Verwirrung getreten. Einmal Gesagtes kann nicht zurückgenommen werden, es hinterläßt Spuren beim anderen, ein Riß ist entstanden oder offensichtlich geworden, der nun nicht mehr so einfach zu kitten ist. Und beide leiden an diesem Zustand, am Verlust der Harmonie, an den Verletzungen, die sie sich gegenseitig zugefügt haben, an der Unfähigkeit zur Versöhnung.
Zwei Erfahrungen von Leiden - zwei von unendlich vielen verschiedenen Möglichkeiten des Leidens. Vielleicht haben Sie sich in einem der beiden Beispiele wiederentdeckt, vielleicht sind es in Ihrem Leben auch ganz andere Leiderfahrungen, von denen Sie erzählen könnten.
Doch wie sieht es bei uns mit der anderen Erfahrung aus: Wo sind Sie, wo bin ich getröstet worden? Sicher könnte auch dazu der eine oder die andere von uns etwas berichten: Wie er in einer schweren Situation Trost erfahren hat oder wie sie einen anderen Menschen in seinem Leid trösten konnte. Aber ich fürchte, wenn wir beides, unsere Erfahrungen des Leidens und die des Getröstetwerdens nebeneinander in die Waagschale werfen würden - die des Leidens würde wohl um einiges schwerer wiegen. Das ist ja oft gerade das Bittere am Leiden: Daß der ersehnte Trost ausbleibt; daß wir statt des erhofften Verständnisses für die eigene schwere Situation Gleichgültigkeit, billige Vertröstung oder Unverständnis erleben und so das Leiden noch schwerer wird. Gewiß, die Zeit hat manche Wunde geheilt, aber war das immer echter Trost?
Auf diesem Hintergrund hört sich das, was Paulus in seinem Brief an die Gemeinde in Korinth schreibt, merkwürdig anders an:
»Gelobt sei Gott, ... der Gott allen Trostes, der uns tröstet in aller unserer Trübsal, ... damit wir trösten können ...« Das klingt so einfach, so selbstverständlich, fast wie ein Automatismus: Wer leidet, wird auch getröstet. Da werde ich schon neugierig zu erfahren, wie Paulus dazu kommt, das so zu schreiben. Welche konkreten Leidenserfahrungen hat er denn gemacht, und wodurch ist er getröstet worden?

Zum weiteren Verlauf

Hier folgt nun eine Beschreibung der Situation des Paulus:

a.) Paulus befand sich in akuter Lebensgefahr und hatte sich selbst schon aufgegeben, wurde dann aber gerettet (VV. 8ff.).

b.) Noch gewichtiger: der schwere Konflikt des Paulus mit der Gemeinde in Korinth als Hintergrund dieses Briefes:

Paulus ist persönlich tief verletzt, zum einen durch Vorwürfe von Charakterschwäche und die Behauptung der Gemeindeglieder, von ihm betrogen und übervorteilt worden zu sein (12,16f.), zum anderen dadurch, daß einige Gemeindeglieder seine Autorität als Apostel bestreiten und sich selbst als wahre Apostel ausgeben.

Menschlich verständlich wäre in dieser Situation, wenn Paulus angesichts des offenkundigen Scheiterns seiner Bemühungen resignieren und die korinthische Gemeinde ihrem Schicksal überlassen würde. Möglicher »Trost«: Anderswo gibt es dankbarere Menschen/Gemeinden, die seinen Einsatz und seine Botschaft eher zu schätzen wissen. Doch das wäre kein wirklicher Trost, sondern billige Vertröstung. Paulus geht einen anderen Weg. Er gibt die Gemeinde nicht auf, sondern kämpft um sie und um Versöhnung mit ihr (Tränenbrief, 2,3f.9; 7,8ff., durch Titus überbracht. Ungeduldiges Warten auf Antwort; große Erleichterung und Trost nach Erhalt der positiven Antwort, die die Versöhnungsbereitschaft der Gemeinde signalisiert).

Nach dieser Beschreibung des Konfliktverlaufs möchte ich der Frage nachgehen, warum Paulus so beharrlich um Versöhnung mit den Menschen kämpft, die ihn so tief verletzt haben.

Die Antwort ist wohl in seinem Glauben an den gekreuzigten Christus zu suchen. Dieser Glaube ist für ihn nicht Garant für ein unangefochtenes Leben in Glück und Erfolg, sondern bedeutet auch Anteil zu bekommen an den Leiden Christi. Und das heißt dann auch, ein anderes Verhältnis zu gewinnen zu den Leiderfahrungen des Lebens. Sie sind dann nicht mehr eine lästige, möglichst schnell zu beseitigende Störung des Lebens, sondern eine Aufgabe, die es zu bewältigen gilt im Vertrauen auf Gott und in der Nachfolge des leidenden Christus. Dazu gehört notwendig, das Vertrauen nicht mehr auf sich selbst zu setzen, sondern auf den Gott, der Christus von den Toten auferweckt hat, und der auch da noch Wege weiß, wo wir nur Sackgassen sehen. Dieser Glaube ermöglicht es Paulus, in einer total verfahrenen Situation an der Hoffnung auf Versöhnung festzuhalten.

Der schließlich erfahrene Trost war somit aber nicht automatische oder selbstverständliche Antwort auf das Leiden, sondern kostete ein hartes Stück Arbeit der Selbstverleugnung und des Gottvertrauens. Dennoch empfand Paulus ihn als Geschenk Gottes, der die hoffnungslos verfahrene Situation in eine hoffnungsvolle verwandelt hatte.

So wird für mich der enge Zusammenhang zwischen Leiden und Trost bei Paulus verständlicher: Er nimmt Leiden als Leiden Christi an und vertraut

sich im Leiden dem Gott an, der auch aus Leiden und Tod Hoffnung und Gutes entstehen lassen kann.
Hier sehe ich den Anknüpfungspunkt für die Übertragung auf unser Leben. Kritisch zu beleuchten wäre auf diesem Hintergrund die bei uns weit verbreitete Lebensphilosophie, daß wir ein Recht auf Glücklichsein und Selbstverwirklichung haben. Die Folgen dieser Einstellung: Leiden ist ein Störfaktor des Lebens, wird nach Möglichkeit vermieden und verdrängt (mit den entsprechenden psychischen Folgen). Dann müssen aber auch Leidende gemieden und ausgegrenzt werden, denn die Berührung mit ihnen stört das eigene Wohlbefinden. Deshalb gibt es so viel ungetröstetes Leid. Trost kann aber da erlebt werden, wo Leiden als Bestandteil des Lebens als »Leiden Christi« angenommen wird. So kann der Teufelskreis des isolierten, ungetrösteten Leidens durchbrochen werden, Leidende können getröstet und selbst zu Tröstern für andere werden.
Dies wäre nun im Blick auf die eingangs genannten Beispiele noch einmal zu konkretisieren: Leiden annehmen - Getröstetwerden - Trösten.

Möglicher Predigtschluß
Dietrich Bonhoeffer, Einige Glaubenssätze über das Walten Gottes in der Geschichte, in: Widerstand und Ergebung. Neuausgabe 1977 (2), Seite 20 f.
»Ich glaube, daß Gott aus allem, auch aus dem Bösesten, Gutes entstehen lassen kann und will. Dafür braucht er Menschen, die sich alle Dinge zum Besten dienen lassen. Ich glaube, daß Gott uns in jeder Notlage soviel Widerstandskraft geben will, wie wir brauchen. Aber er gibt sie nicht im voraus, damit wir uns nicht auf uns selbst, sondern allein auf ihn verlassen. In solchem Glauben müßte alle Angst vor der Zukunft überwunden sein. Ich glaube, daß auch unsere Fehler und Irrtümer nicht vergeblich sind, und daß es Gott nicht schwerer ist, mit ihnen fertig zu werden als mit unseren vermeintlichen Guttaten. Ich glaube, daß Gott kein zeitloses Fatum ist, sondern daß er auf aufrichtige Gebete und verantwortliche Taten wartet und antwortet.«

Kontexte

»Ich gehe von der Voraussetzung aus, daß die Aufhebung der Zustände, in denen Menschen durch Mangel und Herrschaft zum Leiden gezwungen werden, das einzig human denkbare Ziel ist …
Die gegenwärtige Frage scheint mir nicht die nach der Notwendigkeit und Möglichkeit der Abschaffung des Elends, sondern die nach den Subjekten dieses Prozesses. *Wer* arbeitet an der Aufhebung gesellschaftlicher Zustände, die notwendig Leiden produziert? Sicher nicht die Leidfreien. Sicher nicht die Leidensunfähigen, die zugleich wahrnehmungsunfähig für das Leid anderer geworden sind. Sicher auch nicht die, die durch andauernde Leidenssituationen so zerstört sind, daß sie ihnen nur noch in hilflosen und aggressiven Fluchtbewegungen begegnen können.

An der Aufhebung der Zustände, in denen Menschen sinnlosen, objektiv überflüssigen Leiden - wie Hunger, Unterdrückung, Folter - ausgesetzt sind, werden nur die Leidenden selber arbeiten. Werden wir zu ihnen gehören - oder werden wir auf der andern Seite der Barriere stehenbleiben? ...

Das Ideal des leidfreien Lebens, die Illusion der Schmerzlosigkeit zerstört Menschen bis in ihre Wahrnehmungsorgane hinein ...

Je abhängiger sich Menschen von der erwarteten Abschaffung des Leidens machen, um so geringer ist ihre Kraft, sich tatsächlich dem Leiden entgegenzustellen. Wer mit dem privaten Leiden nur so umgeht, wie er es in dieser Gesellschaft gelernt hat, - also illusionistisch, entwichtigend, verdrängend, apathisch - der wird dieses Verhaltensmuster auch auf die gesellschaftlichen Leiden übertragen. Die moderne, gesellschaftskritische, nach außen bezogene Frage nach dem Leiden (Frage 1) kann nur dort sinnvoll gestellt werden, wo die traditionelle, auf das Individuum bezogene, nach innen gestellte Frage (Frage 2) nicht verdrängt wird.

Frage 1 lautet: ›Aus welchen Ursachen entsteht Leiden, und wie sind seine Bedingungen aufhebbar?‹, sie ist auf Frage 2 ›Welchen Sinn hat Leiden, und unter welchen Bedingungen kann es uns menschlicher machen?‹ zurückbezogen. Wer die Aufhebung bestimmter Formen des Leidens, die heute noch die Mehrzahl der Menschen betreffen, übersieht, der wird sich mit Hilfe einer Ideologie des Ertragens an der gewinnbringenden Aufrechterhaltung der Zustände beteiligen; er wird seine innere ›Interpretation‹ des Leidens konkret sadistisch veräußerlichen. Wer jeden Sinn des Leidens negiert und das Individuum (mit seinen ›privaten Wehwehchen‹ wie Ehescheidung oder Krebstod) auf das sozioökonomische Geflecht verrechnet, der wird zerbrechen und zynisch werden müssen.«

(Einige Gedanken D. Sölles zur Vermeidbarkeit/Nichtvermeidbarkeit von Leiden aus ihrem Buch: D. Sölle, Leiden. Kreuz Verlag, Stuttgart 1984/6, Seite 8–12)

Frage 1 des Heidelberger Katechismus:
Was ist dein einziger Trost im Leben und im Sterben?
Daß ich mit Leib und Seele im Leben und im Sterben nicht mein, sondern meines getreuen Heilandes Jesu Christus eigen bin, der mit seinem teuren Blut für alle meine Sünden vollkömmlich bezahlt und mich aus aller Gewalt des Teufels erlöst hat und also bewahrt, daß ohne den Willen meines Vaters im Himmel kein Haar von meinem Haupt kann fallen, ja auch mir alles zu meiner Seligkeit dienen muß. Darum er mich auch durch seinen Heiligen Geist des ewigen Lebens versichert und ihm forthin zu leben von Herzen willig und bereit macht.

Judika

Annäherungen an den Predigttext
Brief an Hebräerinnen und Hebräer 5,7–9

Stefan Claaß

Das Gespräch im Kreis junger Erwachsener (25 bis 35 Jahre) trug sich ungefähr folgendermaßen zu:
Lautes Lesen - Schweigen - Murmeln - Blättern ...
B: Ich muß hier schon eine Weile suchen, bis ich überhaupt etwas finde, wo ich mich »einklinken« kann ... Vielleicht da, wo von »Schreien und Tränen Jesu« gesprochen wird. Da sehe ich den Garten Gethsemane vor mir.
U: Aber wieso schreibt er dann, Jesus sei erhört worden? Mit der Bitte um Verschonung ist er doch gerade nicht gehört worden?!
W: Der Schreiber schwebt wohl lieber gleich in anderen Sphären: Daß Jesus sterben mußte, wird elegant übersprungen - da geht's gleich vom Schreien in die Vollendung.
C: Der Autor schreibt wie einer, der vom Gipfel der Erkenntnis zurückblickt und alles sauber zuordnen kann. Mir ist der ganze Standpunkt zu hoch. Er schreibt von Jesus in seinem »irdischen Leben«, aber da ist nichts Menschliches drin.
U: Am schlimmsten finde ich die Wendung: »So hat er an dem, was er litt, Gehorsam gelernt.« Da kommt in mir der ganze Ärger über Gottesbilder hoch, die mich eher an irgendwelche Klippschulmeister aus dem 19. Jahrhundert erinnern, als daß sie mir einen Gott vor Augen stellen, zu dem auch ich beten kann.
W: Die armen ..., die darüber predigen sollen!
U: Muß man denn den Text nehmen? Es gibt so viele spannende Stories in der Bibel. Wer sucht eigentlich so etwas aus?
B: Ich versuche, mir gerade vorzustellen, was ich erwarten würde, wenn der Text in der Kirche vorgelesen wird und einer sagt: Das ist zugleich der heutige Predigttext ... Also, ich kann mir nur denken, auf ein Stichwort zu springen. Auf »Opfer« zum Beispiel. Das kommt bei uns sonst doch nicht mehr vor. Aus dem Gottesdienst weiß ich nur ein Beispiel - daß nach der Predigt das Dankopfer eingesammelt wird.
C: Bei uns gibt es nicht einmal das. Bei »Opfer« denke ich mehr an Mitleid oder so etwas. Wenn sich jemand aufopfert. Eine Frau bei uns im Haus hat

sieben Jahre ihre Mutter gepflegt, zwei Jahre davon lag sie im Koma. Am Ende war die Tochter psychisch krank. Das ist die brutale Form des Aufopferns.

U: Ich glaube nicht, daß ich einer solchen Predigt lange zuhören würde. Da hätte ich ganz schnell Vermutungen, wo das am Ende rausgeht. Interessanter fände ich das Nachdenken, ob Jesus nun erhört wurde mit seinem Schreien oder nicht. War das Schreien nun echt - dann ist er nicht erhört worden. Oder war's nicht echt, na ja dann - Ende gut, alles gut?

B: Die Begründung für das Erhören könnte man sich auch mal näher anschauen: »weil er Gott in Ehren hielt«. Davon wüßte ich gern, was das heißt. Ob der Schreiber das gleiche meint wie mit Gehorsam? Ob ich das gleiche meine? Eher wohl nicht. Gehorsam klingt mir so nach Schicksalsergebenheit. Dabei ist die Bibel voll von Klagen und Aufmucken - und Gott hat gar nichts dagegen, denkt doch an Hiob. Mit dem Ausdruck »Gott in Ehren halten« könnte ich selbst besser leben - das kann man nämlich auch, wenn man schreit und klagt.

W: Wann ist der Text dran zum Predigen? Sagen Sie vorher noch mal Bescheid? Ich bin wirklich gespannt, wie Sie sich da rauswinden!

Zum Gottesdienst

Gisela Fähndrich

Exegetisch-homiletische Skizze

Judika, der 5. Sonntag in der Passionszeit - mit diesem Sonntag begann nach der alten Ordnung die eigentliche Passionszeit. Sich ganz einlassen auf das Geheimnis des Kreuzes Jesu Christi, das bestimmt die Zeit bis Karfreitag, auch die Texte dieses Sonntags.

Christus - ganz Mensch. Er leidet, wie nur ein Mensch leiden kann. Die Verzweiflung findet Worte im Predigttext: Bitten und Flehen mit lautem Schreien und Tränen. Bis zur Anstößigkeit deutlich ist das Nachaußendringen von Angst und Leiden hier beschrieben. Es wird nichts beschönigt. Nicht der Weg des Heroen, den nichts erschüttern kann, wird gezeichnet. Nein, es ist der Weg eines Menschen, der das, was ihm auferlegt wird, kaum noch tragen kann.

Christus - ganz Mensch, Mensch vor Gott auch in der tiefsten Tiefe von Angst und Leiden. Der Hebräerbrief nennt das Gehorsam. Die Erinnerung geht zur Geschichte vom Gebet Jesu im Garten Gethsemane, besonders in der Fassung des Lukasevangeliums (Lukas 22,41-44).

Gott - der ganz andere. Nicht die vom Menschen gedachte und erhoffte Lösung ist der Weg, den Gott mit dem leidenden Jesus geht. Er nimmt ihm das Leiden, die Qual nicht ab. Ein schwieriger Gedanke. Wird doch in Angst und Leiden nach dem Deus ex machina gefragt, dem Gott, der die Zusammenhänge von Schuld und Tat, die Folgen menschlicher Begrenztheit zwischen Geburt und Sterben aufhebt. Der Weg Jesu muß zum Ziel kommen. Nur durch das Leiden, durch die Geburt geschaffen, kann er zu diesem Ziel kommen, nicht an Sünde und Schuld vorbei. Der Weg zum Heil führt geradewegs durch das Kreuz Christi hindurch. Nur so kann Jesus zu dem werden, was der Brief an die Hebräer »Urheber des ewigen Heils« nennt. Jeder andere Weg wäre ein Weg menschlicher Sünde und Schuld geworden, wie unzählbare andere menschliche Wege.
Christus - Urheber des ewigen Heils. Er ist diesen Weg gegangen, »und ist auch erhört worden, weil er Gott die Ehre hielt«. Gott hat auf das Flehen anders reagiert, als menschliches Denken nachvollziehen kann. Der Weg des Gehorsams, des allertiefsten Gottvertrauens, macht Jesus zu dem, der für Menschen, die sich auf ihn verlassen, eintritt. Im Kreuz hat er die Mauer der Sünde durchbrochen und so den Weg von Gott zum Menschen freigeräumt. Deshalb ist er der Wegbereiter des ewigen Heils. Die Sündenmauer ist gefallen, Gottes Vergebung kann den Menschen, der auf das Kreuz Jesu Christi blickt, erreichen und öffnet den Weg zum ewigen Leben, zum Leben vor Gott durch Christus.
Es fällt uns schwer, uns in der Gedankenführung dieses Briefes heimisch zu fühlen. Zu sehr ist er vom Sprachgebrauch der hellenistischen Synagoge bestimmt.
Ausgangspunkt des Nachdenkens mag das Wissen sein, daß der Brief an die Hebräer ein Trost- und Mahnschreiben an eine im Glauben erlahmende Gemeinde ist, die in ihren Erfahrungen von Angst und Leiden mit ihrem Glauben in Anfechtung und Zweifel geraten war. Umso wichtiger wird es deshalb sein, den Gedanken des gehorsamen Jesu um unsere Sünde willen in Bilder und Sprache zu bringen, die heutigen Predigthörern zugänglich sind, ohne vom Inhalt der Botschaft etwas zu kürzen.
Der Schlüsselgedanke des Textes ist der Gehorsam Jesu. Gehorsam - ein schwieriges Wort in unserer Zeit, weil oft mißbraucht, aber auch unüberlegt mißachtet. Nicht jeder Gehorsam ist oder macht blind. Der deutsche Wortstamm, der von hören kommt, kann in der Predigt die richtige Richtung weisen. Dabei wird es wichtig sein, den Gehorsam Jesu und menschlichen, bzw. zwischenmenschlichen Gehorsam nicht vorschnell in eins zu mischen. Es gilt an dieser Stelle in der Predigt besonders vorsichtig und aufmerksam zu sein. Der Text setzt die Predigt auf die Spur: Nicht das Durchhalten von Leiden und Angst an sich wird Gehorsam genannt. Es ist das Durchhalten von Angst und Leiden und das Jammern und Klagen darüber im Angesicht Gottes. Judika ist für viele Gottesdienstbesucher/innen ein Sonntag in der Passionszeit. Möglicherweise sind nicht alle innerlich

auf eine Predigt vorbereitet, die in die Nähe einer Karfreitagspredigt führt. Auch das gilt es zu bedenken, ohne dem Duktus dieses Sonntages auszuweichen.

Vorschläge zur Liturgie

In einer möglichen *Begrüßung* oder *Hinführung* auf den Gottesdienst erscheint es sinnvoll, auf die besondere Stellung dieses Sonntages Judika innerhalb der Passionszeit hinzuweisen.
In der lutherischen Agende von 1955 entfällt nicht nur das Halleluja und Ehre sei Gott in der Höhe, sondern auch das Ehre sei dem Vater wird nicht mehr gesungen. In der erneuerten Agende ist dieser Einschnitt erst am Palmsonntag vorgesehen. Gebete und Lesungen legen allerdings ein deutliches Gewicht auf das Opfer Jesu am Kreuz und vom Evangelium her bedacht auf die vom Kreuz Jesu her zu sehende Dienstbereitschaft.
Übrigens werden in der katholischen Tradition am Sonntag Judika Altarkreuz und Altarbilder mit Tüchern, den Hungertüchern, verhangen. Auch die Augen werden in das Fasten einbezogen bis zum Gloria in der Osternacht.
(Hilfreiche Hinweise sind zu finden in Karl-Heinz Bieritz, Das Kirchenjahr, Beck'sche Reihe 447, München 1994.)

Lieder
Ergänzend zum Wochenlied »O Mensch, bewein dein Sünde groß ...« EG 76 könnte noch gedacht werden an »Du großer Schmerzensmann ...« EG 87, »Das Kreuz ist aufgerichtet ...« EG 94 und als Schlußlied »Holz auf Jesu Schultern ...« EG 97
EG 87 könnte auch als Leitfaden für die Predigt dienen.

Wenn im Gottesdienst *Abendmahl* gefeiert wird, sollte in die Liturgie ein Schuldbekenntnis eingebaut werden. Die Ermutigung zum Gehorsam aus den Vertrauen auf Gottes Güte hat das Bekenntnis der Schuld zur Voraussetzung. Der Gehorsam ist ohne Bekenntnis der Schuld nicht möglich für Christenmenschen.

Wenn *Konfirmandinnen und Konfirmanden* in den Gottesdienst einbezogen werden, dann stellt sich, wie an Karfreitag, die Frage, warum mußte Gott Jesus diesen Weg gehen lassen, warum hat er es ihm nicht leichter gemacht. Zu diesem Thema gibt es eine Sprechmotette, die Hilfe beim Nachdenken und Klären bieten kann: KU praxis 20, Seite 53. In dieser Sprechmotette begründet Zachäus, warum er für den Kreuzestod Jesu dankbar ist. Jesus mußte den Weg zum Kreuz konsequent gehen, sonst hätte er Segnungs- und Heilungsworte zurücknehmen müssen.

Zum Kollektengebet
Jesus Christus, Bruder und Heiland,
in Angst und Schrecken hast du die Leiden der Welt getragen.
Doch auch tiefstes Leid hat dich nicht von Gott getrennt.
Er hat dich getragen.
Stärke in uns den Glauben und das Vertrauen, daß Gott auch uns trägt.

Fürbitten
Sie könnten sich orientieren an Psalm 130 »Aus der Tiefe rufe ich, Herr, zu dir ...« und/oder am bekannten Lutherlied »Aus tiefer Not schrei ich zu dir ...« EG 299.
Christus, Bruder und Heiland,
in Angst und Schrecken hast du die Leiden der Welt getragen.
Deshalb können wir unser Leid, unsere Angst, unsere Verzweiflung vor dich bringen.
Schenke du uns das Vertrauen, daß Gott uns auch in die tiefsten Tiefen unseres Lebens nicht fallen läßt. Stärke uns in diesem Vertrauen.
Wir bitten dich: Herr, erbarme dich.
Laß uns offen sein für das Leid und Leiden anderer Menschen. Schenke uns die Kraft und den Mut, uns an ihre Seite zu stellen.
Laß uns Stimme für die Ungehörten in dieser Welt werden.
Wir bitten dich: Herr, erbarme dich.
Laß uns die Unterdrückten, Verfolgten, durch Gewalt und Krieg Leidenden nicht in der Fülle der Nachrichten übersehen. Stärke uns zu dem Dienst an deiner Welt, gegen Unterdrückung und Gewalt aufzustehen.
Wir bitten dich: Herr, erbarme dich.
Durch deinen Tod am Kreuz hast du die Welt mit Gott versöhnt. Laß uns dein Kreuz zum Lebensbaum werden, damit wir als Werkzeuge Gottes in dieser Welt leben.

Vorschlag zur Predigt

Predigtanfang
Leid, Trauer und Verzweiflung gehören ins stille Kämmerlein. So sind wir es gewohnt. Wir haben dazu viele Redensarten, angefangen bei »ein Indianer kennt keinen Schmerz!« über »nimm dich zusammen« bis zu »so schlimm wird's ja nicht sein«. Leid und Verzweiflung, auch die Angst, einfach herauszuschreien, das gehört sich bei uns nicht. Wenn jemand seine Trauer, sein Leid, seine Angst und Verzweiflung nach draußen trägt, ist uns das peinlich. Es macht uns nämlich unendlich hilflos und ratlos. Was können wir denn schon tun angesichts lauten Jammerns und Klagens. Nichts! Aber das ist doch unerträglich, nichts tun zu können. Einfach nur dableiben und es aushalten. Aber das geht doch über unsere Kraft. Da scheint es

doch eine gute Regelung zu sein, daß bei uns Leid, Trauer, Angst und Verzweiflung ins stille Kämmerlein gehören.
Und dann der heutige Predigttext: Brief an die Hebräer 5,7-9
Jesu Bitten und Flehen im lautem Schreien und Flehen. In die Welt herausgeschrien hat er seine Angst, seine Verzweiflung, sein Leid. Das hat etwas Sonderbares an sich. So stellen wir uns Jesus nicht vor.

Zum weiteren Verlauf
Es gibt zwei Wege, mit dem neuen Wissen über Jesus umzugehen. Einmal könnten wir einfach sagen: Das war bei Jesus so. Aber wir sind nicht Jesus.
Der andere Weg: Wir stellen uns dem, hören genau hin, versuchen zu verstehen, was uns ein Briefschreiber sagen möchte, der einen Trost- und Mahnbrief an eine im Glauben erlahmende Gemeinde schreibt.
Der angedeutete Weg bietet allerdings eine Menge Probleme. Das Hauptproblem liegt in der Verbindung zwischen Leiden und Gehorsam.
Mißverständnisse, die Tradition haben im christlichen Umfeld, müssen angesprochen und bedacht werden: Die Welt als Jammertal, durch das hindurch wir uns zur Herrlichkeit des Reiches Gottes leiden. Welt- und Leibfeindlichkeit stehen dahinter, aber auch ein Interesse an der Beibehaltung vorhandener Machtstrukturen. Wenn die Welt nur als Jammertal erlebt wird, gibt es keinen Grund, den aufrechten Gang zu üben, es gibt auch keinen Grund, andere am Leiden teilhaben zu lassen. Das kann bis zur sarkastischen Verherrlichung von Unterdrückungsmechanismen führen, die den wortlosen Dulder auf den himmlischen Ausgleich vertrösten. Je schlimmer, desto herrlicher! Zu den zu bedenkenden Mißverständnissen kann auch das selbstgesuchte Märtyrertum gehören, das sich in unseren Zeiten häufig in das Gewand der »selffullfilling profecy« kleidet. Sich selbst programmieren auf das Verlieren in dieser Gesellschaft, um daraus eine Form der Selbstgerechtigkeit und Selbstrechtfertigung zu ziehen. In verdeckten und subtilen Formen begegnen wir solchen Tendenzen.
Nicht nur der Leidensbegriff schafft uns Schwierigkeiten, auch der Gehorsamsbegriff: Gehorsam - mißverstanden, mißbraucht: blinder Gehorsam, sich unterwerfender Gehorsam, oben - unten, gewinnen - verlieren, Macht - Ohnmacht sind Stichworte, die in diesem Zusammenhang gehören. Unsere Geschichte hat das ihre getan, um alles, was in die Nähe dessen gerät, was Gehorsam genannt werden könnte, mit Mißtrauen oder deutlicher Ablehnung zu belegen.
Der Predigttext zwingt uns, das Verhältnis von Leiden und Gehorsam neu zu bedenken.
Wir erleben Leid in seiner ganzen Vielfalt: persönlich durch Verluste, Krankheit, Schwäche, Einsamkeit, Leid, das uns andere zufügen; gesellschaftlich durch Arbeitslosigkeit, Angst um den Arbeitsplatz, Strukturen, die wir als ungerecht und lieblos erleben; global durch unsere Unfähigkeit

gegen ungerechte Verteilstrukturen anzugehen, Hunger, Gewalt, Krieg, Unterdrückung, Verfolgung, Folter weltweit. Manchmal erleben wir das alles so erschlagend, daß wir die Augen und auch das Herz meinen verschließen zu müssen. Uns fehlt, Leid gemeinsam tragen zu können. Obwohl wir im Volksmund den richtigen Satz haben: »Geteilte Freud ist doppelte Freud, geteiltes Leid ist halbes Leid«.
Ungeteiltes Leid trägt eine ungeheure Zerstörungsmacht in sich. Also müssen wir uns schützen. Rückzug ist so ein Schutzmechanismus. Aber je unfähiger wir werden, das eigene Leid zu spüren, desto leichter fällt es uns, fremdes Leid zu ertragen.
Christen haben ein Bild vom Leiden in Jesus Christus. Nicht wortloses Leiden wird uns vor Augen gestellt, nicht geheimes, verstecktes Leiden. Der Predigttext redet eine andere Sprache, eine befreiende Sprache: Jesus schreit es heraus, daß es nicht zum Aushalten ist. Ein Bruder für uns und ein Heiland. Zu wissen, daß da einer neben uns steht in Angst, Verzweiflung und Not, ist ein Schritt auf dem Weg, heil zu werden, Heil zu erfahren.
Er zeigt auch die weiteren Schritte auf dem Weg. Der erste ist das Bitten und Flehen mit lautem Schreien und mit Tränen. Ja, es ist erlaubt, verzweifelt zu sein, zu trauern. Andere dürfen und sollen es wissen.
Der zweite Schritt ist der Adressat des Bittens und Flehens. »Aus der Tiefe rufe ich, Herr, zu dir ...«, so zeigt es uns der 130. Psalm. Nicht ins Luftleere geht das Bitten und Flehen, das Jammern und Klagen. Der Gott, der uns seinen Namen gegeben hat »Ich bin für euch da«, ist der Adressat. Vor ihm läßt sich alles aussprechen mit klaren oder stammelnden Worten, selbst wortlos. Es kommt nicht auf die sprachliche Ausdrucksfähigkeit, sondern auf die Wahrhaftigkeit an. Weil wir diesen Adressaten haben, können wir unterscheiden zwischen dem Leiden, das wir Dank Gott tragen können, weil es ein Teil unseres Lebens zwischen Geburt und Tod ist, und dem Leiden, gegen das wir als Christen aufstehen, weil es dem Willen Gottes ins Gesicht schlägt.
Das nennt unser Predigtext »Gehorsam«.
Und damit haben wir auch die Zusammenhänge, die wir brauchen, um das Wort Gehorsam richtig zu verstehen und die nötigen Unterscheidungen zu treffen. Dieser Gehorsam ist nichts anderes als das tiefste denkbare und lebbare Vertrauen in Gottes Treue. Aus diesem Vertrauen heraus fließt die Kraft, Leid zu tragen in der Gewißheit, daß Gott uns nicht mehr auferlegt, als wir tragen können. Vertrauen ist die Innenseite unseres Glaubens, Gehorsam die außengewandte Seite.
So ist eine wichtige Einsicht für uns, daß Leid tragen nicht ein passives Erleiden ist, sondern im Gespräch mit Gott ein aktives Geschehen, in dem wir uns immer wieder die Kraft erbitten, tragen zu können, andere an den Schritten unseres Weges teilhaben zu lassen und veränderbares Leid nicht als gottgegeben hinzunehmen.

Predigtschluß

Für die, die ihm gehorsam sind, ist Jesus der Urheber des Heils geworden. So faßt der Predigttext den Trost für uns zusammen. Jesus als den Leidenden und den Lebendigen an unserer Seite zu wissen, ist die Grundlage für unser Leben. Der Blick auf das Kreuz richtet uns auf. Das Kreuz wird dann vom Zeichen des Leides und der Verzweiflung zum Zeichen neuen Lebens. Es beginnt zu grünen. Darauf sind wir getauft, daraus leben wir.

Kontexte

Es ist wichtig, sich Menschen vor Augen zu stellen, die bewußt gelitten haben; Leute, die wir kennen, die im Leid gütiger und nicht bitterer geworden sind, solche, die freiwillig Leiden auf sich genommen haben um anderer willen. Es gibt solche Menschen, und die Stärkung, die von ihnen ausgeht, ist der Trost der Heiligen.
(Dorothee Sölle)

Eine Legende berichtet, wie Gott Erbarmen hatte mit einem Menschen, der sich über sein zu schweres Kreuz beklagte. Er führte ihn in einen Raum, wo alle Kreuze der Menschen aufgestellt waren, und sagte zu ihm: »Wähle!« Der Mensch machte sich auf die Suche. Da sah er ein dünnes Kreuz, das jedoch sehr lang war. Er sah ein ganz kleines, aber als er es aufheben wollte, war es schwer wie Blei. Dann sah er eins, das gefiel ihm, und er legte es auf seine Schultern. Doch merkte er, daß das Kreuz an der Stelle, wo es auf der Schulter auflag, eine scharfe Spitze hatte, die ihm wie ein Dorn ins Fleisch drang. Jedes Kreuz hatte etwas Unangenehmes. Als er fast alles gesehen hatte, entdeckte er noch ein Kreuz, das versteckt stand. Das war nicht zu schwer, nicht zu leicht, so richtig handlich, wie geschaffen für ihn. Dieses Kreuz wollte er in Zukunft tragen. Als er näher hinschaute, merkte er, daß es sein Kreuz war, das er bisher getragen hatte.
(Nach Adalbert von Chamisso)

Die Haltung der Annahme steht immer wieder unter einem doppelten ideologischen Verdacht. Individuell gesehen erscheint sie als Masochismus, gesellschaftlich gesehen als Affirmation ... Beide Einwände gegen eine christliche Annahme des Leidens ... treffen eher vergangene als gegenwärtige Praxis ... Jedes Leiden, vor allem das ausgesprochene, nicht-versteckte, ist heute bereits ein Widerspruch zum Bestehenden ... Nur das unterschlagene Leid kann zur Affirmation benutzt werden ... Es ist deutlich, daß die christliche Religion eine ungeheure Bejahung des Leidens ausspricht, stärker als in vielen anderen Weltanschauungen, in deren Mittelpunkt nicht das Kreuz steht. Aber diese Bejahung ist nur ein Teil der großen Liebe zum Leben überhaupt, die Christen mit dem Wort ›Glauben‹ ausdrücken. Glauben können heißt soviel wie jasagen zu diesem Leben, zu dieser Endlichkeit, an ihr arbeiten und sie offenhalten für die versprochene Zukunft.
(Dorothee Sölle, Leiden, Stuttgart 1973, Seite 130 ff.)

Palmsonntag

Annäherungen an den Predigttext
Brief an die Gemeinde in Philippi 2,5–11

Susanne Gröpler

Vorbemerkung
Einer der Gesprächskreise Neuruppins hat sich mit diesem Text befaßt. Unterschiedliche Erfahrungshorizonte begegnen hier einander: sowohl traditionelle Gemeindeglieder als auch »Neuchristen«. In den letzten Jahren sind auch Personen aus den alten Bundesländern zu uns gestoßen, die hier in der Nähe Berlins eine neue Heimat gefunden haben.

In Vers 5 wird wohl das Resultat dieses Predigttextes schon vorweggenommen und im folgenden ausgeführt.
Nach dem ersten Überfliegen taucht die Frage auf, was Paulus uns wohl mit diesem Text sagen will. Ist dieser Text überhaupt ein Paulusbrief? Er klingt mehr nach einem theoretischen Bekenntnis.
Wichtig ist uns an diesem Text erst einmal, daß Jesus sich ganz klein macht. Er erniedrigt sich. Er nutzt seine hohe, göttliche Position nicht aus, um zu Macht zu gelangen, sondern er wird Mensch, er lebt mit den Menschen.
Solche Charaktere sind heute leider sehr selten zu finden, nicht aufs Geld und den eigenen Vorteil bedacht zu sein, sondern solidarisch zu leben. Wir leben viel zu häufig auf Kosten anderer, z. B. der Natur. Der Markt regiert und Schwächere werden schamlos ausgenutzt und somit in die Armut getrieben.
Jesus jedoch läßt jeden Vorteil außer acht und nimmt teil an der Existenz der Menschen, stellt sich auf eine Stufe mit den Menschen, die es am nötigsten haben.
»Er nahm es nicht als einen Raub, Gott gleich zu sein«, während einst die mächtigen Herrscher der Völker sich zu Gottheiten ernannten, geschieht hier genau das Gegenteil. Jesus wird Mensch. Doch Gott läßt ihn nicht »unten« (sehr überzogene Hierarchievorstellung) bei den Menschen, er erhöht ihn.
Dieses kommt in unserer jetzigen Gesellschaft deutlich zum Ausdruck. Wir preisen all die Entwicklungen in Forschung und Wirtschaft als ganz besonders (göttlich) an auf Kosten der Natur (das heißt Vernichtung der Schöpfung).

War wäre aber passiert, wenn Gott ihn nicht erhöht hätte? Wäre die Lehre nicht wieder eingegangen? Darum war wohl die Erhöhung wohl auch notwendig, also Bejahung durch Gott. Erhöhung kann man wohl auch gleichsetzen mit Auferstehung. Im Zusammenhang mit unklaren Auferstehungsvorstellungen baute man Pyramiden, Mausoläen, gesonderte Kirchen als Gräber fürstlicher Familien usw.
Knie beugen, wie Vers 10 sagt, gehört in vielen Landeskirchen zu liturgisch wichtigen Handlungen. Man kniet am Altar bei der Einsegnung, bei Eheschließung sowie beim Empfang des Abendmahls. Warum verschwinden einige dieser symbolhaften Handlungen?
Dennoch ist wohl Vers 5 das Kernstück dieses Bibeltextes. Zu ihm läßt sich am meisten sagen.
In der «Guten Nachricht« steht: Verfolgt nicht eure eigenen Interessen. Gerade aber in dieser Gesellschaft werden wir so beeinflußt, das egoistisches Denken und Ellenbogenmentalität an der Tagesordnung sind. Wir Christen müßten versuchen, besser zu leben, uns von diesem Denken nicht vereinnahmen zu lassen. Doch schon im Schulalter ist dieses Denken und die Bereitschaft etwas zu tun, ohne daß man Nutzen davon hat, etwas abzugeben, zu teilen, kaum noch vorhanden und kommt durch Umwelteinflüsse immer mehr abhanden. Oder ist dieser Egoismus vielleicht ein Wesenszug des Menschen, der durch gesellschaftliche Verhältnisse und Umstände nur jetzt viel stärker in den Vordergrund rückt als in den vergangenen vierzig Jahren der DDR?
Dieses Lebensmodell eines gemeinschaftlichen, nicht egoistischen Lebens, was Jesus in die Welt gebracht hat, ist auch im zwischenmenschlichen Bereich sehr bedeutsam. Diejenigen, die auf Kosten anderer emporstreben, sich bereichern, sind am wenigsten glücklich, mit sich selbst uneins. Sie spüren meist nicht die Kraft der Liebe, die wärmt und trägt. In der heutigen Zeit sind fast nur Karrieren auf Kosten der Familie zu beobachten. Dies ist als ein Resultat der heutigen »Ellenbogengesellschaft« zu werten. Es geschehen verantwortungslose Dinge, bloß weil einzelne ihre Macht erhöhen und ausdehnen wollen. Wir als Christen sind dagegen völlig machtlos, dulden dies und tragen es sogar mit. Wir können nur kleine Schritte tun, und deshalb ist es so wichtig, daß wir uns als Christen untereinander stärken und Halt geben, durch z. B. solche Bibelstellen wie diese. Wir sehen gar nicht mehr, daß wir auch anders leben können, die Gesellschaft macht uns blind dafür. Der Wunsch ist aber da, einfach, ohne habsüchtiges Streben in Gemeinschaft zu leben. Denn wenn wir als DDR-Bürger auf die vergangenen vierzig Jahren zurückschauen, so empfanden wir neben vielen Negativa die solidarische Gemeinschaft als wohltuend. Doch war die DDR eine »Notgemeinschaft«? Es gab zwar vereinzelt auch Bereicherungsstreben, aber nicht so drastisch wie jetzt.
Die Gemeinschaft wäre sicher etwas, was wir in die jetzigen Gesellschaft mit einzubringen hätten.

Wir müssen wieder versuchen, mehr zusammenzuhalten, Gemeinschaft finden mit anderen, Interessen zu integrieren. Das »soziale Teilen« muß stärker in den Vordergrund rücken, damit weder Reichtum noch Armut Leben zerstört.

Zum Gottesdienst

Günter Gottschämmer

Exegetisch-homiletische Skizze

E. Lohmeyer (E. Lohmeyer, Kyrios Jesus, ... Darmstadt 1961/2) hat die grundlegende Beobachtung für die Analyse der Struktur des Textes geliefert: Es handelt sich um ein sechsstrophiges Lied zu je drei Gliedern. Spätere Exegeten (J. Jeremias, R. Deichgräber) haben dem gegenüber die Bedeutung des parallelismus membrorum als durchgehendem Strukturprinzip hervorgehoben. Wieder andere arbeiteten heraus, in welchem Maß das ursprüngliche Lied durch »paraphrasierende Ergänzungen von der Hand des Apostels« (O. Michel, Zur Exegese von Philipper 2,5-11, in: Theologie als Glaubenswagnis, ... Hamburg 1954, Seite 81) Veränderungen erfahren hat und daraus einen dreistrophigen Hymnus abgeleitet: Die erste Strophe betont die Präexistenz, die zweite die irdische Geschichtlichkeit, die dritte die Erhöhung des Christus.
Die vorliegende Perikope bildet das älteste Beispiel urchristlicher Präexistenzchristologie. Der Weg des Christus wird beschrieben als ein Geschehen von Gott her - das ist das durchgehende Thema des Hymnus, die Struktur wie ein mythischer Bogen umspannend. Über die Wurzeln der Präexistenzvorstellung liegen die unterschiedlichsten Aussagen vor: Ernst Lohmeyer hat auf Motive aus dem späteren Judentum hingewiesen, die sich dort vor allem in Bilder des präexistenten Menschensohns niederschlagen. Joachim Jeremias betont die Ableitung aus den Gottesknechtvorstellungen Deuterojesajas. Schweizer hat auf die jüdische Weisheit als Gottes erstem Geschöpf verwiesen: Sie offenbart ihn unter den Menschen; diese lehnen ihn ab; sie kehrt in den Himmel zurück. Käsemann greift auf die hellenische Vorstellung des Anthropesmythos zurück und sieht in ihr die geistige Heimat des Philipperhymnus. So verschieden die Ableitungen auch sein mögen, in dem einen sind sie einander verbunden: Gott ist es, der durch die Zeiten hindurch handelt. Von seiner Tat durch Christus für die Menschen spricht der Christushymnus des Briefes an die Gemeinde in Philippi. Dem entspricht das Verhalten des Christus als gehorsame Antwort auf die Tat Gottes.

Damit ist zugleich der Skopos der Perikope benannt: Es geht nicht um die imitatio Christi, wie es die mittelalterliche Auslegung und mir ihr Luther verstanden hatten. Es geht nicht um den Satz: Jesus ist das Vorbild für unsere Ethik. Karl Barth hat die Diskussion neu entfacht, E. Käsemann hat sie aufgenommen. Ihnen folgend spricht der Hymnus vielmehr von »der Epiphanie des Gehorsamen« (Käsemann). Damit geht es zunächst nicht um unseren Gehorsam (und damit um das Nachahmen seines Gehorsams), sondern um das Offenbarwerden eines unüberbietbaren Gehorsams: Das Erscheinen des Christus steht damit im Lichte der eschatologischen, endgültigen Befreiung des Menschen. Thema ist also nicht Gesinnungsethik unsererseits, sondern die eschatologische Dimension des Handelns Gottes. Es geht um unsere Befreiung, geboren aus der Pro-Existenz des Christus. Dies schließt die Antwort des Menschen - als Dank, als Gotteslob, als Dienst am Nächsten - nicht aus, sondern ermöglicht sie. Damit gerät auch die paulinische Paränese in ein neues Licht: Sie ist nicht (gesetzliche) Forderung, sondern - als Gewahrwerden der eschatologischen Befreiung - Grundlage unseres Handelns.
So wird auch deutlich, warum die Perikope für den Palmsonntag ausgewählt wurde: »Der Anfang der Passionszeit: Der Herr geht seinen Weg als Knecht - gehorsam bis zum Tode am Kreuz. Und doch auch: der Einzug in Jerusalem. Der Knecht kommt als Herr.« (J.M. Lochmann, Das radikale Erbe, Zürich 1973, Seite 317).

Vorschläge zur Liturgie

Votum

Wir feiern diesen Gottesdienst:
in Namen Gottes des Vaters;
er umhüllt uns und unsere Welt von einer Ewigkeit zur anderen,
in Namen Gottes des Sohnes;
er wurde Mensch wie wir: So erfüllt er den Willen des Vaters.
In Namen Gottes des heiligen Geistes;
er klärt unseren Verstand und stärkt unser Herz. Amen.

Eingangsspruch (-psalm)

Er ist Mensch geworden

Er ist ein Mensch geworden wie wir
eingeklemmt zwischen Geburt und Tod,
zermürbenden Mächten ausgesetzt,
im Kampf mit denen, welche die Lüge lieben,
umgeben von Menschen, die ihn kaum verstanden,
geschunden, gequält und gekreuzigt
Jesus von Nazareth.

Er lebte im Zwiespalt,
versucht und verlassen;
er ist zugrunde gegangen
mit der Frage: Warum?
Seine Antwort ermutigt uns
zum Leben.

Er hat sein Wort gegeben,
das die Angst vertreibt,
das vom Zweifel befreit
und das Hoffnung ermöglicht.

Er war, wo Menschen kämpften und litten,
wo Menschen ihre Hoffnung nicht aufgaben,
wo sich Arme, Entrechtete, Unnütze trafen.
Er litt an der Lüge und an der Falschheit,
in der Liebe den Ausweis des Glaubens.
Er sprach Worte, die seine Freunde
nicht vergessen konnten.
Eine Verheißung
durchzieht unser Leben:
sein Geist macht uns bereit,
immer neu aufzubrechen
zu anderen Ufern.
Er gibt uns Vertrauen,
selbst Unmögliches zu versuchen,
wachsam zu bleiben,
die Wahrheit zu sagen,
ein geknicktes Rohr nicht zu brechen,
einen glimmenden Docht nicht zu löschen,
Getretene aufzurichten,
Geschundene nicht allein zu lassen,
Stummen ein Mund,
Tauben ein Ohr,
allen alles zu werden.

(aus: Martin Gutl, Nachdenken mit Martin Gutl, 2. Aufl. 1985, Verlag Styria Graz Wien Köln, Seite 198 f.)

Schuldbekenntnis

Gott, du Heiliger, du Schöpfer des Himmels –
Christus, du Demütiger, erdgeboren –
Geist, du Lebendiger, Atem über dem Wasser:
Du – in Erde, Meer und Himmel –
du bist da.

Verborgenes Geheimnis,
Sonne aller Sonnen,
Seele aller Seelen:
In allem, das wir anrühren,
in jedem, dem wir begegnen,
umgibst du uns, ganz und gar.
Wir danken dir.

Doch
wenn wir deine Schöpfung nicht bewahren,
sondern sie niedertrampeln;
wenn wir andere nicht suchen,
sondern sie übersehen;
wenn wir Arme nicht unterstützen,
sondern sie zurückweisen - und dabei immer dich
niedertrampeln,
übersehen,
zurückweisen -

dann:
Höre unsere Bitte um Vergebung
und verzeihe uns.

(aus der Liturgie der Iona-Kommunität, Übertragung durch den Verf.)

Eingangsgebet

Mein Herr und mein Gott,
nimm alles von mir,
was mich hindert zu dir.

Mein Herr und mein Gott,
gib alles mir,
was mich fördert zu dir.

Mein Herr und mein Gott,
nimm mich mir,
und gib mich ganz zu eigen dir.

(Nikolaus v. d. Flüe zugeschrieben)

Fürbitten

Gott,
um eine neue Kultur des Umgangs miteinander bitten wir:
Um eine Kultur des Hörens.

Das fällt uns schwer.
Denn überall werden wir
zugeschwemmt mit Worten,
überfahren mit Information,
zugeworfen mit Werbung.
Lärm und Lautstärke überall:
Aus dem Radio, im Beruf, beim Einkauf im Supermarkt.

Dabei sehnen wir uns nach guten Worten,
nach einer freundlichen Stimme,
nach ehrlichen Sätzen.
Wir sehnen uns danach
und wir wünschen sie auch den anderen.

Deshalb bitten wir, Gott:
Laß uns die Bitten der Menschen hören,
die lauten und die leisen.
Öffne uns die Ohren
für die Not der anderen:
die offensichtliche und die verschämte.
Gib offene Ohren
für Wünsche.
Das ist notwendig
für Visionen,
die nach einer guten Zukunft trachten.
Sie sind zukunftsträchtig.
So entwickelt sich unter uns eine neue Kultur des Umgangs miteinander:
Es ist eine Kultur des Hörens,
auf dich und die Menschen.

Dies wollen wir,
und wir wissen:
Du stützt uns dabei –
durch die guten Worte,
die du uns gibst.

Die hören wir gern. Amen

Vorschläge zur Predigt

Möglicher Predigtanfang

1. Im Dorf, in dem ich aufwuchs, gab es eine besondere Sitte zu Palmsonntag: An Palmsonntag kam das »Palmehäsje« und brachte den Kindern kleine Geschenke: eins, zwei Ostereier, einen bunten Blumenstrauß, eine Tafel Schokolade. Es waren Kleinigkeiten, aber sie hoben diesen Sonntag

in der Passionszeit heraus aus der trüben, ernsten Fastenzeit. Der Palmsonntag bot einen Vorgeschmack auf Ostern.
Auch unser Predigttext ist ein solches »Palmehäsje«. Auch er will uns einen Vorgeschmack auf Ostern geben. Denn er stellt uns die gute Absicht, die Gott mit uns hat, vor Augen. Er sagt uns: Gott meint es gut mit euch.
Verlesung des Textes nach der Übertragung von Dorothee Sölle:
»Orientiert euch daran, was im Bereich Christi gilt.
Denn er, der bei Gott war,
hielt es nicht für sein Privateigentum,
bei Gott zu sein.
Er verließ seine Heimat,
verschenkte seine Vorrechte,
wurde Sklave
und machte keinen Unterschied zwischen sich und anderen.
Er übernahm freiwillig die Selbstentfremdung,
freiwillig das Zunichte-Werden,
den Tod am Kreuz.
Daher hat Gott im endgültig beheimatet auf der Erde,
er hat ihm, der eine Nummer geworden war,
einen Namen gegeben, der für alle gilt,
damit auf der Erde und im Weltraum
in diesem Namen die Fremdherrschaft ein Ende hätte
und Mut aufkäme
zu sagen, daß Jesus recht hat.
Denn das ist gut für Gott.«
(D. Sölle, Atheistisch an Gott glauben, Walter Verlag Zürich)
Gott meint es gut mit uns, das ist das erste. Das ist die Grundlage für unser Leben. Das ist das Osterlicht, das heute schon leuchtet. Es leuchtet heute schon, weil Jesus Christus seinem Vater gehorsam war:
»Denn er, der bei Gott war,
hielt es nicht für sein Privateigentum,
bei Gott zu sein.
Er verließ seine Heimat,
verschenkte seine Vorrechte,
wurde Sklave
und machte keinen Unterschied zwischen sich und anderen.«
2. Auf dieser Grundlage können auch wir unser Leben gestalten. Weil wir heute schon einen Vorgeschmack auf Ostern erhalten haben, können wir leben, mitten in all den Anforderungen, die an uns gestellt werden. So können wir den Ängsten in uns und den Problemen um uns begegnen – von Osterlicht beleuchtet, den Alltag bestehen. Der Palmsonntag ist ein gutes Bild dafür. Denn: Der Palmsonntag – mitten in der Passionszeit früher auch der Sonntag der Konfirmationen – bringt Karfreitag und Ostern zusam-

men. Er faßt bildhaft das zusammen, was in unserer Welt immer nebeneinander da ist: Freude und Leid, Leben und Tod, das »Hossianah« und das »Kreuzige ihn«.
(Hier folgen Beispiele aus alltäglichen Erfahrungen)

Möglicher Schluß
3. Gott meint es gut mit uns. Auf dieser Grundlage können wir unser Leben gestalten. So können wir den Anforderungen, die an uns gestellt werden, begegnen. So geben wir anderen - Menschen in Not, Menschen, die unsere Hilfe brauchen - Anteil an der Befreiung, die wir erfahren haben. So können wir verantwortlich und in der Verantwortung für andere unser Leben gestalten:
»Und der kleine Prinz kam zum Fuchs zurück. ›Adieu‹, sagte er ... ›Adieu‹, sagte der Fuchs. ›Hier ist mein Geheimnis. Es ist ganz einfach: Man sieht nur mit dem Herzen gut. Das Wesentliche ist für die Augen unsichtbar.‹ ›Das Wesentliche ist für die Augen unsichtbar‹, wiederholte der kleine Prinz, um es sich zu merken. ›Die Zeit, die du für deine Rose verloren hast, sie macht deine Rose so wichtig.‹ ›Die Zeit, die ich für meine Rose verloren habe ...‹, sagte der kleine Prinz, um es sich zu merken.
›Die Menschen haben diese Wahrheit vergessen‹, sagte der Fuchs. ›Aber du darfst sie nicht vergessen. Du bist zeitlebens für das verantwortlich, was du dir vertraut gemacht hast. Du bist für deine Rose verantwortlich ...‹ ›Ich bin für meine Rose verantwortlich ...‹, wiederholte der kleine Prinz, um es sich zu merken.«

Kontext

Selbstentäußerung ist die Quelle aller Erniedrigung, so wie im Gegenteil der Grund aller echten Erhebung. Der erste Schritt wird Blick nach Innen, abgesonderte Beschauung unseres Selbst. Wer hier stehen bleibt, gerät nur halb. Der zweite Schritt muß wirksamer Blick nach Außen, selbstätige, gehaltne Beobachtung der Außenwelt sein (Novalis, Werke und Briefe, München 1962, Seite 344 f.)

Gründonnerstag

Annäherungen an den Predigttext
1. Brief an die Gemeinde in Korinth 11,23-26

Albert Damblon

Der Arbeitskreis »Öffentlichkeit« unserer Pfarrgemeinden veranstaltete wie jedes Jahr seinen Besinnungstag. Ein Programmpunkt war das Gespräch über 1. Korinther 11,23-26. Es sprachen mit: Brigitte Geskes, Marga Jänicke, Gertrud Kunert, Brigitte Poschmann, Siegfried Rosenow, Marlies Schneider und Margarete Wirtz.

Die Gruppe freute sich auf das Bibelgespräch. Wie in jedem Jahr hatte ich angekündigt, daß zu unserer Tagung wieder der Austausch über eine Bibelstelle gehört. Keiner sprach dagegen, denn die Bibel hatte bisher immer zu einem »fetzigen« Gespräch geführt. Also fotokopierte ich den Korinthertext in ausreichender Zahl und las ihn am Beginn des Tages vor. Betretenes Schweigen! Unruhiges Hin- und Herrutschen! Verlegenes Lächeln! Ich blickte in die Runde, von der anfänglichen Freude war nichts mehr zu spüren. Die Teilnehmerinnen und Teilnehmer fanden keinen Einstieg in einen Text, den sie angeblich schon so oft gehört hatten. An der Mimik ihrer Gesichter entdeckte ich die Ratlosigkeit, über den paulinischen Abendmahlsbericht ins Gespräch zu kommen. Nach langem Schweigen, endlich ein befreiender Beitrag: Das kennen wir. Jeden Sonntag in der Messe hören wir die Wandlungsworte, die Jesus vor 2000 Jahren im Abendmahlssaal gesprochen hat. Vorsichtig bemühte ich mich, auf den Unterschied hinzuweisen. Der liturgische Text in der Eucharistiefeier entwickelte sich in einer langen Tradition, während Paulus seinen Brief an die Korinther rund zwei Jahrzehnte nach der Auferstehung Jesu Christi geschrieben hat. Langsam dämmerte es bei den meisten, daß ihnen die Perikope doch noch nicht so vertraut war, wie sie es im ersten Augenblick vermutet hatten. Ihre Gottesdiensterfahrung überlagerte den Ursprungstext. Als der Gruppe das klar geworden war, öffnete sie sich plötzlich und stieg mit Elan in das Gespräch ein. So kannte ich den Kreis, frei, frech und witzig.
Direkt der erste Vers (23) lieferte den Anstoß. Wie kann Paulus behaupten, daß er die Abendmahlsworte vom Herrn empfangen habe. Soviel ich weiß, kannte er den Herrn doch gar nicht! Wie soll er ihn gehört haben? Alle nickten zustimmend. Jünger haben ihm die Geschichte vom letzten

Abendmahl erzählt, und er wird sie sich bis in den Wortlaut hinein gemerkt haben. Trotzdem darf er nicht behaupten, Jesus selbst habe ihm die Worte überliefert. Wir kennen den Herrn auch nicht. Wenn wir jetzt in der Bibel lesen, beteuern wir doch nicht, Christus unmittelbar zu hören und vom Herrn Offenbarung zu empfangen. Einer versuchte den Widerspruch aufzulösen. Ihr müßt »empfangen« im übertragenen Sinn verstehen. Es bedeutet nicht einfach »hören«. Ich kann hören, ohne zu empfangen. Ich kann empfangen, ohne zu hören. Rundfunkgeräte heißen Empfänger, weil sie die Wellen des Senders einfangen. »Einfangen« wurde zum Schlüsselbegriff, mit dem der Kreis »Empfangen« interpretieren konnte. Unabhängig davon fragten einige, auf wieviel Wegen der Mensch Erkenntnis empfangen könne? Den biblisch Geschulten fielen zwei ein: Intuition und Traum. Für eine Teilnehmerin klang »empfangen« wie »geschenkt bekommen«. Was ich empfange, kann ich mir nicht selber nehmen, sagte sie.
Plötzlich zitierte einer das Kelchwort (25). Mit seiner spöttischen Frage, war überhaupt Wein in dem Kelch, gab er dem Gespräch eine andere Wendung. Zunächst drehte es sich mehr um die »technischen« Fragen. Darf die Kirche Abendmahl mit Traubensaft feiern? Ist das eine Möglichkeit, um Kindern und Kranken den Zugang zum Tisch des Herrn zu ermöglichen? Die katholische Kirche erlaubte jahrhundertelang nur den Priestern, aus dem Kelch zu trinken. Nach der Reformation hatte der Papst dieses Verbot verschärft, damit jede äußerliche Übereinstimmung mit dem Protestantismus vermieden wurde. Das II. Vatikanische Konzil erlaubte dagegen offiziell die Kelchkommunion für Laien in bestimmten Gottesdiensten. Aber, so warf eine Frau, wir Katholiken haben in der Kelchkommunion überhaupt keine Übung. Wie oft sehe ich, daß die Hostien nur in den Kelch getunkt werden. Am Niederrhein sagen wir, der Leib Christi werde «gezoppt«. Von »aus dem Kelch trinken« kann nicht mehr gesprochen werden. Es begann eine vom Text wegführende Diskussion über Hygiene, die ich schnell abwürgte, indem ich auf die Ergänzungen des Trinkspruches verwies: »zu meinem Gedächtnis« und »verkündet ihr den Tod des Herrn«. Daß das Trinken des Kelches an den Tod Christi erinnert, enttäuschte einige Teilnehmerinnen und Teilnehmer. Weintrinken assozierten sie mit ihren Familienfesten, mit froher Stimmung und ausgelassener Heiterkeit. Aber Tod taucht in ihren Assoziationen nicht auf. Wie ist Wein und Tod miteinander zu verbinden? Erst mit und mit lasen sie sich tiefer in den Text hinein. Ihnen ging auf, daß die Abendmahlsgeschichte »in der Nacht spielt, in der Christus ausgeliefert wurde«. Es war die Nacht seines Sterbens, und in ihr betete er, der Kelch möge an ihm vorübergehen. Bei manchen fiel der Groschen: Jede Messe erinnert an das *Letzte* Abendmahl, jede Messe läßt uns an den Tod Jesu denken. Dadurch, daß er kurz vor seinem Sterben noch einmal mit seinen Freunden Wein getrunken hatte, qualifizierte er dieses Getränk zum Erinnerungssymbol an seinen Tod. Gegenrede: Erinnerungssymbol, alles viel zu kompliziert. Ich will nicht an den Tod erinnert werden,

mich deprimiert das. Ich habe immer gemeint, wir feiern das Abendmahl, um uns auf das ewige Leben vorzubereiten. Von Leben ist in dieser Aussage keine Spur. Eine anderer Gesprächsbeitrag erinnerte daran, daß Leben ohne Tod nicht zu haben ist. Könnte der Kelch des Letzten Abendmahls nicht mit dem Leid der ganzen Welt gefüllt sein? Hat nicht jeder Mensch seinen eigenen Leidenskelch zu trinken? Wir wurden nachdenklich. Vielleicht haben die Abendmahlskelche mehr mit dem Tief als mit dem Hoch unseres Lebens zu tun, sind sie anstatt mit süßem Wein mit bitteren Wermutstropfen gefüllt. Ich konnte es mir nicht verkneifen, theologisch zu ergänzen. Der Neue Bund hebt sich ab vom Alten Bund. In ihm wurde das Volk mit dem Blut der geschlachteten Opfertiere besprengt. Sich heftig schüttelnd platzte einer Frau heraus: Dann versteht sich Christus als das Opfertier des Neuen Bundes, wir werden nicht mit seinem Blut besprengt, sondern wir müssen es sogar trinken, das bedeutet »Neuer Bund in meinem Blut«. Einige taten so, als ob sie sich ekelten. Eine blutrünstige Vorstellung! Auf der anderen Seiten wurde uns klar, daß wir, wenn wir aus dem Kelch trinken, das Blut Christi viel stärker verinnerlichen als das Blut der Opfertiere. Besprengen ist ein äußerer Vorgang, weil ich das, womit ich besprengt worden bin, jederzeit abwaschen kann. Wenn ich trinke, geht das Getränk in meinen Körper über. Auf diese Weise wird Christus ein Teil von mir, sein Leiden, sein Tod, aber auch seine Auferstehung. Ich gebe zu, daß der Gedanke an die Auferstehung in unserem Gespräch zu kurz kam. Der Kelch und das Blut als Symbole des Leidens standen im Vordergrund, da sie wahrscheinlich die Lebenserfahrungen der sechs Frauen und zwei Männer berührten. In ihnen verdichtete sich ihr eigenes Leben, während die Auferstehung als Utopie weit weg war. Es gelang mir nicht, die Hoffnung dieses Textes deutlich zu machen. Deshalb beendeten wir das Gespräch eher in gedrückter Stimmung, obwohl uns das Lebensopfer Jesu Christi ein wenig näher gekommen war.

Zum Gottesdienst

Jutta Konowalczyk-Schlüter

Exegetisch-homiletische Skizze

Unsere Gottesdienstgemeinde am Gründonnerstag ist klein: Es sind meistens jüngere Menschen und KonfirmandInnen, die sich um 18.00 Uhr zum Abendmahlsgottesdienst treffen. Seit einigen Jahren essen wir nach dem Gottesdienst gemeinsam Abendbrot im Vorraum der Kirche - eine gute Erinnerung an das erste Abendmahl und eine Einstimmung auf Karfreitag und Ostern.

Die Perikope selbst ist mir sehr vertraut, im Konfirmandenunterricht und im Bibelkreis beschäftigen wir uns immer mal wieder mit dem Thema »Abendmahl«. In einer Predigt habe ich allerdings diese Verse noch niemals ausgelegt.
Es handelt sich um ein Traditionsstück, das schon Paulus überliefert wurde. (vgl. 1. Korinther 11,23 παραλαμβάνειν) Der Gedanke aus den »Annäherungen«, »empfangen« im übertragenen Sinn zu verstehen, gefällt mir gut: »Ich kann hören, ohne zu empfangen. Und ich kann empfangen, ohne zu hören.« Immer wieder erlebe ich Gesprächssituationen, in denen mein Gegenüber »hört ohne zu empfangen«. Selten genug gibt es das Geschenk eines gelungenen Gesprächs.
Jesus handelt hier im Rahmen der jüdischen Gepflogenheiten bei Tisch: Er eröffnet durch das Brotbrechen die Mahlzeit (vgl. 1. Korinther 11,23). Anschließend läßt er den Kelch des Deutewortes kreisen, dem in der jüdischen Tischsitte der Segensbecher entspricht (vgl. L. Goppelt, Art. ποτήριον ktl., THWNT Bd. VI, Seite 155)
Das Besondere an dieser Mahlzeit ist, daß Jesus sein Leiden ankündigt und deutet. Die Tischgemeinschaft soll nehmen, essen, trinken und sich erinnern: »Das Brot ist Leib im Sinne sakramentaler Identität ... In der sakramentalen Speise wird der getötete Leib des - nunmehr - Erhöhten dargeboten. Dadurch gewinnt der Teilnehmer Anteil an diesem, in der sakramentalen communio« (G. Voigt, Das heilige Volk, Göttingen 1984, Seite 193). Das Sakrament wird gegeben »in der Nacht, in der er verraten wird« (1. Korinther 11,23) bis »daß er kommt (1. Korinther 11,26). »Im Sakrament gibt er sich den Seinen für die Zeit der Kirche« (G. Voigt, Das heilige Volk, Seite 195).
Alttestamentliche Bundesschlußriten sind im Zusammenhang mit dem Abendmahlskelch sehr schwer zu vermitteln. Diese Erfahrungen aus den »Annäherungen« habe ich mit einer KonfirmandInnengruppe auch schon gemacht.
Dennoch möchte ich in der Predigt das »neue Testament in meinem Blut« (1. Korinther 11,25) auslegen: Der »neue Bund« will hier eschatologisch verstanden werden, als etwas, was nicht mehr veraltet und darum endgültig ist: »Die neue Diatheke ist nichts anderes als die durch Christus heraufgeführte Gestalt der βασιλέια τοῦ θεοῦ als eines bereits gegenwärtigen Tatbestandes.« (E. Käsemann, Exegetische Versuche und Besinnungen, Bd I, Göttingen 1964, Seite 28).
Von allgemeinen Erfahrungen mit dem Abendmahl möchte ich ausgehen:
- Das erste Abendmahl am Sonntag nach der Konfirmation, das Aufgeregtsein, Eltern und Paten sind dabei.
- Das Abendmahl im Bremer Dom am Karfreitag, eine riesige unüberschaubare Menschenmenge versammelt sich um den Altar.
- das Abendmahl auf einem Campingplatzgottesdienst im Freien.
- Abendmahl mit KonfirmandInnen kurz vor der Konfirmation. Sie

wollten nicht aus dem Kelch trinken, weil sie sich vor dem »Blut« ekelten.
- Abendmahl in unserer Gemeinde, im Kreise vertrauter Menschen, mit anschließendem Klönschnack beim Kirchenkaffee.

Vorschläge zur Liturgie

Lieder
EG 195 (Allein auf Gottes Wort will ich mein Grund und Glauben bauen)
EG 240 (Du hast uns, Herr, in dir verbunden)
EG 557 (Unser Leben sei ein Fest)
EG 223 (Das Wort geht von dem Vater aus)
EG 215 (Jesus Christus, unser Heiland)
EG 225 (Komm, sag es allen weiter)

In der alttestamentlichen *Lesung* 2. Mose 24,3–8 wird ein Bundesschluß beschrieben. Die Evangelienlesung Matthäus 26,20–30 handelt vom letzten Mahl Jesu mit seinen Jüngern.

Psalm 111 (EG 744) oder der Philipperhymnus (EG 760) können mit der Gemeinde im Wechsel gesprochen werden, als Psalmgesang Psalm 25 (EG 788).

Begrüßung
»Der gnädige und barmherzige Gott hat ein Gedächtnis gestiftet seiner Wunder!« (Psalm 111,4) Seien Sie herzlich willkommen heute, am Gründonnerstagabend, hier in der Andreaskirche. Um das »Gedächtnis« geht es heute, um's Gedenken, um's Erinnern. Wir sind noch mitten in der Karwoche. Und zugleich eröffnet dieser Gottesdienst die Feier der drei österlichen Tage vom Leiden, vom Tod und von der Auferstehung unseres Herrn Jesus Christus. Am Gründonnerstag hat Jesus Christus das Heilige Abendmahl eingesetzt. Daran wollen wir uns heute erinnern. Lesungen, Lieder, Predigt und Gebete nehmen darauf Bezug. Und zum Abschluß dieses Gottesdienstes feiern wir auch zusammen hier vorne um den Altar herum das Abendmahl, in gewohnter Weise mit Oblaten und Traubensaft. Die meisten von Ihnen wissen es sicher noch von den letzten Jahren: Im Anschluß an den Gottesdienst gibt es im Vorraum der Kirche noch Abendbrot für alle.
Unser Zusammensein geschehe im Glauben an Gott, unseren Vater, im Gedenken dessen, was Jesus Christus für uns getan hat, und im Vertrauen darauf, daß Gottes lebenschaffender Geist unter uns wirksam ist. Amen.

Bußwort
Wir bekennen vor dir, allmächtiger und barmherziger Gott, unsere Schuld. Wir sind nicht die Menschen, die du gewollt hast.
Oft kreisen wir nur um uns selbst und nehmen die anderen gar nicht wahr. Oft sind wir allein auf unseren Vorteil bedacht, auch wenn es den Mitmenschen schadet. Oft sprechen wir übereinander anstatt miteinander. Und viel zu oft haben wir nicht auf dein Wort gehört, deine Gebote übertreten und deinen Willen mißachtet.
Weil wir so zu dir kommen dürfen, wie wir sind, bitten wir dich:
Vergib uns unsere Schuld und schenke uns die Kraft zu einem neuen Anfang, daß wir durch deinen Geist das Leben gewinnen - um deines Sohnes Jesu Christi willen. Amen.
Gnadenzusage:
Christus spricht: »Ich bin gekommen, die Sünder zu rufen und nicht die Gerechten!« (Matthäus 9,13)

Kollektengebet
Herr, Gott des Himmels und der Erde, wir bitten dich:
Führe uns zu dem Geheimnis des Leibes und des Blutes deines Sohnes.
Erinnere uns an die Nacht des Verrats, damit wir treu bleiben.
Erhöre uns durch Jesus Christus, der mit dir und dem Heiligen Geist unser Leben von der Gewalt des Todes befreit. Allmächtiger Gott, du bist Anfang und Ende der Zeit, von Ewigkeit zu Ewigkeit. Amen.
(aus: Peter Helbich, Gottesdienstgebete zum Kirchenjahr, Gütersloher Verlagshaus, Gütersloh 1988/3, Seite 72)

Glaubensbekenntnis
Ich glaube, daß ich nie allein bin. Gott ist bei mir. Er ist mein Vater. Er hat alles gemacht. Auch mich. Ich glaube, daß Gott diese Welt in seinen Händen hält. Er hat seinen Sohn Jesus Christus auf die Erde gesandt. Ich glaube, daß er Gottes Sohn ist. Um mich zu erlösen von Sünden und Schuld, darum wurde er an's Kreuz geschlagen und durchschritt das Reich der Toten. Er ist wahrhaftig auferstanden und mein Bruder. Ich glaube, daß ich auch unter den Menschen nicht allein bin. Um mich her besteht die große Gemeinschaft der Kirche. Es sind Menschen, die Gott lieben. Sie leben nicht nur in einem Volk, sie sind überall - in allen Ländern der Welt, in allen Erdteilen und unter Menschen aller Rassen. Ich gehöre dazu. Ich glaube, daß wir ganz dicht zusammengehören, wir Christen, obwohl uns vieles trennt. Ich glaube, daß die, die dem heiligen Gott zugehören und darum »Heilige« heißen, auf der ganzen Welt eins sind, weil Christus sie zusammenhält. Ich glaube, daß ich niemals so weit von Gott weglaufen kann, daß es nicht einen Rückweg gäbe. Daß ich mich niemals so schrecklich in die Irre verlieren kann, daß Gott mich nicht wieder zu sich holen wollte. Ich glaube, daß Gott für mich das Leben will und nicht den Tod, die

Freude und nicht die Traurigkeit, und daß er bei mir ist, heute und bis in alle Ewigkeit. Amen.

(Hans Hartwig von Goessel, in: G. Ruhbach [Hrsg], Glaubensbekenntnisse für unsere Zeit, Gütersloher Verlagshaus, Gütersloh 1985, Seite 80)

Fürbittengebet

Herr, es ist zu spät, um zu schweigen, Du hast zu viel geredet;
es ist zu spät, um nachzugeben, Du hast zu viel gekämpft.
Du warst auch nicht vernünftig, Du hast übertrieben, da mußte es so kommen.
Du hast die anständigen Leute »Natterngezücht« genannt, Du hast ihnen gesagt, ihr Herz wäre ein finsteres Grab unter einer schönen Außenseite,
Du hast die eitrigen Aussätzigen umarmt,
Du hast die Unverschämtheit gehabt, mit gemeinen Fremdlingen zu reden,
Du hast mit öffentlichen Sündern gegessen und hast gesagt, daß die Straßenmädchen die Ersten im Paradiese sein werden.
Du hast Gefallen gefunden an den Armen, den Verlausten, den Verkrüppelten,
Du hast die rituellen Vorschriften ungenau beobachtet,
Du wolltest das Gesetz auslegen und es auf ein einziges kleines Gebot zurückführen: auf die Liebe.
Jetzt rächen sie sich.
Sie haben Schritte gegen Dich unternommen, sie haben Dich angezeigt, und die Maßnahmen werden bald folgen.
Herr, ich weiß, ich werde verurteilt werden, wenn ich versuche, wenigstens in etwa wie du zu leben. Ich habe Angst. Man zeigt schon mit Fingern auf mich.
Einige lächeln, andere belustigen sich, wieder andere nehmen Ärgernis, und die meisten meiner Freunde sind schon so weit, mich zu verraten.
Ich habe Angst, auf dem Wege stehenzubleiben,
Ich habe Angst, auf die Weisheit der Menschen zu hören.
Sie flüstert: Man muß schön langsam vorangehen, darf nicht alles so buchstäblich nehmen, es ist gescheiter, mit dem Gegner zu verhandeln ...
Und dennoch, Herr, weiß ich, daß Du recht hast.
Hilf mir kämpfen, hilf mir reden, hilf mir, nach deinem Evangelium zu leben. Bis ans Ende, bis zur Torheit, bis zur Torheit des Kreuzes.

(aus: Michel Quoist, Herr, da bin ich - Gebete, 61. Aufl. 1986, Verlag Styria Graz Wien Köln, Seite 163 f.)

Vorschlag zur Predigt

Möglicher Predigtanfang

Liebe Gemeinde, mit dem Abendmahl, da haben wir alle wohl sehr unterschiedliche Erfahrungen gemacht im Laufe unseres Lebens. Der erste

Gang zum Abendmahl bleibt meistens besonders gut im Gedächtnis: Bei mir ist es mehr als zwanzig Jahre her. Ich war noch nicht konfirmiert, wollte aber unbedingt zum Abendmahl gehen. Meine Oma - die zugleich meine Patin war - nahm mich schließlich mit. Aber die stellte zwei Vorbedingungen: Ich mußte meine damals heißgeliebten Jeans ausziehen und im dunklen Kleid erscheinen. Und ich mußte ihr versprechen, die ganze Sache sehr ernst zu nehmen und keinesfalls zu grinsen oder zur kichern während der Zeremonie: »Denn das Abendmahl ist die Vergebung unserer Sünden! Und die vergibt Gott nur, wenn wir ernsthaft bereuen!« Ich war zu allem bereit. Denn für mich war das Abendmahl vor allem ein Schritt in die Erwachsenenwelt. Ob unser alter Pastor wohl gemerkt hat, wie aufgeregt ich vor ihm stand? Jedenfalls hat er mir Brot und Wein gereicht, obwohl er wußte, daß meine Konfirmation noch ausstand. Und ich habe es ihm hoch angerechnet damals, daß er mich so ernst genommen hat.
Im Laufe meines Lebens ist mir dann immer wieder einmal die Frage begegnet: »Ab wann darf man zum Abendmahl gehen?« Früher habe ich daraufhin ungefähr so geantwortet: »Wenn jemand getauft ist und weiß, was das Abendmahl bedeutet, dann ist es ihm oder ihr auch erlaubt, dabeizusein.« Inzwischen bin ich mir mit dem »Bescheidwissen« nicht mehr so sicher. Denn während meiner Studienzeit in Bethel habe ich gerade mit geistig Behinderten sehr schöne, intensive Abendmahlsgottesdienste gefeiert. Sicherlich hatten diese Männer und Frauen dabei keine theologischen Abendmahlslehren im Kopf. Aber das war auch unwichtig: Behinderte und Gesunde, Junge und Alte, Frauen und Männer waren in diesen Gottesdiensten eine Gemeinschaft, verbunden durch das Mahl des Herrn.

Mögliche Fortsetzung
Hier würde ich beschreiben, wer alles mit Jesus Christus zusammen gesessen, gegessen und getrunken hat »in jener Nacht, als er verraten wurde«.
Judas, der Verräter, Thomas, der Zweifler und Petrus, der wenig später seinen Herrn verleugnet hat, waren auch dabei. Keiner wurde ausgeschlossen. Anschließend würde ich skizzieren, wer heute alles zum Abendmahl eingeladen ist. Im Bremer Dom wird beispielsweise einmal im Monat die »Thomasmesse für Zweifler« gefeiert, in der Brot und Wein auch den Menschen gereicht wird, die aus der Kirche ausgetreten sind. In unserer Gemeinde wäre so etwas nicht denkbar.
Vielleicht würde ich zur Gemeinde in Korinth überleiten und einen kurzen »historischen« Abriß geben: Die Hausgemeinden, das gemeinsame Abendessen, das darauf folgende Abendmahl, die Probleme, weil die einen nicht auf die anderen warteten ... Schließlich unterscheidet Paulus zwischen einer gewöhnlichen Mahlzeit und dem Abendmahl

(1. Korinther 11,29). Was bedeutet das für uns heute? In der Abendmahlsfeier verkündigen wir den Tod unseres Herrn Jesus Christus, der uns zugute gekommen ist (1. Korinther 11,26). Sein Tod verbindet uns mit dem Vater. Und an diesem Bund erinnern wir uns in der Abendmahlsfeier. Den Gedanken des Bundesschlusses würde ich an dieser Stelle wie folgt ausführen:

Möglicher Schluß
Mit einem Verräter, einem Zweifler, einem Leugner, mit lauter ängstlichen und hilflosen Menschen schließt Gott einen Bund: »Dieser Kelch ist der neue Bund in meinem Blut; solches tut, sooft ihr's trinket zu meinem Gedächtnis!« Wir alle gehören zu diesem Bundesschluß dazu. Gott hatte schon mehrmals einen Bund mit den Menschen geschlossen: Noah bekam als Bundeszeichen den Regenbogen am Himmel. Das Volk Israel erhielt die zehn Gebote. Und die Jünger im Abendmahl bekommen Brot und Wein. Um sich zu erinnern. Nicht nur an diesen ersten Gründonnerstag. Sondern an die ganze Geschichte Gottes mit den Menschen: Gott kommt auf die Welt, wird erniedrigt, ist gehorsam bis zum Tod, stirbt und wird erhöht. All dies ist gegenwärtig, wenn wir heute vor dem Altar stehen und Brot und Wein empfangen. An diese Geschichte sollen wir uns erinnern. Immer wieder. Versöhnung ist geschehen. Das Sakrament will Gemeinschaft stiften. Und damit ist nicht gemeint, daß vielleicht die Atmosphäre in der Kirche so nett ist. Oder daß ich mich bei der Abendmahlsfeier neben jemanden stelle, der mir gerade sympatisch ist, so daß mich quasi »die Tuchfühlung mit einem lieben Menschen« die Gemeinschaft Gottes spüren läßt. Sondern dein und mein und unser aller Anteilhaben an dem einen Christus läßt uns zusammengehören, unabhängig von Sympathie oder Antipathie, die wir gegenseitig hegen: Wir sind eins in Christus! Und wir alle miteinander, als Gemeinde, sind sein Leib! Amen.

Kontexte

Gründonnerstag
Ackerterrassen im südindischen Frühling. Hier werden bald neue Hirsepflänzchen aufgehen, um hungernde Menschen zu ernähren. Hirse ist das Brot des armen Mannes in diesen Ländern. »Ich bin die Hirse des Lebens« könnte Jesus dort gesagt haben, und er hätte eine Schale voll den Hungrigen gereicht.
Im Abendmahl geschieht dasselbe – und noch mehr: Jesus reicht den Hungrigen Brot, das er selber ist. Als er am Tag vor seiner Hinrichtung mit seinen Jüngern zusammen das letzte Mahl einnahm, ging es um viel mehr als um den satten Bauch. Er reichte ihnen das Brot, das sagen will: ›Wir gehören zusammen‹. Also reichte er ihnen Gemeinschaft. Gemeinsam mit seinem Verräter tauchte er gleichzeitig den Bissen in die Schüssel – und verzieh ihm; also reichte er Vergebung. Mit den Jüngern trank er Wein, von dem er sagte: ›Das ist mein Blut‹. So floß sein Blut in den Adern der Jünger; also reichte er ihnen Verinnerlichung, ja Einssein mit ihm.

Gemeinschaft, Vergebung, Verinnerlichung und noch anderes - das ist unser Abendmahl. Einer geht in den Kreuzestod für uns, dann in die Erde, dann in die Auferstehung und wird Brot für uns. Auch Hirsepflanzen sterben, versinken in die Erde, auferstehen und werden Brot für uns Menschen. Das will sagen: Abendmahl ist Leben.
(aus: Hans Domenig, Nimm das Jahr als Fest, © Verlag Ernst Kaufmann, Lahr 1985, Seite 37)

Einmal wird uns gewiß
die Rechnung präsentiert,
für den Sonnenschein
und das Rauschen der Blätter,
die sanften Maiglöckchen
und die dunklen Tannen,
für den Schnee und den Wind,
für den Vogelflug und das Gras,
und die Schmetterlinge,
für die Luft,
die wir geatmet haben
und den Blick auf die Sterne
und für alle die Tage,
die Abende und die Nächte.
Einmal wird es Zeit,
daß wir aufbrechen und bezahlen.
Bitte die Rechnung.
Doch wir haben sie
ohne den Wirt gemacht.
Ich habe euch eingeladen,
sagt der und lacht,
soweit die Erde reicht:
Es war mit ein Vergnügen!
(Lothar Zenetti, Sieben Farben hat das Licht, J. Pfeiffer Verlag, München 1987)

Karfreitag

Annäherungen an den Predigttext
2. Brief an die Gemeinde in Korinth 5,14 b–21

Joachim Schnell

Der Bibeltext wird von einer Frauengruppe mittleren Alters (ca. 12 Frauen zwischen 40 und 65 Jahren) besprochen. Die Gruppe trifft sich monatlich, ist aufgeschlossen und liberal, gestaltet den Dekadegottesdienst für Frauen und besucht manchmal gemeinsam Kunstausstellungen. Der Gruppe war *nicht* bekannt, daß es sich um den Predigttext für Karfreitag handelte.
Die Leiterin der Gruppe hatte aus dem Bibeltext willkürlich 10 Substantive und 10 Verben auf je einen Zettel geschrieben. Diese Zettel wurden auf die Mitte des Tisches gelegt, und jede Teilnehmerin nahm sich zu Beginn je einen Zettel mit einem Substantiv und einem Verb verbunden mit der Bitte, daraus einen Satz zu bilden, der mit »Ich« beginnt.
Die Teilnehmerinnen bilden folgende eigene Sätze:
1. Ich richte das Fleisch auf. 2. Soll ich jemanden ermahnen, der in Sünde lebt? 3. Das alte Ich ist gestorben. 4. Ich sehe meine Verantwortung in dieser Welt. 5. Ich gebe allen Kreaturen ihr Recht zu leben. 6. Ich bitte um Gerechtigkeit. 7. Ich finde es schwer, im Alter etwas Neues zu leben.
Nach diesem Einstieg wurde der Luthertext 1984 aus dem Lektionar vorgelesen.
1. Kommentar: »Chinesich«, verwirrend«, »unverständlich«, »noch einmal vorlesen«.
Der Text wird jetzt in der Übersetzung von Jörg Zink vorgelesen.
2. Kommentar: »Auch nicht klarer«, »Gibt es noch eine andere Übersetzung?«
Der Text wird aus »Die gute Nachricht« vorgelesen.
3. Kommentar: »Naja, nach dreimaligen Lesen ein bißchen kapiert«.
Daraufhin die Gruppenleiterin: »Wir wollen nun 'mal am Luthertext entlanggehen – egal was wir nun verstehen und wie weit wir kommen. Diesen Text würde ich nie für eine Besprechung auswählen, kannte ihn vorher auch nicht.«
Gesprächssplitter:
Frau A.: »Also ich stelle mir vor, daß einmal ein ›Jüngstes Gericht‹ nach dem Tode stattfindet.«

Frau B.: »Wie denn?«
Frau C.: »Es ist doch noch niemand zurückgekommen, wir wissen gar nicht, ob das stimmt, was wir glauben.«
Frau D.: »Wie das nun alles ist, weiß ich nicht, und ob das richtig ist, was ich glaube. Wenn ich in eine andere Kultur hineingeboren und aufgewachsen wäre, wäre die für mich richtig. Nun aber bin ich hier geboren und lebe hier und für mich ist das Christentum allein richtig.«
Allgemeine Zustimmung.
Frau E.: »Aber es geht hier doch gar nicht um Tod und Weiterleben nach dem Tode - wie sind wir bloß darauf gekommen?
Frau F.: »Weil in dem Text gleich zu Anfang die Worte ›gestorben‹ und ›auferstanden‹ stehen - damit verbindest du automatisch Tod und was dann?«
Frau C.: »Ich empfinde es als Zumutung, wenn hier gesagt wird: Wir sollen uns nicht ›selbst leben‹. Ich möchte schon mich selbst leben. Ich bin doch nicht Christus.«
Frau E.: »Wir sollen doch nur so leben wie Christus und nicht andere verurteilen, richten.«
Zwischenruf: »Himmel auf Erden!«
Frau F.: »Ich urteile schon menschlich, ich bin doch ein Mensch und kann nur aus meinem menschlichen Verstehen und Wissen urteilen.«

Zum Gottesdienst

Christof Karzig

Exegetisch-homiletische Skizze

Das Unvermögen in den »Annäherungen«, Paulus zu verstehen, oder die Unmöglichkeit treffen mich. Hielt ich doch diesen Abschnitt aus dem 2. Brief an die Gemeinde in Korinth für einen der Schlüsseltexte christlichen Glaubens. Irgendein Kirchentag fällt mir ein mit der Losung: »Laßt euch versöhnen mit Gott«. Könnte man diese heutzutage nicht mehr auswählen? Wo soviel von Versöhnung die Rede ist im ehemaligen Jugoslawien, noch immer in Südafrika, Korea, China/Taiwan, ja, wo diese so nötig ist sogar zwischen den beiden Deutschland - da springt eine christliche Gemeindegruppe auf dieses Stichwort nicht spontan an? Da ist nur Fremdheit und Unverständnis? Aber das ist denn wohl die Situation unserer Predigthörer! Damit muß ich mich auseinandersetzen, wenn ich mich mit meinem traditionellen Rüstzeug an die exegetisch-homiletische Skizze mache.
»Tag der Kreuzigung des Herrn. Karfreitag« steht in der Erneuerten Agende. Lesen wir die Epistel, so scheint das Thema des Festtages sofort

angeschlagen: »Wenn einer für alle gestorben ist ...« Ich plädiere dennoch dafür, mit dem ganzen Vers 14 zu beginnen, damit »alle« nicht nur abstrakt genannt sind, sondern das »Wir« schon am Anfang steht, auf das sich das »alle« im ganzen Text immer wieder zuspitzt: »Die Liebe Christi drängt *uns*«. Vgl. die Abfolge von V. 14 f. zu 15: »Darum kennen *wir* ...« V. 17 zu 18: »Das alles von Gott, der *uns* mit sich selber versöhnt hat ...« V. 19ab zu 19b.20: Gott versöhnte die Welt ... »und hat unter *uns* aufgerichtet das Wort ...« usw. Es geht in diesem Abschnitt sowieso ums ganze. Mitten in der Auseinandersetzung mit seinen Gegnern in Korinth, mitten im Ringen um »seine« Gemeinde diese Sätze von Gott und der Welt, von der neuen Schöpfung, von uns als Botschaftern an Christi Statt, von dem der zur Sünde gemacht wurde, so daß Martin Luther in seiner Galaterbrief-Vorlesung jene Sätze sagen konnte, die Iwand als »erstaunliches Zitat« an den Anfang seiner nicht minder erstaunlichen Meditation (übrigens nur zu V. 19–21!) setzt: »Die Sünden der ganzen Welt sind nicht dort, wo sie anschaulich sind und empfunden werden. Denn für die Theologie gibt es keine Sünde, keinen Tod in der Welt ... Die wahre Lehre besagt, daß in der Tat keine Sünde in der Welt ist, weil Christus die Sünde besiegt hat an seinem Leibe.« (H.-J. Iwand, Predigt-Meditationen, Göttingen 1966, Seite 547, ausführlicher Luthers Epistelauslegung, Band 4. Galaterbrief, herausgegeben von Hermann Kleinknecht zu 3,13, Seite 168 ff.) Es geht ums ganze: »Siehe, jetzt ist die Zeit der Gnade, siehe, jetzt ist der Tag des Heils« – Karfreitag 1998 oder wann immer wir das »Gott in Christo« predigen. Die Verse 6,1 f. sollten irgendwann in der Predigt hinzugenommen werden, auch wegen des »Gottes *ermahnt* durch uns« (V. 20) und »als Mitarbeiter *ermahnen* wir euch« (V. 1) (Vgl. Lang, ATD z. St.).
»Einer für alle gestorben« (V. 14) – das Thema des Karfreitags? Wir haben unsere Probleme mit dem »für«, griechisch »hypér«, das im übrigen in dem Abschnitt häufiger vorkommt, als unsere deutsche Übersetzung noch erkennen läßt. »Für uns zur Sünde gemacht« (V. 21) – dasselbe Problem wie in V. 14, wie Kurt Marti assoziiert: »daß ich die juristische Metaphysik des Paulus mit ihrer Genugtuungslehre, wo geschuldet wird und bezahlt werden muß, nicht nachvollziehen kann.« (Assoziation, Band 2, Stuttgart 1979, Seite 86). Umso mehr war ich erstaunt, als ich – enttäuscht von den »Annäherungen«, s. o. – meinem Kreiskirchenrat den Text las und jede(n) um eine Assoziation auf einem Zettel bat und unabhängig voneinander auf zweien von den zwölf Zetteln fand: »einer für alle – alle für einen« und auf dem einen Zettel noch dazu: »so entsteht Solidarität«. Vielleicht ist dieses Stichwort zuerst einmal hilfreicher als »Versöhnung«. Denn jetzt kann ich das »für alle/sie« der VV. 14.15 zusammensehen mit dem doppelten »für/hypér« von V. 20, das Luther übersetzt mit »an Christi Statt«. Wie Christus an unserer Statt gestorben ist und wir deshalb nicht uns selbst leben müssen und in der Einsamkeit moderner Selbstverwirklichung untergehen, so stiften wir Gemeinschaft, oder mit Paulus präziser gesagt »Versöhnung«,

indem wir das »für uns« Christi am Kreuz als seine Botschafter, also für ihn, weitertragen zu unseren Mitmenschen. Aus dem »für alle« bzw. »für uns« des Christus vom Anfang unseres Abschnittes wird am Ende unser »für Christus«: »Christus hat keine Hände ... Christus hat keine Lippen, nur unsere Lippen, um Menschen von ihm zu erzählen ...«.
Kann man aber das Heilsereignis des Karfreitags so eng zuordnen, so parallel sehen mit unserm Handeln, unserer Verkündigung? Da ist die mehrfache wiederholte Aussage der VV. 18–20, daß Gottes Versöhnungswerk seine Entsprechung findet, seine Fortsetzung findet - ich sage das so angriffig - in unserer »diakonia« der Versöhnung, was Luther, für uns heute mißverständlich, übersetzte: »das Amt«; allerdings hat er dann richtig weiter übersetzt: »das die Versöhnung predigt«, denn später heißt es kurz »das *Wort* von der Versöhnung«. Fortsetzung? Zweierlei ist dringend festzuhalten, damit nicht die Gewichte theologisch unzulässig verschoben werden: »Das alles von Gott.« »Dies Werk der Versöhnung ist ganz und gar Gottes eigenes Werk. ›Paulus wagt hier eine gewaltige Paradoxie. Sonst muß nach dem Glauben aller Welt die Gottheit durch das Opfer versöhnt werden, und umgestimmt. Hier aber, in Christus, offenbart sich eine Gottheit, die in unbegreiflicher Gnade selbst das Versöhnungsopfer stellt. Er ist der Versöhner und wird doch selbst versöhnt, beides in einer wunderbaren Einheit‹ (Bousset) ... Das letzte Geheimnis Gottes ist identisch geworden mit dem Geheimnis der Hingabe Jesu Christi, seines Ganges in den Tod. Wer Gott nicht in dem Christus crucifixus findet, der hat ihn noch nie auch nur von ferne geahnt oder begriffen. Das ist der Obersatz für alles weitere.« (Iwand a. a. O. 551). Gott ist bei diesem Versöhnungswerk der allein Handelnde. »Das alles von Gott.« Das ist das eine.
Das andere mit Walter Fürst: »Im Versöhnungsruf greift die vollständige geschehene Versöhnung (ich ergänze: wie das Iwand-Zitat feststellt) nach dem versöhnten Menschen, will sie für ihn und an ihm wirksam werden. Eben die Versöhnten werden aufgefordert, eingeladen, ›überredet‹, ihre jetzt grundlos gewordene Feindschaft gegen Gott aufzugeben und nicht länger in ihr zu verharren. Gollwitzer erinnert an die japanischen Soldaten, die - in einem Falle erst nach Jahren - durch die Mitteilung des ihnen bis dahin nicht bekannten Waffenstillstandes aus ihrem Kriegszustand, der längst anachronistisch geworden war, erlöst wurden. Die hohe Bedeutung der Unentbehrlichkeit der Verkündigung wird dadurch ebenso klar wie die Unmöglichkeit, die Botschaft mit der Sache gleichzusetzen oder als deren Verlängerung anzusehen.« (GPM 24/2, Göttingen 1970, Seite 182)
Die neue Schöpfung (Gottes - wessen sonst?), die Weltversöhnung Gottes, die Gerechtigkeit Gottes (V. 21) - diese allumfassenden Aussagen werden immer wieder konkretisiert zu *unserem* Dienst der Versöhnung, zu dem *uns* aufgerichteten Wort von der Versöhnung, für das »*wir* nun Botschafter« sind. Aber unser Dienst dient dann doch wieder allein der allumfassenden Tat Gottes: *Gott* ermahnt durch uns, wir bitten: Laßt euch versöhnen mit

Gott! Und so heißt es dann folgerichtig in 6.1: »als Mitarbeiter (Gottes, vgl. 1. Korinther 3,9) aber *ermahnen* wir«, d. h. wir tun dasselbe wie Gott nach V. 20.
Nach dieser Konzentration auf die Verse 17–20 noch einmal zurück zu V. 14 f. und 21. Sie sind sachlich die Voraussetzung zu den Versen, die sie umschließen, so wie »Sühne« sprachlich die Voraussetzung zu »Versöhnung« ist, auch wenn wir das nicht mehr mithören. Aber wir brauchen das auch nicht mehr mitzuhören, denn auch das Opfer, das hinter dem »einer für alle« steht, ist für Christen keine religiöse Möglichkeit oder Notwendigkeit mehr wie schon für die alttestamentliche Prophetie (auch wenn das vergessen und z. B. aus Eucharistie und Kommunion Meßopfer werden kann). Von daher ist die Liebe Christi zu predigen, die uns drängt, ist unser »nicht sich selbst leben« als »Christus lebt in mir« zu predigen, »der mich geliebt hat und sich selbst für mich dahingegeben« (Galater 2,20). Thema des Karfreitags ist der Gekreuzigte, der *lebt* mitten in der Welt des Todes. »Der Tod Jesu wird verkündigt, weil Jesus Christus lebt.« (Zum Verständnis des Todes Jesu. Stellungnahme des Theologischen Ausschusses der EKU, Gütersloh 1968)

Vorschläge zur Liturgie

Die erneuerte Agende bietet (Seite 127 ff.) eine besondere Form des Gottesdienstes am Karfreitag (und Bußtag), die man nutzen sollte, die allerdings auch eine besondere Vorbereitung verlangt, z. B. die Entscheidung, welche Form eines entfalteten Kyrie (Variante A2 der EA, Seite 100) man gebraucht oder gar hier schon die Karfreitagslitanei (Seite 574 ff.). Reizvoll finde ich das Vaterunser schon am Anfang des Gottesdienstes und die Offene Schuld nach der Predigt (Seite 128, 130). Beim Kyrie-Gesang werden der aus Taizé oder der Ukraine (EA Seite 683 f., Nr. 15 und 17, bzw. EG 178.12 und 178.9) immer gebräuchlicher. Andererseits fördert es m. E. auch das liturgische Verständnis, wenn man das Kyrie »entfaltet« und dabei den traditionellen Wechselgesang beibehält und »anreichert«.

Lieder
Wir danken dir, Herr Jesu Christ (EG 79); Herzliebster Jesu (EG 81); O Haupt voll Blut und Wunden (EG 85); Lied des Tages: Ein Lämmlein (EG 83) oder (weniger bekannt, aber durchaus eine Alternative zu Paul Gerhardt) Christi, du Schöpfer aller Welt (EG 92); nach der Predigt: Ist Gott für mich (EG 351); zum Abendmahl: Das Wort geht von dem Vater aus (EG 223) (Melodie wie 79 - ich halte solche Wiederholungen für reizvoll); zum Beschluß: Die Welt, die mag zerbrechen / Mein Herze geht in Sprüngen (EG 351,11–13) oder: Bewahre uns Gott (EG 171).

Psalm 22 sollte im Wechsel gebetet werden, aber »vollständig«: EG 709 *und* 710, entsprechend der Empfehlung des Liturgischen Kalenders, EG 954.

Die *Fürbitte* sollte möglichst von mehreren Sprechern gebetet werden:

Herr, unser Gott, Du bist gekommen,
um zu suchen, was verloren ist,
um uns zu befreien, die in Schuld und Angst gefangen sind.
Wir danken Dir, daß Du uns in Ewigkeit liebst.
Laß die Kraft der Auferstehung unsere kalten Herzen beleben.

Unter dem Kreuz Jesu bitten wir heute
für Deine Kirche auf der weiten Welt,
daß sie Zeichen der Versöhnung aufrichtet,
wo Menschen einander bekämpfen.
Laß Deine Kirche Hoffnung ausstrahlen,
die dem Tode gewachsen ist,
Hoffnung, die die Schwermut besiegt,
Hoffnung, die Verzweiflung erträgt,
Hoffnung, die die Einsamkeit aushält.

Unter dem Kreuz Jesu bitten wir heute
für die Politiker in Stadt und Land,
daß sie ihre Macht nicht zu Unrecht treibt;
bitten für alle Verfolgten, Verfemten und Geschundenen,
daß ihre Würde ihnen zurückgegeben wird;
bitten für die Opfer von Krieg und Rassenwahn,
daß ihr Opfer schließlich zur Besinnung verhilft
und wenigstens Du sie nicht vergißt.

Unter dem Kreuz Jesu bitten wir heute
für die Menschen, die dem Bösen verfallen sind,
bitten für alle, die Haß und Streit säen,
bitten für alle, die, von Bitterkeit erfüllt,
nicht vergeben können,
bitten für alle, die, vom Überfluß verführt,
nichts verschenken können.

Unter dem Kreuz Jesu bitten wir heute
für alle, die einen teuren Menschen verloren haben,
für die Einsamen und Verzweifelten,
bitten für alle, die nichts mehr vom Leben erwarten,
bitten für alle, denen niemand zuhört,
bitten für die Kranken und Sterbenden unter uns.

Du bist unser Leben und Dir verdanken wir es,
daß das Leben stärker ist als der Tod.

Laß uns mit offenen Augen in dieser Welt des Todes
Deine ewige Liebe entdecken, zu der Jesus uns drängt,
Jesus, Dein Sohn, dessen Leben durch den Tod nicht korrigiert,
dessen Liebe durch den Tod nicht widerlegt wurde,
der sich noch im Tode der Liebe opferte
und so die Macht des Todes zerbrach. Amen.

(Nach H.C. Knuth [Hrsg.], Höre uns, Herr, Neue Kollekten- und Kirchengebete, Gütersloh 1982, Seite 66.71 f.)

Wird das Coventry-Beispiel des Predigtentwurfs aufgegriffen, kann das dortige Friedensgebet als Fürbitte am Karfreitag genommen werden, EG 828.

Vorschlag zur Predigt

»Zur Ehre Gottes verbrannte diese Kathedrale« - könnten Sie sich vorstellen, solch ein Schild stünde an der Ruine dieser unserer 750 Jahre alten Klosterkirche, wenn sie denn abgebrannt *wäre*? Und ihre beiden Türme wären nicht mehr das Symbol Neuruppins, sondern Symbol wäre eine Ruine? Nun *gibt* es aber diesen Satz, und er ist für mich das stärkste, ja fast unbegreifliche Beispiel für den anderen Satz »Gott war in Christus und versöhnte die Welt mit sich selber und rechnete ihnen ihre Sünden nicht zu und hat unter uns aufgerichtet das Wort von der Versöhnung«.
Am 14./15. November 1940 wurde die mittelenglische Stadt Coventry von deutschen Bombern so sehr zerstört, daß die nationalsozialistische Propaganda das Wort »coventrieren« prägte, um auszudrücken, wie man der Welt die deutsche Vernichtungskraft demonstrieren könne. Und diesem Angriff fiel auch die gotische Kathedrale von Coventry zum Opfer. Aber schon zu Weihnachten 1940 rief der Propst der Kathedrale über den Rundfunk zur *Versöhnung* auf, und zwar aus Anlaß der *Zerstörung* seiner Kirche. Sodann ließ er in die stehengebliebenen Chorwände die Worte einmeißelnd: »FATHER FORGIVE« / »Vater, vergib«, nach denen dann jenes berühmte Gebet entstanden ist, das als Friedensgebet dort jeden Freitag Mittag gebetet wird – es steht jetzt in unserem Gesangbuch Nr. 828 unter der Überschrift »Frieden«; wir werden es nachher als Fürbitte beten. Denn das, wofür darin um Vergebung gebetet wird, sind genau die Probleme, die unsere Fürbitte nötig haben, bis heute! Solche Zerstörung, solche Kriege sind nicht nur furchtbar für die davon betroffenen Menschen, sondern solche Feindschaft richtet sich vor allem gegen Gott! Denn - so wird dann die Weltkirchenkonferenz von Amsterdam 1948 formulieren, »Krieg soll *nach Gottes Willen* nicht sein!« Aber, wie gesagt, das für mich stärkste, ja fast unbegreifliche Beispiel für die Versöhnung, die von Coventry ausgehen soll, ist jener Satz

in der neuerbauten Kathedrale »TO THE GLORY OF GOD THIS CATHEDRAL BURNT« - zur *Ehre Gottes* brannte diese Kathedrale ab. Das ist das Wort von der Versöhnung, das Paulus meint, so kann man nur sprechen auf der Basis der Versöhnung, mit der Gott die Welt mit sich selbst versöhnte. So kann man nur bitten an Christi Statt, als Botschafter an Christi statt, wenn *Gott selbst* durch uns ermahnt: »Laßt euch versöhnen mit Gott!« Das ist die Botschaft, die vom Kreuz Christi ausgeht, von dem, der als Gekreuzigter selbst gebetet hat für seine Henker und alle, die da herumstanden: »Vater, vergib ihnen, denn sie wissen nicht, was sie tun!«

»To the glory of God this Cathedral burnt« - wahrhaftig, Gott wird in jedem geehrt, der die Versöhnung von ihm annimmt. Und diese können wir, auch wenn es Gottes dringende Mahnung ist, nur als Bitte weitergeben. Und wie das bei Bitten so ist: Sie können befolgt werden oder nicht. Wir alle wissen, der Krieg ging weiter, und die Bomber kamen nun noch mehr in der umgekehrten Richtung, bis hin zur Zerstörung z. B. Dresdens im Feuersturm auch nur einer Nacht, vom 13/14. 2. 1945. Dann bald endlich das Ende ... Stellen wir uns vor, die Vergebungsbitte aus Coventry wäre Weihnachten 1940 gehört worden ...

Aber es ist diese Welt, die die Versöhnung durch Gott braucht! Nicht *Gott* muß versöhnt werden, sondern die Welt. Oder genauer: Um dieser Welt willen muß Gott sie mit sich selbst versöhnen. Müßte er nicht an ihr verzweifeln - bis heute?

Von daher ist jener Satz: Gott versöhnte die Welt mit sich selber, diese Welt, für die Coventry und Dresden und Hiroshima ja nur Beispiele sind, die heutzutage leicht vermehrt werden können um Srebenica und Kigali in Ruanda oder seit dieser Woche wieder Londonderry, Belfast usw. - noch einmal, dieser Satz: »Gott war in Christus und versöhnte die *Welt* mit sich selber« ist ebenso fast unbegreiflich wie jener von der zur Ehre dieses unglaublich vergebungsbereiten Gottes zerstörten Kathedrale. Oder wie ist das mit uns selbst?

Im zweiten Teil der Predigt sollte dann auf den einzelnen eingegangen werden und die Verse 14 f.21 bedacht werden, z. B. unter Verwendung des Lutherzitats, das Iwand bringt.

Drei Zitate vom Kirchentag 1956 in Frankfurt mit der Losung: »Laßt Euch versöhnen mit Gott«:

Von Tadden-Trieglaff: Unter dieser Losung »wurden die Teilnehmer nicht zu den Platituden einer allgemeinen bürgerlichen Verträglichkeit ermahnt, sondern durften Kenntnis nehmen von Gottes unbegreiflichem Erbarmen, das sich in Jesus Christus offenbart«.

Heinrich Giesen: »Wir haben uns also nicht zu versöhnen, sondern wir haben uns versöhnen zu lassen. Gott versöhnt uns. Darum haben wir keine Opferaltäre und suchen Gott nicht günstig zu stimmen. Wir tun nichts

anderes, als staunend dem nachzudenken, daß Gott in Christus unter uns ist und die Welt mit sich versöhnt hat.«
Bildunterschrift unter einem Foto: »Der stellvertretende Ministerpräsident der DDR. Nuschke, im Gedränge des Kirchentages. Trotz aller Spannungen kam er zum Kirchentag.« Da hatte er auch den Satz des Schlußwortes anzuhören: »Zu der ersehnten Wiedervereinigung haben wir neue Zuversicht gewonnen.« Das war 1956 ...

Predigtschluß
Ich sage ja auch in der Predigt mehr, als ich selbst glauben kann. Ich werde ja, wie Sie alle, sterben und möchte das nicht und fürchte mich. Aber entweder *sind* wir nun *getauft* und *haben* damit das *ewige Leben* und *sind* Gottes *neue Schöpfung*, oder unser ganzes Christsein ist umsonst für unser Leben. Und, liebe Gemeinde, wenn es selbst so wäre, alles umsonst, und wenn ich unsere Gemeinde und Kirche so ansehe, wenn ich mich selbst so ansehe, dann scheint das ja zu stimmen. Aber dann gerade gilt uns das: Laßt Euch doch endlich bitten, an Christi Statt bitten: Laßt Euch versöhnen mit Gott! Wir mit unsern Schwächen und Fehlern, wir mit unsern Sünden und Süchten, wir alten Madensäcke, würde Luther sagen, sterblich und voller Sterbensangst - wir sind neue Schöpfung Gottes. Das Alte ist vergangen! Amen.

Kontexte

Für den anderen

30. Juli 1941.
Im Block 14 des Konzentrationslagers Auschwitz sind die Gefangenen zum täglichen Appell angetreten. Einer der Männer fehlt. Er ist ausgebrochen. Der Lagerführer tobt. Dafür werden die anderen Häftlinge büßen. Wahllos sucht er zwanzig von ihnen aus. Sie müssen sich in einer Reihe aufstellen. Sie sind zum Tode verurteilt. Man wird ihnen so lange nichts mehr zu essen geben, bis sie verhungert sind.
Da tritt plötzlich einer der Häftlinge vor den Kommandanten.
»Erlauben Sie mir, für einen dieser Verurteilten zu sterben?« -
»Für welchen?« -
»Für den dort.« -
»Weshalb« -
»Er hat eine Frau und Kinder. - Ich bin alt, und mein Leben taugt nicht mehr viel.«
Und der Lagerführer läßt wirklich die Plätze tauschen. Der Familienvater tritt in die Gruppe zurück, und der andere - er heißt Pater Maximilian Kolbe - geht an seiner Stelle in den Hungerbunker.
Er lebt noch zwei Wochen.
Dann stirbt er - am 14. August 1941 - für den anderen.
(Rommel/Schmeißer, Kinder- und Familiengottesdienst, Passion, Ostern, Pfingsten. Christophorus-Verlag, Freiburg, 2. Auflage 1975, Seite 88)

Ostersonntag

Annäherungen an den Predigttext
1. Brief an die Gemeinde in Korinth 15,1-11

Hannes-Dietrich Kastner, Karin Weissenborn

Paulus nennt Jakobus, Kephas und Johannes einmal »Säulen« der Gemeinde (Gal 2,9). Ich vermute, daß es solche »Säulen« zu allen Zeiten gibt. Bei der Annäherung an einen der großen Ostertexte lockt es mich, einen Menschen zu befragen, der mir wie eine solche »Säule« der Gemeinde vorkommt.
Zu Beginn der Adventszeit 1995 frage ich also bei der Kirchenvorsteherin Karin Weissenborn an. Sie ist die Älteste in unserem Kirchenvorstand (Jahrgang 1918), aber in ihrem Denken eine der Jüngsten. Ich frage sie, ob sie einmal Rückschau halten mag, um anderen zu berichten, wie sie diesen Text über die Jahre hin vernommen hat. Sie verfaßte ein tagebuchartiges Lebenszeugnis zu 1. Korinther 15,1-11.

29. 11. 1995
Die Frage, ob ich etwas zu diesem Text schreiben möchte, sprach mich an und ich sagte gerne, wenn es auch etwas zögerlich war, zu. In Gedanken bewegte sich einiges, aber ich wollte die Gelegenheit erst mal überschlafen und dann weiter sehen.

30. 11. 1995
Mancher wird sich fragen, wie kann man sich in der Adventszeit zu Ostern äußern? Natürlich kann man! Wenn ich in mich schaue, so wird mir klar, daß Ostern in meinem ganzen langen Leben *die* entscheidende Rolle gespielt hat und noch spielt.
Schon als Kind und junger Mensch habe ich in meinem aufgeschlossenen, liberalen Elternhaus gehört und erfahren, daß Kreuz und Auferstehung unauflöslich mit Weihnachten zusammengedacht und geglaubt wurden. Das war natürlich schwer zu begreifen als Kind, aber das »Vor-Leben« hat mich geprägt und 1932 - mit vierzehn Jahren - fing ich an, mir eigene Gedanken zu machen, manches anzufechten, - vielleicht auch in Opposition zu gehen, wie es in dem Alter eben ist.

Es kamen die schlimmen Jahre des Nationalsozialismus, in denen mein Vater (Pfarrer der Bekennenden Kirche in Wuppertal) mehrmals im Gefängnis saß. Da waren nicht nur Sorgen und Ängste um ihn, sondern auch um uns, mich selbst. Wie erträgst du dieses Unrecht, wie kannst du einen geraden Weg gehen, wie wirst du stark und kannst dich dem Unheil entgegenstellen? Viele Fragen bedrängten mich und bereiten mir auch heute immer wieder Not. Eine Selbstdarstellung fällt mir schwer. Mal sehen, ob ich morgen weiterkomme oder lieber abbreche.
»Ich erinnere euch aber an das Evangelium, durch das ihr selig werdet, wenn ihr's festhaltet ...«

2.12.1995
Ich wage den Versuch und mache weiter.
In den unruhigen Jahren von 1936 bis 1945 habe ich versucht, mich an der Kirche (BK), an Christen oder solchen Menschen zu orientieren, die »auf dem Wege waren« und habe mich immer wieder endlos mit ihnen ausgetauscht. Die Bibel war der treueste Begleiter, trotz mancher Zweifel und Rückschläge. Denn es gab Erlebnisse und schlimme Begegnungen, die mich in meiner Suche nach Gott empörten und zurückwarfen. Jeden Tag begann ich von Neuem, den richtigen Weg zu suchen.
Das Evangelium anzunehmen und die Auferstehung Christi zu glauben, sind zweierlei Dinge. Das Mühen alleine führt nicht zum Ziel, auch wenn Mühe dazu gehört.
»Denn als erstes habe ich euch weitergegeben, was auch ich empfangen habe ...«
Es war eine aufregende Zeit! In die Kirche kam immer mehr Bewegung. Das zwang auch mich dazu, nicht nur zu den politischen Ereignissen Stellung zu nehmen, sondern auch über die *Aufgabe* als Christ intensiv nachzudenken.
In dieser Zeit lernte ich zu warten – und – zu hoffen. Irgendwie trug mich eine Sicherheit, daß Gottes Gnade sich mir zuneigen würde. Ich kann beinahe die Zeit nennen, in der mir »das Licht aufging«.
»Zuletzt von allen ist er auch mir als einer unzeitigen Geburt gesehen worden. Denn ich bin der geringste unter den Aposteln, der ich nicht wert bin, daß ich ein Apostel heiße ... Aber durch Gottes Gnade bin ich, was ich bin.«
Im Herbst 1944 wurde ich nach einer Hausdurchsuchung in ein ehemals polnisches Gebiet strafversetzt, um dort mit angesiedelten Deutschen und Polen, die dort seßhaft waren, in der Landwirtschaft zu arbeiten. Die Deutschen waren z. T. unerträglich, weil linientreu – aber die Polen waren durch Not und Verfolgung Menschen geblieben und darum Brüder und Schwestern. Sie trugen ihre Frömmigkeit nicht nur in die Kirche, sondern standen auch im Alltag zu ihrem Glauben und bekannten ihn. Die Gemeinschaft mit ihnen wurde mir eine Hilfe und die Strafversetzung somit ein Gewinn. »Durch Gottes Gnade bin ich, was ich bin.«

»Ich habe euch weitergegeben, was ich auch empfangen habe: daß Christus gestorben ist für unsere Sünden nach der Schrift; und daß er begraben worden ist; und daß er auferstanden ist am dritten Tage nach der Schrift ... Durch Gottes Gnade bin ich, was ich bin ...«
Dieses Bekenntnis hat mich auch durch mein weiteres Leben geleitet, und ich bitte, daß ich bis ans Ende Zeugnis davon ablegen kann, daß Führung durch den Geist und die Hingabe im Vertrauen nicht fehlen.
Eins stelle ich immer wieder fest: Die Fragen und manche Zweifel werden im Alter nicht weniger bedrängend. Die Lasten eines langen Lebens sind nicht leicht zu tragen. Doch ich weiß, daß sie Einer mit mir trägt. Das macht mich getrost und froh!
Dies ist weder ein vollkommener noch ein dramatischer Bericht, sondern nur eine kleine Rückschau, zu der mich das Zeugnis des Paulus angeregt hat. Es ist meine Rückschau. Sie ist denkbar einfach - und ich stehe dazu.

Zum Gottesdienst

Albert Damblon

Exegetisch-homiletische Skizze

In der Einladung zur Mitarbeit schrieb Erhard Domay: »Wir beginnen eine schwierige Perikopenreihe«. Da ich katholischer Theologie bin, kenne ich nicht die evangelische Leseordnung. Als ich dann meinen Auftrag las, den Ostertext des ersten Briefes an die Gemeinde in Korinth zu bearbeiten, schluckte ich, weil gerade diese Stelle und das Osterfest den Schwierigkeitsgrad steigern. Jedes Jahr kostet mich die Predigt für die Osternacht die meiste Zeit. Aber die Ostergeschichten der Evangelien scheinen noch »harmlos« zu sein im Verhältnis zu dem, was Paulus über die Auferstehung an die Schwestern und Brüder in Korinth schreibt. Zumindest meinte ich das, ohne es beweisen zu können. Ich erinnerte mich an mein Studium, in dem mir 1. Kor 15,3-5 als das älteste Osterzeugnis nahe gebracht wurde. Gleichzeitig hörte ich auch die Seitenhiebe wieder, mit denen der katholische Exeget auf den evangelischen Willi Marxsen einschlug. Die Historizität der Auferweckung stand zur Debatte. Damals hatte ich die Suche nach der Lösung verdrängt, jetzt holte sie mich wieder ein. Die Kontroverse um Gerd Lüdemann tat ein übriges, um meine Ängste zu verstärken.
1. Kor ist wahrscheinlich zwischen 54 und 57 an eine Gemeinde geschrieben worden, die der Autor Paulus erst einige Jahre vorher (50 bis 52) gegründet hatte. Die Chronologie ergibt sich aus der zweiten und dritten Missionsreise des Apostels, wie sie die Apostelgeschichte aufgezeichnet

hat. Das Kapitel 15 behandelt eine Irrlehre, welche die allgemeine Auferstehung der Toten leugnet. Weil die Auseinandersetzung erst in Vers 12 beginnt, berührt sie nicht direkt unsere Perikope, obwohl sie das argumentative Fundament bildet. Die Verse 1 bis 11 legen den Grund, ein gemeinsames Glaubensgut, das vielleicht den Gemeindemitgliedern nicht mehr präsent war. Deshalb hält Paulus den Ursprungsglauben der Gemeinde an die Auferstehung Jesu Christi ausdrücklich fest: »Das ist der Glaube, den ihr angenommen habt« (11). Unsere Osterperikope ist also in Korinth unumstritten, so daß sie keines Beweises, höchstens einer Bestätigung bedurfte. Dagegen steht das Lebensgefühl unserer Zeit, für die das Ostergeschehen nicht selbstverständlich ist. Für meine Zeitgenossen wird 1. Kor 15,1-11 zur Apologie von Auferstehung überhaupt. Viele können sich heute überhaupt nicht vorstellen, daß der gekreuzigte Jesus nach drei Tagen Grabesruhe zu neuem Leben auferstanden sein soll. Der Sitz im Leben für meine Osterpredigt ist also ein ganz anderer als der Sitz im Leben für den Briefschreiber Paulus.
Gliedert man die Stelle, so ergibt sich aus Einleitung (1-3 a) und Schluß (11) ein Rahmen für drei Abschnitte: 1. für das älteste Osterzeugnis (3 b-5), 2. für die Nennung der ersten Osterzeugen (5-8 und 3. für die Zeugenschaft des Paulus (8-10). Die Eingangsverse knüpfen nicht an eine Frage an, die die Gemeinde an Paulus gestellt hat. Unvermittelt steigt er mit einer Erinnerung an das Evangelium ein, das er tatsächlich als Grundlage beschreibt. Da der Apostel aber »erinnert«, muß das, was er schreibt, in Korinth bekannt gewesen sein, eben der Glaube, den die Gemeinde nach der Bekehrung angenommen hat (vgl. 1 b und 11). Paulus insistiert auf den genauen Wortlaut der Glaubensformel, um das Erinnerungsvermögen der Glaubenden zu provozieren und ihre innere Zustimmung zu stärken. In rabbinischem Sprachgebrauch (»überliefern« und »empfangen«) leitet er das Zitat ein, das zu den ältesten Glaubensbekenntnissen des Christentums zählt. Für den erweiterten Text (3-8) nimmt Gerd Lüdemann die Entstehungszeit zwischen 30 und 33 n. Chr. an, »weil nämlich die Erscheinung vor Paulus die letzte der Erscheinungen darstellt und nicht später als 33 n. Chr. zu datieren ist.« Wie nah rückt unsere Stelle an das historische Todesdatum Jesu heran! Weil die Erscheinung vor Paulus in der Exegese als eine Hinzufügung zu dem Credosatz gilt, hat sich der Schnitt an den Stellen 3 b und 5 letztlich durchgesetzt. Formale Indizien sprechen für diese Grenzen. Z. B. enthält der Abschnitt vier Verben, die paarweise zugeordnet sind, »so daß zwei Kurzstrophen entstehen, deren längere erste Zeile jeweils mit einem Hinweis auf die Schriftgemäßheit des Heilsgeschehen endet, während die kürzere zweite Zeile als Bestätigung dient. Dieser nicht ganz vollkommen durchgeführte parallele Aufbau wird überlagert von der dreimaligen Anreihung mit ›und‹, die den Eindruck von sukzessiven Etappen eines Geschehen erweckt« (H. J. Klauck). Solche Formeln prägen sich nur in beständiger liturgischer Wiederholung aus. Was Paulus zitiert, ist

also Liturgie, deren Entwicklung sich bis nach Antiochien, vielleicht sogar bis nach Jerusalem zurückverfolgen läßt. Für eine Entstehung im Gottesdienst spricht der Gedanke der stellvertretenden Sühne, der in der Abendmahlstradition wurzelt. Die gesamte Aussage wird zweimal an die Schrift zurückgebunden, d.h. die Überlieferung des Paulus an Korinth mißt sich an der Überlieferung der Heiligen Schriften. Ohne zu kaschieren, bestätigt die Formel, daß Christus gestorben und begraben worden ist. Sein Sterben war endgültig und ist durch nichts zu verharmlosen. Gegen diese Realität setzt Paulus das schriftgemäße Bekenntnis der Auferweckung am dritten Tag. Nach der Exegese ist der dritte Tag keine historische Angabe, sondern eine schriftgelehrte Reflexion. »Als Bezugsstelle der Wendung ›nach den Schriften‹ (1 Kor 15,4) kommt vor allem Hos 6,2 in Frage ... Jahwe ›wird uns gesund machen nach zwei Tagen, am dritten Tag werden wir auferstehen und vor ihm leben‹. Im Judentum wurde offenbar diese Hoseastelle benutzt, um das Datum der eschatologischen Totenauferweckung zu erschließen.« (G. Lüdemann) Nach theologischem Denken greift Gott auf jeden Fall am dritten Tag ein. Die Tradition vom leeren Grab erscheint nicht, und Paulus schweigt darüber. Die Erscheinungen des Auferweckten - im theologischen Passiv formuliert: Er wurde durch Gott dem Kephas sichtbar gemacht, Gott hat ihn Kephas sehen lassen, - sind als Zeugnis viel wichtiger, indem sie wieder an alttestamentliche Vorbilder anknüpfen. Eindeutig erfährt Petrus zuerst, daß der Herr auferweckt worden ist. Ihm folgen die Zwölf, danach die fünfhundert Jünger, von denen einige die Ostererscheinung noch bezeugen können. Erst dann kommt Jakobus und die Apostel an die Reihe, und an letzter Stelle steht Paulus. Trotz aller übertriebenen Bescheidenheit, hinter der sich der selbstbewußte Apostel verbirgt (VV 8 und 9), gehört er in die Reihe der Auserwählten, von denen nur drei namentlich genannt werden: Kephas - Jakobus - und er selbst. Mögen böse Zungen Paulus als »Mißgeburt« beschimpfen, die Autorität eines Osterzeugen kann ihm keiner streitig machen. Er »weiß sich im Blick auf das gemeinsame Credo in Einklang mit allen maßgeblichen Autoritäten des Urchristentums.« (H.J. Klauck) Wie die Erscheinungen zu deuten sind, bleibt in der Exegese umstritten. Am weitesten geht, meiner Meinung nach, Gerd Lüdemann, der sie als einen wichtigen Schritt in der Trauerarbeit der Jünger erklärt. Mir dagegen sagt Günter Schiwys Interpretation mehr zu: »Dieses ›Erscheinen‹ ist im Sinne der Urkirche weder als Traumgesicht ... noch als ekstatisches Erleben ... und auch nicht als bloß innerlich und subjektive Vision (im modernen Verständnis) verstanden worden, sondern als eine Begegnung, in der sich der Totgeglaubte als ein in Leiblichkeit (wenn auch in verwandelter) Existierender gleichsam ›aufgedrängt‹ hat. Diese Erfahrung war für die Zeugen von so intensiver und auch eindeutiger (was die Interpretation des Widerfahrnisses angeht) Wirklichkeit, daß es ihr Leben verwandelte und sie zu Verkündigern der

Auferstehung Jesu in ein neues leibhaftes Menschenleben machte, das den Tod nicht mehr kennt.«
Vielleicht läßt sich meine persönliche Ostersehnsucht nicht mit historisch-kritischer Exegese abspeisen. Vielleicht schließe ich meine Augen vor den Fakten, die 1 Kor 15,1-11 hergibt. Aber ich meine nach wie vor, daß ich Ostern für mein Leben brauche. Dieses Empfinden drückt der Text der »Annäherungen« aus. Die Autorin beschreibt, wie Ostern »in ihrem langen Leben die entscheidende Rolle gespielt hat«. Mir fehlt ihre Klarheit, denn ich spüre in mir eine Ambivalenz der Hoffnung, die einerseits nur bis Karfreitag reicht und die andererseits den Ostersonntag auf keinen Fall missen möchte. Mehr als die Exegese hat mir ein Text von Johann B. Metz geholfen, meine Sehnsucht mit der Realität in Einklang zu bringen. »Ostern, die Erfahrung, daß er lebt und wir in seinen neuen Leben eine Zukunft haben, ist nicht für alle zur gleichen Stunde. Es gilt, auf diese Ungleichzeitigkeit der Ostererfahrung von vornherein zu achten, damit wir uns nicht über uns selbst und über andere täuschen. Als Kephas oder die Frauen schon vom Glanze dieses neuen Lebens berührt und getroffen waren, herrschte für die anderen, die Zwölf und die vielen Namenslosen, noch die Gottesfinsternis des Karfreitags.« Es stimmt, die Exegese betont viel zu wenig das zeitliche Nacheinander der Erscheinungen: zuerst - dann - danach - als letztem. Vielleicht war Paulus gar nicht der letzte, dem der Auferstandene erscheint. Vielleicht leben viele von uns in der »Gottesfinsternis des Karfreitags« und warten auf ihre Erfahrung des Ostersonntags. Ich merke, wie dieser Gedanke zum Impuls für die Predigt wird.

Benutzte Literatur:
H.J. Klauck, 1. Korintherbrief - Die Neue Echter Bibel 7, Würzburg 1984;
G. Lüdemann, Die Auferstehung Jesu, Stuttgart 1994;
J.B. Metz, Ostern als Erfahrung in: F. Kamphaus, J.B. Metz, E. Zenger, Gott der Lebenden und der Toten, Mainz 1976;
G. Schiwy, Weg ins Neue Testament 3, Würzburg 1968.

Vorschläge zur Liturgie

Eine brennende Osterkerze sollte vor dem Altar stehen. Ihr Ständer ist mit frischen Blumen geschmückt. Ich gehe von einem *Abendmahlsgottesdienst* aus.

Vorschlag für die Begrüßung
Ich begrüße Sie zu unserem Ostergottesdienst. Ich wünsche Ihnen, daß er für Sie zum wichtigsten Gottesdienst des ganzen Jahres wird.
Keiner und keine sollen sich heute morgen alleine fühlen. Wir zusammen - jung und alt, Frauen und Männer, einheimisch und fremd - werden dem Tod ein Schnippchen schlagen.

Wenn die Osterkerze brennt, ist es angebracht, statt des Schuldbekenntnisses einen *Lichthymnus* zu beten.

LektorIn 1: Ein Licht brennt vor unserem Altar.
Ein Licht in dunkler Zeit,
ein Licht, um das war uns scharen.

LektorIn 2: Wir sehen, wie die Lichtflamme flackert.
Flamme, du Bild des Lichtes!
Licht, du Bild Jesu Christi!

PfarrerIn: Christus,
Du unser Freund!
Christus, Licht der Welt!

Kyrie

Tod, wo ist dein Stachel? Kyrie eleison.
Tod, wo ist dein Pfeil? Christe eleison.
Tod, wo ist dein Sieg? Kyrie eleison.

Gloria

Das Leben hat gewonnen, Laßt uns den Sieg des Lebens feiern! Loben wir den lebendigen Gott!

Eingangsgebet:

Guter Gott, der Tag ist angebrochen, an dem wir die Auferstehung Jesu Christi feiern. Draußen ist es licht und hell. (Draußen scheint die Sonne hell). In vielen Herzen dagegen dunkelt es noch. Wir hoffen darauf, daß du uns heute aufhellst. Denn wir wollen lichte Menschen werden. Deshalb bitten wir dich:
Schenke uns deine Gnade, damit wir deinen Sohn Jesus Christus sehen, der die Welt erleuchtet. Auf ihn warten wir heute und in Ewigkeit. Amen.

Gebet über Brot und Wein:

Guter Gott, wir bitten dich: Nimm unsere Gaben Brot und Wein an, laß uns mit ihnen das Osterereignis erfahren, ja, laß sie durch das, was du an ihnen wirkst, zum Zeichen des Lebens werden.

Dankgebet

Guter Gott, nach dieser Feier ahnen wir, was Leben sein könnte. Denn wir haben von der Auferweckung deines Sohnes gehört. Wir danken dir für seine Geschichte des Lebens, in der er den Tod endgültig besiegt hat. Wir danken dir für seine österlichen Gaben, die uns sättigen und stärken. Wir danken dir, daß wir uns wieder an den Sieg Christi erinnern durften.
Wir warten auf die Gnade unserer Ostererfahrung, damit wir wie die ersten Zeugen den Auferweckten sehen dürfen. Laß uns mutig und hoffnungslos weiter warten, weil unser Leben so sein Ziel findet. Ja, schenke uns eines Tages diese Ostergnade. Amen.

Fürbitten
PfarrerIn: Laßt uns beten zum Auferstandenen, den damals viele Zeugen gesehen haben und auf den wir heute warten.
LektorIn:
- für die Welt, die in ihrem Chaos das Osterzeugnis dringend braucht.
- für die Kirchen, die zu schwach die Auferstehung bezeugen.
- für die Kinder, die lebendige Zeugen der Auferstehung suchen.
- für unsere Verstorbenen, die auf die Wahrheit der Auferstehung gesetzt haben.
- für die Kranken, denen es schwerfällt, zu hoffen und zu vertrauen.
- für uns, die wir zweifeln und warten.

PfarrerIn: Jesus Christus, du hast dich als Auferweckter sehen lassen. Auf dich warten wir, auf dich hoffen wir. Mit dir zusammen danken wir Gott, weil er das Leben stärker als den Tod gemacht hat. Dank sei ihm heute und alle Tage bis an der Welt Ende.

Vorschlag zur Predigt

Zielsatz: Ich lade meine Zuhörerinnen und Zuhörer ein, auf ihre persönliche Ostererfahrung zu warten.

Möglicher Predigtanfang
Es freut mich, daß heute am Ostertag mehr Menschen unseren Gottesdienst besuchen als an den gewöhnlichen Sonntagen. Sie alle werden einen Grund haben, gerade zu Ostern in die Kirche zu kommen. Vielleicht erinnern Sie sich an die Osterfeste, wie sie früher in Ihrer Familie gefeiert wurden. Vielleicht motivieren Sie besondere Wünsche und Hoffnungen, die Sie mit Ostern verbinden. Ich vermute, daß zu Ostern weniger Ihre Erinnerungen als viel mehr Ihre Sehnsüchte wach werden. Den meisten geht es nicht um die Ostereier im Garten, sondern um die Gräber auf dem Friedhof. Mögen Spiegel-Befragungen wiederholen, daß die Deutschen nicht an ein Leben nach dem Tode glauben, jedes Osterfest stellt die Befragung in Frage. Hoffen wir nicht darauf, der Predigttext sei wahr? Was wäre, wenn Jesus Christus tatsächlich auferweckt worden ist. Was wäre, wenn seine Jünger ihn leibhaftig gesehen haben! Zuerst Kephas, dann die Zwölf, danach Jakobus, dann über 500 und zuletzt der Paulus. Was wäre, wenn ...

Zum weiteren Verlauf
- Was wäre unser Leben ohne Auferstehung Jesu Christi? In dem folgenden Abschnitt der Predigt, der nach dem lernpsychologischen Modell »Versuch und Irrtum« durcharbeitet, müßte das Lebensgefühl ohne Auferstehungshoffnung dargestellt werden. Vor Jahrzehnten schien die Auferstehung keine Frage zu sein. Statistisch leben wir zwar länger, aber

ingesamt kürzer als die Menschen früher. Betrug die Lebenserwartung einmal 40 Jahre und eine Ewigkeit, lebt der Mensch heute höchstens 90 Jahre. In dieser Zeitspanne muß er sich alle seine Lebenswünsche erfüllen, um nicht am Leben zu scheitern. Der Titel von Marianne Gronemeyers Buch »Das Leben als letzte Gelegenheit« drückt aus, wie der Mensch durch seine begrenzte Lebenszeit gejagt wird. Wenn er in den 90 Jahren nicht alles, was er hofft und wünscht, dem Leben entreißt, hat es für ihn keinen Sinn. Weil ich die Ewigkeit verloren habe, wird mein Leben egoistisch, rücksichtslos und unsolidarisch. Denn ich muß mit den Ellbogen kämpfen, um die Erfüllung meiner Bedürfnisse durchzusetzen. Da in diesem Kampf mein Nachbar Konkurrent ist, interessiert mich nicht, was er in seinem Leben macht. Für die modernen Lebefrauen und Lebemänner ist Solidarität kein Wort. »Zu jenen Kräften, die Solidarität entbinden, zählt die Fähigkeit des Menschen, über das Ende des Lebens, seinen Tod hinauszuhoffen. Unter den »Sterblichen« (für die mit dem Tod alles aus ist) sind erheblich mehr Unsolidarische (45 %) als unter »Unsterblichen« (sie hoffen auf ein Leben nach dem Tod) (13 %). Umgekehrt sind unter den »Unsterblichen« überdurchschnittlich viele Solidarische und etwas abgeschwächt auch mehr Fernsolidarische.« (P. M. Zulehner). Wer die Auferweckung leugnet, setzt sein Leben so unter Druck, daß er sich überanstrengt.

– Der Paulustext wird lernpsychologisch zum Lösungsangebot. Die Menschen, die den Ostergottesdienst besuchen, fliehen vor diesem unmenschlichen Leistungsdruck. Sie gönnen sich die eine Stunde zweckfreien Tuns, indem sie sich an die Reste österlicher Hoffnung in ihren Herzen erinnern. Sie sehnen sich nach der Wahrheit der Osterbotschaft, die sie gelassener, ruhiger und solidarischer leben läßt. Zulehners Untersuchung ist an dieser Stelle positiv einzubringen. Die an die Auferstehung Glaubenden verhalten sich durchschnittlich solidarischer als die »Sterblichen«. Unter Umständen kann der Prediger/die Predigerin hier auch aus dem Text der »Annäherungen« zitieren. Die Kirchenvorsteherin beschreibt eine österliche Ahnung mit all ihren Zweifeln, Sorgen und Ängsten. »Wenn ich in mich schaue, so wird mir klar, daß Ostern in meinem ganzen langen Leben *die* entscheidende Rolle gespielt hat und noch spielt ... Die Lasten eines langen Lebens sind nicht leicht zu tragen. Doch ich weiß, daß sie Einer mit mir trägt. Das macht mich getrost und froh!« Falsch wäre aus dem Zeugnis der alten Dame eine Predigtgewißheit zu machen. Manchmal meine ich, daß wir Predigerinnen und Prediger mit der Ostersehnsucht der Menschen leichtfertig umgegangen sind (Ergänzen oder korrigieren!). Obwohl uns die paulinische Ostererfahrung fehlt, haben wir uns in unseren Predigten selbstverständlich in die Schar derer eingereiht, denen Christus erschienen ist. Wir haben so getan, als ob sich uns genauso wie Kephas, Jakobus und Paulus Christus gezeigt hat. Mir fehlt diese Erfahrung, und ich kann sie in der Osterpredigt nicht bezeugen. An dieser Stelle führt mich der Hinweis von Johann B. Metz weiter.

Der Brief an die Gemeinde in Korinth berichtet von einer ungleichzeitigen Ostererfahrung. Die genannten Jünger sahen den Auferstandenen nacheinander, wobei die Dauer der dazwischenliegenden Zeitabstände offen gelassen wird. Zuerst, dann, danach sind wichtige Zeitpartikel, um den Text richtig zu verstehen und zu interpretieren. Ostern wird nicht gleichzeitig erfahren, die Zeitangabe »am dritten Tag« verführt uns zu einer exakten Datierung der Auferweckung. Wir wollen Ostern auf den Zeitpunkt bringen, dabei machte jeder Jünger seine Ostererfahrung zu seiner Zeit.

- »Dann erschien er auch mir!« Wann werde ich endlich meine Ostererscheinung auf der Kanzel bezeugen können? Sie würde ich gerne zum Thema meiner Osterpredigt machen. Auf der einen Seite fehlt mir die Erfahrung der fünfhundert Brüder, auf der anderen Seite feiere ich Ostern mit ähnlichen Voraussetzungen wie sie. Ihnen wurde von einem Wunder in Jesu Grab erzählt, mir schreibt Paulus, daß Jesus Christus auferweckt und von ihm gesehen worden ist. Damit unser Glaubensbekenntnis bestätigt werde, wünsche ich mir die Erfahrung des Apostels Paulus. Ich warte auf sie, d. h. ich warte auf die Gnade, den Gekreuzigten »sehen« zu dürfen. Es war Gnade »pur«, die Paulus zum Osterzeugen auserwählt hat. Gottes »gnädiges Handeln« blieb bei ihm nicht ohne Wirkung.

Diese Passage darf nur sehr persönlich gepredigt werden. Hier muß die Predigerin/der Prediger von sich sprechen; am besten beschränkt sie/er sich darauf, von sich zu erzählen, weil die Predigtvorlage kein Osterzeugnis liefern kann. Es ist wichtig, daß den Hörerinnen und Hörern die Ungleichzeitigkeit der Ostererfahrung bewußt wird. Wir glauben und vertrauen Texten, während die Apostel, die Zwölf und die Fünfhundert gesehen haben. An jedem Osterfest bekennen wir, daß wir Wartende sind und auch gerne sehen möchten. Der/die PredigerIn sollte die HörerInnen ermutigen, das Warten auszuhalten und zu hoffen, damit sie sich eines Tages in die Schar der Osterzeugen einreihen.

Möglicher Schluß

»Dann erschien er auch mir!« Dieser Satz hört sich für Ihre Ohren eigenartig an, aber er drückt genau das aus, was wir zu Ostern erhoffen. Wir warten auf unsere Ostererscheinung, die jedem von uns zu seiner Zeit zuteil wird. Weil wir dem Zeugnis des Apostels Paulus vertrauen, dürfen wir hoffen, so wie er dem Herrn zu begegnen. Vielleicht sind wir die Allerletzten in der langen Reihe der Osterzeugen. Auf jeden Fall wissen wir, worauf wir warten. Der Ostergottesdienst macht uns Mut, weiter zu warten. Warten lohnt sich, weil die Begegnung mit dem Auferstandenen das Leben erleichtert. Ein Theologe unserer Zeit schreibt: »Irgendwann begegnet er jedem, irgendwann kann für jeden Ostertag sein. Zuweilen spät, sehr spät ... Irgendwann tritt er, der Auferstandene, jedem in den Weg, so wie er auch dem Saulus auflauerte, spät, unversehens, irgendwo unterwegs zwischen Jerusalem und Damaskus. So leicht also ist die Frage, wann denn nun Ostern für uns sei, gar nicht zu beantworten. Rechnen wir mit dieser Ungleichzeitigkeit, mit dieser eigentümlichen Ökonomie unserer Ostererfahrung?« Ich lade Sie ein, mit mir zu warten, damit Sie und ich einmal bekennen werden: »dann erschien er auch mir!«

Ostermontag

Annäherungen an den Predigttext
1. Brief an die Gemeinde in Korinth 15,12-20

Elsbeth Zuleck

Theologischer Gesprächskreis der Stadtkirchengemeinde Ludwigsburg.

- Ich bin schockiert über diesen Text, von dieser Forderung, an die Auferstehung Jesu Christi und die Auferstehung der Toten glauben zu müssen. Ich hab größte Schwierigkeiten mit der Auferstehung und ich muß gestehen, daß ich beim Aufsagen des Glaubensbekenntnisses an dieser Stelle manchmal schweige.
- Bei einem Bibelsemiar habe ich einmal den Satz gehört: »Es ist nicht wichtig, ob das Grab leer war oder nicht. Es ist nicht wichtig, ob die Auferstehung stattgefunden hat oder nicht. Wichtig ist allein der Glaube, daß die Auferstehung stattgefunden hat.« Der Glaube scheint mir das zentrale Stichwort im Text zu sein.
- Ja, es geht im Text tatsächlich um den Glauben an den auferstandenen Christus. Mir ist aufgefallen, daß das Wort »Christus« neun mal in diesen neun Versen vorkommt. Paulus redet nicht von Jesus von Nazareth, sondern vom auferstandenen Christus.
- Für Paulus ist es offensichtlich überhaupt keine Frage, *daß* Jesus auferstanden ist.
- Beim Tod meiner Mutter bin ich zum ersten Mal mit der Auferstehungshoffnung konfrontiert worden. Da hat mir der Glaube an eine wie auch immer geschehene Auferstehung Jesu oder an die Auferstehung der Toten überhaupt nichts geholfen. Aber mein Glaube an den Christus, der lebt, unter uns lebt und mich weiterleben läßt und meine Mutter auf irgendeine Art und Weise auch, dieser Glaube hat mir geholfen, hat mir wieder sicheren Boden unter die Füße gegeben.
- Jörg Zink hat das, glaube ich, einmal so ausgedrückt: Sterben ist, die Schwelle vom Leben zum Leben überschreiten. Das finde ich schön.
- Wir Älteren kommen ja immer näher an diese Schwelle heran. Und da ist es für mich schon wichtig, daß ich glauben kann, daß das Leben weitergeht. Für mich ist das schon das Zentrum meines Glaubens.
- Den Vers 19 finde ich ganz schrecklich: »Hoffen wir allein in diesem Leben auf Christus, so sind wir die elendesten unter allen Menschen.«

Bin ich denn ein elender Mensch, wenn ich hier in diesem Leben an Jesus Christus glauben, aber mit der Auferstehung der Toten nicht so viel anfangen kann?

- Also, ich glaube einfach, daß der gnädige Gott mich aufnimmt in jenes andere Leben, auch wenn ich in diesem Leben große Schwierigkeiten mit der Auferstehungshoffnung hatte.
- Daß es nach 2000 Jahren immer noch Kirche gibt, das ist für mich ein Beweis dafür, daß Jesus Christus auferstanden ist und unter uns lebt und Menschen in Bewegung setzt.
- Könnte es sein, daß die Korinther einfach enttäuscht, ja vielleicht sogar angefochten waren, weil sich die versprochene Wiederkunft des Christus so lange hinausgezögert hat, daß schon einige von ihnen inzwischen verstorben waren?
- Ja, vielleicht redet Paulus deshalb so energisch mit ihnen. Er beschwört sie doch geradezu: »Ihr glaubt doch, daß Jesus Christus auferstanden ist und bei Gott lebt, dann glaubt doch auch, daß eure Toten bei Gott sind und ihr einmal bei Gott sein werdet!«
- Die ganze Art und Weise der Auferstehung damals und die Auferstehung der Toten ist für unseren Verstand nicht faßbar, weil wir in Materie denken. Wir müssen Gott zutrauen, daß Auferstehung etwas ganz anderes ist, als wir uns vorstellen können. Auferstehung, das wird etwas ganz Neues sein.
- Es sollte uns einfach genügen, das zu glauben, ohne daß wir etwas Gewisses wissen.
- Wir haben nichts Festes in der Hand, außer Christus, unseren Bruder, unseren Erlöser. Und an dem können wir uns festhalten.
- Im Johannes-Evangelium sagt Jesus ja selbst einmal: »Ich bin die Auferstehung und das Leben«. Und dann folgt die Frage: »Glaubst du das?«
- Ja, und dazwischen heißt es: »Wer an mich glaubt, der wird leben, auch wenn er stirbt; und wer da lebt und glaubt an mich, der wird nimmermehr sterben.« Das heißt doch: Wer an den Auferstandenen glaubt, der lebt hier und dort. Das ist eine Aussage über unsere Gegenwart und über unsere Zukunft.
- Mich erstaunt immer wieder, daß Paulus, der ja Jesus nicht leiblich erlebt hat, so großartige Glaubensaussagen machen konnte.
- Vor Damaskus ist ihm auch nicht ein leiblicher Jesus mit Wundmalen und so begegnet, sondern er hat den auferstandenen Christus gehört und erfahren, so wie wir »Nachgeborenen« Christus auch hören und erfahren können. X-mal habe ich das schon erlebt.
- Wir Christen heute sind viel zu verkopft. Paulus redet irgendwo einmal vom »Mysterium des Glaubens«. Glauben ist für mich etwas Geheimnisvolles, nicht Faßbares, etwas jenseits unseres Kopfes.
- Aber Paulus schaltet das Denken nicht aus. Ich habe mich schon als junges Mädchen gegen den Satz gewehrt: »Das muß man einfach glauben.«

Durch mein Denken, Mitdenken, Nachdenken ist mein Glaube nicht kaputtgegangen, sondern immer größer geworden. Ich möchte denken und glauben.

- Paulus, der große Denker hat den verkopften Korinthern auch nicht gesagt: »Das müßt ihr einfach glauben!« In diesem Predigttext kommt das eigentlich ganz schön heraus, daß Paulus die Korinther zum Denken und Glauben einlädt.

Zum Gottesdienst

Hanne Köhler

Exegetisch-homiletische Skizze

Wie die Position der KorintherInnen ist, gegen die Paulus anschreibt, darüber ist in der theologischen Literatur viel diskutiert worden (vgl. Gerhard Sellin, Der Streit um die Auferstehung der Toten – Eine religionsgeschichtliche und exegetische Untersuchung von 1. Korinther 15, Göttingen 1986 und Paul Hoffmann, TRE Bd. 4. Auferstehung I/3, Seite 454 ff.).

Ich gehe im folgenden davon aus, daß in bezug auf die Auferstehung Toter in der korinthischen Gemeinde im wesentlichen die Auffassung vorherrschte, diese Auferstehung sei bereits, durch die Taufe, geschehen. Die Getauften lebten bereits aus der Auferstehung. Demgegenüber betonte Paulus das Noch-Nicht der Auferstehung. Das Reich Gottes sei noch nicht da. Zwar sei Christus als Erstling der Toten auferstanden und die Auferstehung der Toten folge unweigerlich daraus, aber sie stehe noch aus. (Gegen A. Strobel, Der erste Brief an die Korinther, Zürich 1989, Seite 240–246, der davon ausgeht, daß die Totenauferstehung von einigen in Korinth, die mit dieser jüdisch-christlichen Vorstellung nichts anfangen konnten, grundsätzlich bestritten wurde.)

Gegen die Gefahr allein in diesem Leben auf Gott zu hoffen, betonte Paulus im Kapitel 15 des Briefes an die Gemeinde in Korinth, daß Gottes Macht über die Grenze Tod und über unsere Vorstellungswelt hinaus reicht.

»In Gott ist Leben, das durch den Tod nicht begrenzt und zerstört werden kann. Das ist gemeint, wenn der Glaube von Jesus sagt, er sei auferstanden, und wenn er auf die eigene Auferstehung hofft.« (F. Mildenberger, TRE Bd. 4, Art. Auferstehung IV, Seite 555)

An ein Weiterleben nach dem Tod glaubten 1985 (Shell Studie) fast die Hälfte der Befragten. Nichts deutet darauf hin, daß sich dies 1997 wesentlich geändert hat. Nur die inhaltliche Füllung dieser Vorstellung wird vermutlich immer individueller aus den diversen Angeboten unterschiedlicher Weltanschauungen zusammengestellt. Ein Weiterleben nach dem Tod muß heute, auch im deutschen Sprachraum, nicht notwendig christlich verstanden, also mit der Auferstehung Christi verknüpft werden. Ähnlich wie zur Zeit des Paulus eine Auferstehung Toter für Menschen denkbar war, die nicht an die Auferstehung Christi glaubten.

Daraus schließe ich, daß ich an diesem Ostermontag nur allgmein an der Hoffnung auf die eigene Auferstehung der Versammelten anknüpfen kann. Ich kann keine einheitliche, nur eine individuelle Auferstehungshoffnung ansprechen. Genau dies ist unser Problem als Kirche in dieser Gesellschaft! Wo ist heute sichtbar und unüberhörbar, gegen welchen Tod Gott heute aufsteht?

Da am Ostermontag 1997 also kaum mit Gemeinden zu rechnen ist, die sich als auferstandene Getaufte begreifen und dies auch leben, wird die Verkündigung sich von der des Paulus unterscheiden müssen. Ich rechne eher mit einer kleinen christlichen Schar, die eine zukünftige Totenauferstehung, besonders die eigene, erwartet, ohne daß dies große Auswirkungen auf ihr heutiges Leben hat. Im Gegensatz zu Paulus habe ich also heute die Bedeutung der Auferstehung vor dem Tod zu verkündigen. Hoffen wir, nicht allein, aber wenigstens, in diesem Leben auf Christus! Die Auswahl eines Eingangsgebetes nach Hosea 6 (auf diese Stelle wird in der Lutherrevision zu Vers 4 unseres Kapitel hingewiesen) unterstützt die Hoffnung auf Leben vor dem Tod.

Alternativ könnte der ganze Gottesdienst die Auferstehung des Leibes thematisieren. Grundlage wäre dann die Interpretation: Die KorintherInnen »lehnte die Auferstehung der Toten überhaupt ab, weil sie die damit verbundene Leiblichkeit des ewigen Heils nicht akzeptieren konnten« (G. Sellin, a. a. O. Seite 30.). Am Ostermontag könnte dann die leibliche Gottesoffenbarung angesprochen werden. »Gott hat uns zu Körpern gemacht. Gott hat sich zum Körper gemacht. Inkarnierte sich: wurde Fleisch. Körper: Abbild Gottes. Körper: unser Schicksal, Gottes Schicksal. Es ist gut so. Bleibende Solidarität mit dem Fleisch der Menschen. Nichts kann würdiger sein. ... Merkwürdig: Um zu beten, schließen wir die Augen. Angst vor dem Körper? ... Wir schließen die Augen und blicken nach innen – auf der Suche nach einem Geist. Aber der Geist Gottes steckt in den Dingen, in den Körpern, in der Schöpfung und vor allem im Lächeln und im Weinen der Kinder und der Leidenden. Ein Glas Wasser, ein Spielzeug, eine Lilie, ein Vogel, ein sprießendes Samenkorn, Brot und Wein, Augen, die weinen, eine Hand, die sich der Gewalt verschließt, ein Körper, der sich schützend vor Unschuldige stellt, Gesichter, die Milde ausstrahlen, eine strahlende Sonne, ein Sternenhimmel, Schweigen im Gesicht von Unterdrückten, Erben des Landes ... ›Ich glaube an die Auferstehung des Leibes ...‹ Körper für immer, Antlitz des Geistes. Durstiger Körper, kranker Körper, heimatloser Körper, hungriger Körper, inhaftierter

Körper ...« (Rubem Alves, Ich glaube an die Auferstehung des Leibes – Meditationen, Patmos Verlag, Düsseldorf 1983, Seite 51–54)

Vorschläge zur Liturgie

Votum

Ostern – Auferstehung
Das Leben ist stärker als der Tod.
Wir feiern Gottesdienst im Namen Gottes.
    Gott schafft neues Leben.
    Jesus wendet sich uns zu.
    In Gottes Geist gehen wir vom Tod ins Leben.
Amen – so soll es sein.

oder

im Wechsel zwischen LiturgIn und Gemeinde:

Christus ist auferstanden.
    Christus ist auferstanden.
Darum feiern wir Gottesdienst
    im Namen Gottes
Quelle allen Lebens
    im Namen Jesu
Erstling der Auferstandenen
    in der Gemeinschaft heiligenden Geistes
Befreiung aus den Zwangsläufigkeiten dieser Welt.
    Amen

Wechselgebet statt eines Eingangpsalms

Zu dir, Gott, wollen wir zurückkehren.
    Du hast uns zerrissen,
    du wirst uns wieder heilen.
Du hast uns geschlagen,
du wirst uns wieder verbinden.
    Du machst uns lebendig nach zwei Tagen
und wirst uns am dritten Tage aufrichten,
    daß wir vor dir leben.
Wir wollen uns mühen und alles daran setzen,
dich zu erkennen, Gott.
    Denn du wirst hervorbrechen
    wie die Morgenröte.
Wie ein Regen wirst du zu uns kommen,
wie ein Sommerregen, der das Land befeuchtet.
    Was willst du mit uns anfangen, Gott?
    Du kennst uns.

Unsere Liebe ist wie die Wolke am Morgen,
wie der Tau, der frühmorgens vergeht.
Darum redest du mit uns
in harten prophetischen Worten
und drohst uns den Tod an,
damit dein Recht wie das Licht hervorkommt.
Denn du hast Lust an der Liebe, nicht am Opfer.
(nach Hosea 6,1-6)

Hinführung zum Kyrie

befragt
auf den Grund unserer Hoffnung
kommen wir leicht ins Stottern

wieso sollten wir
ausgerechnet wir eine Antwort haben
gegen den Tod
für das Leben?

ungläubig schauen wir in den Spiegel:
nicht schön genug
nicht klug genug
nicht fromm genug

wieso also sollten wir
ausgerechnet wir eine Antwort haben
gegen den Tod
für das Leben

befragt
auf den Grund unserer Hoffnung
rufen wir: Christus, erbarme dich!

(Vera-Sabine Winkler, aus: Beratungsstelle für Gestaltung (Hg.), Dekadenmaterial der EKHN 1992, Frankfurt am Main 1992)

Hinführung zum Gloria

nicht schön genug - aber geliebt
nicht klug genug - aber geschwisterlich
nicht fromm genug - aber getragen
denn Gott
ist
in uns Schwachen
mächtig
gegen den Tod
für das Leben
(Vera-Sabine Winkler, a. a. O.)

Lesung
Johannesevangelien 11,17–27, dabei nach Möglichkeit in gerechte Sprache übertragen, z. B. »Ich bin die Auferstehung und das Leben. Wer an mich glaubt, wird leben, gerade auch im Tod; und wer da lebt und glaubt an mich, wird nimmermehr sterben.«

Statt eines Credo

Ich glaube an dich, Gott,
Quelle des Lebens.
Du hast die ganze Welt geschaffen,
auch mich.
Was aus uns,
deinen Geschöpfen,
wird,
läßt dir keine Ruhe.
Du hast uns den Himmel versprochen,
darum können wir leben
auf dieser Erde.

Ich glaube an dich, Christus,
Freundin, Freund an meiner Seite.
Du hast dich den Leidenden zugewandt,
auch mir.
Wie wir,
deine Schwestern und Brüder,
miteinander umgehen,
läßt dir keine Ruhe.
Du hast uns den Himmel geöffnet,
darum können wir leben
auf dieser Erde.

Ich glaube an dich, Geistin, Geist,
Atem des Lebens.
Du brichst Erstarrtes auf,
auch mich.
Wozu leben wir?
Wie wird Gerechtigkeit und Frieden?
Wer arbeitet und betet mit uns?
Unser Fragen kommt nicht zur Ruhe.
Du läßt uns heute den Himmel ahnen,
darum können wir leben und feiern,
trotzdem
auf dieser Erde.

Ich glaube
Gott
Christus
Geistin, Geist
mit dir
gegen den Tod –
Hilf meinem Unglauben!

Schlußgebet

gegen den Tod
für das Leben
bitten wir Dich
Gott –

um genügend Liebe
unsere Selbstzweifel
unseren Narzißmus
zu vergessen

um genügend Geschwisterlichkeit
unsere Selbstsucht
unsere Gleichgültigkeit
zu überwinden

um genügend Vertrauen
unsere Hoffnungslosigkeit
unsere Ängste
zu vertreiben
gegen den Tod
für das Leben
bitten wir Dich
Gott
allein

(Vera-Sabine Winkler, aus: Beratungsstelle für Gestaltung (Hg.), Dekadenmaterial der EKHN 1992, Frankfurt am Main 1992)

Liedvorschläge

EG 115,1–2.5 Jesus lebt, mit ihm auch ich
Es werde (Wilms/Janssens), aus tvd-Verlag, Mein Liederbuch, B63
In unserer Trauer fällt ein Licht – Kanon (Laubach/Quast), aus: tvd-Verlag, Mein Liederbuch 2, B144
EG 455 Morgenlicht leuchtet, möglichst mit englischem Text »Morning has broken«
EG EKHN 637 Alle Knospen springen auf

Vorschlag zur Predigt

Möglicher Beginn
Glauben Sie an die Auferstehung? Glauben Sie an die Auferstehung Toter? Klar, als christliche Gemeinde sind wir gehalten an die Auferstehung Jesu Christi zu glauben. Aber wie wir uns diese Auferstehung Christi vorstellen, das wird unter uns sehr unterschiedlich sein. Schon in der Bibel gibt es unterschiedliche Ideen und Überlegungen zur Auferstehung Christi. Im Laufe von fast 2000 Jahren Kirchengeschichte und Theologie sind noch einige Gedankengebäude dazu gekommen.
Aber jetzt einmal ganz abgesehen von dieser gelehrten Theologie: Glauben Sie persönlich an die Auferstehung Toter? Oder noch persönlicher: Glauben Sie, daß Sie nach Ihrem Tod weiterleben? Vermutlich können wir jetzt stundenlang unsere unterschiedlichen Vorstellungen austauschen. Ein interessantes Gesprächsthema! Unsere Sehnsüchte werden angesprochen, unsere Klugheit wird herausgefordert, unsere Selbsteinschätzung ist gefragt. Glaube ich, daß mein Leben nach dem Tod weitergeht?
Wichtiger scheint mir: Wird mein Leben heute, vor dem Tod, anders durch meine Antwort? ...

Zum weiteren Verlauf
Eine Möglichkeit wäre, in einem Exkurs, die damaligen Argumentationsgänge der KorintherInnen und des Paulus verständlich zu machen. Gegen die eine Sichtweise war damals die andere zu betonen, heute scheint es notwendig, das Hoffen auf Christus in diesem Leben zu fördern, weil eine für das Leben vor dem Tod folgenlose Auferstehungshoffnung verbreitet zu sein scheint.
Eine andere Möglichkeiten wären Erzählungen von Frauen und Männern, Mädchen und Jungen, die vor dem Tod aus der Auferstehung leben. In diesem Zusammenhang drängen sich oft Erfahrungen aus Widerstandssituationen auf (heute in Basisgemeinden der 2/3 Welt, während des Nationalsozialismus bei uns, etc.), die für uns weit weg scheinen. Spannender wäre ein Hinweis auf (christliche) Gruppen oder einzelne im direkten Umfeld der jeweiligen Ortsgemeinde, die aus dem Mut der Auferstehung heute leben, handeln und widerstehen. Wenn Christus wirklich auferstanden ist, dann muß sich davon auch konkret erzählen lassen, dann blitzt auch um uns herum auf, daß Gott stärker ist als die Allgewalt des Todes.
»Die Hoffnung auf die Auferstehung des Volkes, die Erfahrung der Begegnung mit dem auferstandenen Christus und ein Leben aus dem Glauben statt unter der Gewalt der Todesmächte sind untrennbar miteinander verbunden. Wenn ich nicht aufstehe, ist auch Christus nicht auferstanden. Wenn Christus nicht auferstanden ist, ist auch mein Aufstand leblos (1. Kor 15,12–29).« (Luise Schottroff/Dorothee Sölle, Art. Auferstehung in: E. Gössmann u. a, Wörterbuch der Feministischen Theologie, Gütersloh 1991, Seite 36.)

Möglicher Schluß
Julia Esquivel hat ihren Aufstand gegen den Tod, ihre tagtägliche Auferstehung, so formuliert:

Ich habe keine Angst vor dem Tod

Ich habe keine Anst mehr vor dem Tod,
ich kenne seinen kalten, dunklen Gang
sehr gut,
der zum Leben führt.

Ich habe Angst vor jenem Leben,
das nicht dem Tode entsteigt,
das die Hände verkrampft
und unseren Gang hemmt.

Ich habe Angst vor meiner Angst,
und noch mehr vor der Angst der anderen,
die nicht wissen, wohin sie gehen
und sich weiter an etwas klammern,
das sie für Leben halten
und von dem wir doch wissen,
daß es der Tod ist!

Jeden Tag lebe ich, um den Tod zu töten
jeden Tag sterbe ich, um Leben zu zeugen
und in diesem Tod des Todes
sterbe ich tausendfach
und erstehe ebensooft,
aus der Liebe meines Volkes,
die sich von der Hoffnung nährt!

(aus: Julia Esquivél, Paradies und Babylon - Guatemaltekische Visionen und Gebete, Peter Hammer Verlag, Wuppertal 1985, Seite 43)

Kontexte

Ich glaube an ...
die Auferstehung der Toten und das ewige Leben.
(aus dem Apostolikum)

Darauf, ob jemand bestimmte Tatsachenbehauptungen für wahr hält - und das gilt auch für die Auferstehung - kann es nicht ankommen, und niemand soll vom einzelnen eine Antwort darauf oder eine Entscheidung darüber verlangen. Angenommen, Jesus wäre nicht auferstanden, warum sollte dann sein Tod sinnlos sein und warum sollte Gott nicht trotzdem die Welt erlösen können?
(aus: Peter Noll, Diktate über Sterben und Tod, pendo-verlag, Zürich 1984, Seite 171)

Von der Auferstehung Jesu kann heute nur glaubwürdig gesprochen werden, wenn die Lebensumstände und die Todeserfahrungen heutiger Menschen ernstgenommen werden ... Es ist darum nicht Zufall, daß die Auferstehungshoffnung gerade in kleinen Gruppen und Basisgemeinden lateinamerikanischer, asiatischer und afrikanischer Kirchen zu neuem Leben ersteht ... Da greifen individualistische Antworten esoterischer Heilslehren zu kurz. Hier wird die Auferstehung jenes - um seiner Parteinahme für die Armen willen - hingerichteten Jesus von Nazareth zum Protest Gottes: gegen die Ungerechtigkeit, die auch ihnen widerfuhr, gegen den endgültigen Sieg der Gewalttätigen über ihre Opfer ... Auferstehung Jesu wird als Aufstand Gottes begriffen und als Hoffnungsruf, selber aufzustehen, um dem allgegenwärtigen Tod das unzerstörbare Leben entgegenzusetzen.
(aus: Marie-Louise Gubler, Wer wälzt uns den Stein vom Grab - Die Botschaft von Jesu Auferweckung, Grünewald Verlag, Mainz 1996, Seite 8-9)

Literaturhinweis

Gerhard Jankowski, Wenn es mit der Totenauferstehung nichts ist - 1. Korinther 15,12-58, in: Texte und Kontexte - Exegetische Zeitschrift, Alektor Verlag, Nr. 21, April 1984, Seite 21-41

Quasimodogeniti

Annäherungen an den Predigttext 1. Petrus 1,3–9

Helmut Marschall

Das Gespräch findet im Frauenkreis der St.-Urbanus-Kirchengemeinde zu Dorum statt. Anwesend sind die 15 Frauen, die in der Regel den Frauenkreis bilden. Der Text liegt den Teilnehmerinnen während des ganzen Gesprächs vor.

Nachdem der Text vorgelesen worden ist, bitten die Teilnehmerinnen, obwohl sie mitlesen konnten, sofort: »Den Text müssen wir noch einmal hören. Es war sehr schwer, den Worten zu folgen.«

So wird die Textlesung wiederholt. Nach der erneuten Lesung herrscht längeres Schweigen, auch Ratlosigkeit ist zu spüren.

Der Gesprächsleiter bittet um die Äußerung der ersten spontanen Gedanken nach dem Gehörten. Das Gespräch kommt in Gang und wird eine gute halbe Stunde andauern.

»Es fällt sehr schwer, denke ich, weil der Text mit wenig Bildern versehen ist«, beginnt eine Teilnehmerin. »Ich höre, es geht um das innere Leben. Aber ich stelle mir vor, es ist ja Ostern vorausgegangen und der Text bezieht sich für mich auf das Sterben Jesu Christi. Da ist mir wichtig, daß für uns ein unveränderliches Erbe dasteht; gleich, in welcher Zeit wir leben, in welchem Land wir leben. Ich höre das Versprechen Gottes heraus, daß wir uns auf diese Zusage Gottes verlassen können, daß wir durch Jesu Sterben die Seligkeit, die Wiedergeburt bzw. die Auferstehung erfahren dürfen. Das fällt mir zum ersten Teil spontan ein.«

»Ich lese gerade ein Buch von Noah Gordon, ›Der Medicus‹. Ich muß daran denken, daß Ärzten Kranken oder Toten nichts entnehmen sollen«, fällt einer anderen Teilnehmerin ein.

Der Faden wird sofort aufgenommen. »Das heißt, die Toten sollen unverletzt beerdigt werden?«, lautet eine Frage. »Die Organentnahme war doch lange umstritten, oder?«, eine andere.

»Ich würde dem Text so entnehmen, daß wir unverletzt beerdigt werden sollten«, lautet die Antwort. »Ja«, fährt diese Teilnehmerin fort, »ich frage mich im Blick auf den Auferstehungsgedanken immer, was denn mit denen geschieht, die eingeäschert werden?«

»Spricht Paulus darum nicht statt vom Körper von der ›irdischen Hülle‹?«, wird nachgefragt.

»Ich muß immer darüber nachdenken«, beharrte die Teilnehmerin auf ihrer Frage nach der Unversehrtheit des Körpers bei der Auferstehung.
Eine Frau weist darauf hin: »Was ist mit denen, die durch einen Unfall verstümmelt werden? Denen gilt die Zusage der Auferstehung doch auch!«
»Ja, der Text redet doch ganz stark vom Leib losgelöst. Er dreht sich ganz abstrakt um den Glauben und kommt dabei ohne jedes Bild aus. Auch ohne das Bild vom Leib«, erinnert sich die erste Rednerin wieder ihrer Gedanken.
»Trotzdem muß ich ständig an die Worte eines alten Mannes denken, der mir einmal gesagt hat: Wenn man gestorben ist, das ist so, als ob man immer vor sich hinträumt,« wird eingeworfen.
»Und mir fällt auf, daß mit den letzten Worten des Textes offenbar die Endzeit angesprochen wird«, sagt eine Frau.
»Müssen Sie dabei an das eigene Ende denken«, fragt sofort ihre Nachbarin.
»Ja. Ja, sehr.«
Allgemeine Zustimmung wird laut: »Der Text regt dazu sehr an«, sind sich alle einig.
»Dabei will er nach Ostern doch eher dazu anregen, an das Leben zu glauben«, versucht eine Teilnehmerin zu korrigieren. »Da steht doch ›lebendige Hoffnung‹!«
»Aber man muß auch einen sehr lebendigen Glauben haben, um an die Auferstehung zu glauben«, wird geantwortet.
»Ja, das sind ja die Anfechtungen, von denen da im ersten Teil gesprochen wird. Die Anfechtung besteht darin, daß ich mich frage: Ist es wirklich so, wie es im ersten Teil des Textes beschrieben wird? Ist es nicht eine große Versuchung, sich an anderen Dingen des Lebens zu orientieren, als sich diesem Glauben zu widmen? Und erst durch Erfahrung und im zweiten Hinschauen verstehen wir, wie wichtig der Glaube an die Auferstehung für unser Leben ist. Wenn ich alle Anfechtungen überstanden habe, ist es für mich sinnvoll, mich auf diesen Glauben zu besinnen«, führt die Teilnehmerin aus.
»Manchmal habe ich Angst, daß ich nicht fest genug glaube und darum nicht angenommen werde«, wirft eine andere ein. »Und auf das Ende des Lebens bezogen habe ich dann Angst vor dem Ende.«
»Wir kommen immer auf das Lebensende zu sprechen, dabei glaube ich, daß der Text ganz anders gedacht ist«, wird gesagt. »Es ist doch eigentlich ein ganz hoffnungsvoller Text«.
»Aber die Hoffnung bezieht sich eben auf das Ende des Lebens«, wird entgegnet.
Eine Teilnehmerin wird sehr energisch. »Ich will mal deutlich sagen«, sagt sie. »Für mich bezieht sich diese Hoffnung auf das irdische Leben. Mit Luther möchte ich sagen: Wenn ich wüßte, daß morgen alles aus wäre, würde ich heute noch einen Baum pflanzen. Dieses Leben hier anfassen,

aber die Hoffnung auf das ewige Leben daneben aufrechtzuerhalten gehört zusammen. Der Glaube daran ist uns durch das, sagen wir einmal ›Vorsterben Jesu‹ leichter gemacht worden«.
»Ja, das ist eben das ›Ziel unseres Glaubens, der Seelen Seligkeit‹, was immer das bedeuten mag.«
»Noch etwas anderes müßte geklärt werden«, wird eingeworfen. »Was bedeutet der Vers mit dem ›vergänglichen Gold‹?«
»Schmuck ist eben vergänglich und Gold muß erst geschmolzen werden, um fest zu werden. Jesus Christus aber können wir nehmen, wie er ist«, lautet eine Antwort.
»Aber wer das versteht, der kann auch sagen: Das letzte Hemd hat ja doch keine Taschen«, wird lachend ergänzt.
»Genau. Ansammelnd von Schätzen hilft gar nicht. Wenn dann die Stunde der Wahrheit kommt, dann zählen ganz andere Schätze.«
»Wichtig ist das, wenn man traurig ist und sich fragt: ›Gibt es überhaupt einen Gott‹ und dann wieder zum Glauben zurückkehren kann, der Glaube dann sogar noch gestärkt ist«, beschließt eine Teilnehmerin das Gespräch.

Zum Gottesdienst

Helmut Liersch

Exegetisch-homiletische Skizze

Dem 1. Petrusbrief ist für die Zeit nach Ostern eine erhebliche liturgische Bedeutung zugewachsen. Er gibt dem Sonntag nach Ostern seinen Namen (1. Petrus 2,2 – die frühere lateinische Antiphon), aus ihm stammt der Wochenspruch (1. Petrus 1,3), und beide auf Ostern folgenden Sonntage nehmen die Epistellesung daraus. Auch für den theologisch an Ostern orientierten Taufgottesdienst ist eine Lesung aus diesem Brief vorgeschlagen (1. Petrus 1,3–5). Das alles legt es nahe, nach Ostern dieses Dokument frühchristlichen Glaubens einmal in einer Predigtreihe oder auch an Bibelabenden auszulegen. Aber auch eine einzelne Predigt hat die Chance, den Trost und die Ermutigung, um die es dem Verfasser geht, an die Gemeinde weiterzugeben. Dabei wird man gut daran tun, die allfällige Schelte, der 1. Petrusbrief biete einen erstarrten Paulinismus und neige zum Moralismus, im exegetischen Kästlein zu belassen. Auch wenn nicht zu leugnen ist, daß hier gegenüber Paulus eine Verschiebung stattgefunden hat, sollte doch positiv gefragt werden, was den Verfasser bewegt, auf welche Fragen er antwortet und inwiefern das alles heute von Bedeutung ist. Man wird sehr schnell darauf stoßen, daß hier Grundsituationen der christlichen Existenz berührt sind. Wir finden uns als Getaufte vor in einer prinzipiell gna-

denlosen Welt, die für ihr Handeln andere Maßstäbe setzt als den der Gottesfurcht und der Rettung der Seelen. Das führt zu Anfechtungen und Leiden auf dem Weg zum Ziel. Wie kann es gelingen, am Glauben festzuhalten und dennoch in dieser Welt und für diese Welt zu leben? (Vgl. auch die Ausführungen zu Miserikordias Domini/1. Petrus 2,21 b–25).
Die Perikope, ein hymnischer Lobpreis Gottes, hat in knapper Form die Botschaft des gesamten Briefes zum Inhalt: Wir haben Grund zu einer lebendigen Hoffnung durch die Auferstehung Jesu Christi; trotz aller Anfechtungen kann unser Glaube sein Ziel erlangen: der Seelen Seligkeit, die psychische Rettung und Neuschaffung des Lebens durch Gott. Es wird also mit wenigen Worten umrissen, was das Christsein begründet und welches Ziel es hat. Möglich daher, daß dieser Text seinen Ursprung in einem Tauflied hat, wie manche Ausleger vermuten (vgl. 1,3: »wiedergeboren«). Das Heil ist vorbereitet, daran ändert auch die Erfahrung des Leidens nicht, im Gegenteil, es läutert den Glauben. Daher gilt es standzuhalten, auch gegen den Augenschein: Christus/deus absconditus! Historisch muß man nicht unbedingt an eine akute Verfolgungssituation denken, sondern wohl eher an Aggressionen der nichtchristlichen Umgebung wegen des abweichenden Verhaltens der Glaubenden. Der Brief mahnt, keinen Anlaß zu Verleumdungen zu geben, sondern ein rechtschaffenes Leben zu führen. Die dennoch auftauchenden Probleme bekommen im Lichte des Briefes sogar einen Sinn: sie machen den Glauben echt und sehr kostbar durch Läuterung. Hier benutzt der Verfasser das Bild vom Gold, das durch Feuer geläutert wird. Diese Metapher ist eine von zahlreichen Argumentationsfiguren, die belegen sollen, daß Christen ihr Leiden deuten können. So weist er auf den eschatologischen Status der Gemeinde hin, der am Ende herrliche Freude zuteil wird (1,8), betont die Kürze der Zeit bis zum Ende (1,6; 5,10), unterstreicht, daß Glaube seinem Wesen nach Hoffnung ist (1,3), macht auf das Vorbild Christi aufmerksam (2,21–25; 3,18–22) und bezeugt dessen Heilstat (2,24).
Homiletisch gesehen ist es immer neu ein Wagnis, einen Text aus den frühen christlichen Gemeinden in die heutige Situation hinein auszulegen. Allzu schnell sind angebliche Parallelen gefunden oder – um den Text »passend« zu machen, wichtige Passagen vernachlässigt. Dennoch muß, wer mit dieser Aufgabe betraut ist, sich ihr stellen. Am »sichersten« wird man sich mit einer Vers-für-Vers-Auslegung durch die ungeheure Ansammlung von schwergewichtigen Begriffen hindurchbewegen können, allerdings mit dem Risiko, die Gemeinde unterwegs zu »verlieren«. »Es war sehr schwer, den Worten zu folgen«, so hatte schon eine Teilnehmerin im Frauenkreis der St.-Urbanus-Kirchengemeinde zu Dorum geklagt. Das wird durch aneinander gereihte Begriffserläuterungen wohl nicht anders. Wer sich rhetorisch dazu in der Lage fühlt, sollte versuchen, dem Sprechakt des Textes nachzuspüren und einen Lobpreis Gottes mit eigenen Worten zu formulieren, orientiert am Text. Der folgende Vorschlag geht einen dritten Weg, der

darin besteht, die anschauliche Metapher von der Goldschmelze (1,7) zum Schlüssel des Textverständnisses zu machen. Die scheinbar eingängige Gleichsetzung von Gold und Glaube wird im Text doppelt gebrochen. Der Entwurf versucht, diese Tatsache rhetorisch dafür zu nutzen, daß man das Vertraute neu hören kann. Daß Glaube kostbarer ist als Gold, soll in der Predigt so dargestellt werden, daß es ermutigt und tröstet. Wo Konfirmation gefeiert wird, können Teile der Predigt sicher für diese spezielle Situation genutzt werden; allerdings sollte man sich davor hüten, die Sache moralisch zu wenden im Sinne einer Predigt gegen das viele Schenken. Wo »Gold« schlechtgemacht wird, wird auch seine Überbietung nicht mehr verstanden.

Vorschläge zur Liturgie

Lieder
EG 111 »Frühmorgens, da die Sonn aufgeht« (auch die Verse 13-15!); EG 302 »Du meine Seele, singe«; EG 398 »In dir ist Freude in allem Leide«; EG 102 »Jesus Christus, unser Heiland«; EG 116 »Er ist erstanden, Halleluja!«; zu erwägen sind auch EG 363 »Kommt her zu mir, spricht Gottes Sohn« mit dem Stichwort »Gold« in Vers 4 und EG 36 »Fröhlich soll mein Herze springen«, 7-12, sofern man gewillt ist, in der Osterzeit Verse eines Weihnachtsliedes anzustimmen.

Gebet zum Beginn
Herr Gott, himmlischer Vater
In deinem Sohn Jesus Christus können wir dich erkennen:
Du liebst uns;
du willst unser Leben;
du willst unser Vertrauen.
Wir bitten dich:
Laß uns in deinem Wort deine Liebe erkennen.
Laß uns in deinem Wort das Leben finden.
Laß uns durch dein Wort zum Vertrauen finden.
Sei du selbst bei uns, wie du es versprochen hast
durch deinen Sohn Jesus Christus,
unseren Herrn und Bruder,
der mit dir und dem Heiligen Geist lebt und regiert
jetzt und immer.

Fürbitten
Lasset uns beten zu Gott, unserem Herrn,

für alle, die zweifeln am Sieg Gottes über den Tod,
daß er selbst ihnen in den Weg tritt, damit sie
glauben können;

für alle, die Zeichen und Wunder nötig haben,
um glauben zu können,
daß sie die Fülle der Zeichen für Gottes Gegenwart in ihrem
Alltag erkennen;
für alle, die bekennen können: »Mein Herr und mein Gott«,
daß sie wissen, dieses Bekenntnis ist Gottes Gabe,
lasset uns zu Gott beten:

Herr, erbarme dich

für alle, die keine Hoffnung mehr haben, keinen Sinn in
ihrem Leben sehen,
daß Gott ihnen einen neuen Sinn gibt;
für alle, die falschen Hoffnungen und Träumen nachhängen,
daß Gott sie selbst aufweckt zu seinem Leben;
für alle, die nicht wissen, was Heiliger Geist ist,
daß Gott selbst ihn über sie ausgießt,
damit sie neue Menschen werden,
lasset uns zu Gott beten:

Herr, erbarme dich

für die Kirche des Auferstandenen Jesus Christus,
daß sie an ihm bleibt trotz aller Anfechtungen und Leiden;
daß sie fest bleibt im Glauben an seine
Verheißung ewigen Lebens,
lasset uns zu Gott beten:

Herr, erbarme dich

für die ganze Welt,
daß sie zur Offenbarung der Macht und Herrlichkeit des
Auferstandenen wird,
zur Rettung der Menschen,
lasset uns zu Gott beten:

Herr, erbarme dich

Herr, laß uns nicht ungläubig, sondern mache uns gläubig.
Schaffe du selbst in uns durch deinen Heiligen Geist
das Vertrauen,
daß du unser Gebet erhören wirst. Amen

(beide Gebete aus: Friedrich Delius »Kollektengebete und Fürbittengebete«, © Agentur des Rauhen Hauses, Norderstedt 1981, Blatt 36)

Segenswort
Der Segen des Herrn sei über euch durch seine Gnade und Menschenliebe allezeit, jetzt und immerdar und in alle Ewigkeit.
(Chrysostomusliturgie)

Vorschlag zur Predigt

Möglicher Anfang
Gold, von Gold ist die Rede in diesem Bibeltext. Ganz beiläufig scheinbar, nur so nebenbei. Aber doch an einer wichtigen Stelle. Mit Gold wird der Glaube verglichen, also mit dem, was unübertroffen wertvoll ist. Gold – was fällt einem dazu nicht alles ein! Von jeher ist es ein Zeichen für Reichtum. Schon in der Schilderung des Paradieses heißt es: »... dort findet man Gold; und das Gold des Landes ist kostbar« (1. Mose 2,12). Seit Jahrtausenden gilt es als Wertmesser. Seiner Schönheit wegen wurde es schon früh zu Schmuck verarbeitet. Es wurde Göttern geopfert, Kultgerät wurde daraus hergestellt und königliche Totenmasken wurden daraus geschmiedet. Als König Salomo für Gott den Tempel in Jerusalem errichtete, da »überzog er das Haus innen mit lauterem Gold und zog goldene Riegel vor dem Chorraum her, den er mit Gold überzogen hatte, so daß das ganze Haus ganz mit Gold überzogen war. Dazu überzog er auch den ganzen Altar vor dem Chorraum mit Gold.« (1. Könige 6,21.22). Dieses edle Metall dient bis heute als Schatz und als sichere Reserve, bis dahin, daß viele Staaten Tonnen davon in bestbewachten Festungen horten.
Mit Gold also vergleicht der Verfasser des ersten Petrusbriefes den Glauben. Scheinbar ist das ganz leicht verständlich, wenn man nachliest, wie er dazu kommt. Er beginnt mit einem überschwenglichen Lob Gottes. Und er legt in seine Worte so viel hinein, daß es beim flüchtigen Hören gar nicht alles zu behalten ist. Gott ist der Vater Jesu Christi, sagt er, er ist barmherzig, er hat uns wiedergeboren, er gibt uns Hoffnung, und vor allem: er hat Jesus Christus von den Toten auferstehen lassen. Doch damit nicht genug: Gott hat ein himmlisches Erbe für uns bereit, das nicht vergehen kann. »Ihr werdet euch freuen«, heißt es zusammenfassend – und das ist nach so viel Gründen auch gut verständlich. Und einleuchtend auch, daß alsbald der genannte Vergleich kommt zwischen Glaube und Gold. Mit was sonst soll man unseren Glauben vergleichen, wenn nicht mit dem Wertvollsten, was auf Erden denkbar ist?!

Zum weiteren Verlauf
Allerdings durchbricht der Text das nur scheinbar so klare Bild. Alles, was einem zum Wert von Gold einfällt, wird zweifelhaft. Denn plötzlich wird hier dem Glauben etwas zugerechnet, was den Vergleich ins Wanken geraten läßt: Wenn es sein soll, so heißt es, dann seid ihr eine kleine Zeit traurig in mancherlei Anfechtungen. Als sei es ganz selbstverständlich, wird hier das eingeführt, was uns das Leben ja erst zum Problem machen kann. Wir leben nicht auf einer Insel der Glückseligkeit, wir leiden unter Sorgen und Ängsten, Krankheit und Tod bedrohen uns uns unsere Lieben, nichts ist endgültig ... (das kann näher ausgeführt und mit eigenen – echten! – Bei-

spielen gefüllt werden). Und wenn das Leben so schwer ist, wieso sollte man dann den Glauben mit Gold vergleichen?
Und nun folgt die zweite Überraschung. Angesichts der vielen Sorgen könnte man vermuten, daß es nun heißt, mit dem Glauben sei es »fast so« wie mit Gold, aber eben nicht ganz. Das wäre eigentlich logisch. Denn das Gold ist ein reines Metall, der Glaube dagegen ist immer wieder getrübt durch Erfahrungen, die ihn infrage stellen. Aber nein! Das Bild vom Gold wird nicht etwa eingeschränkt oder zurückgenommen. Es wird gesteigert! Der Glaube soll »viel kostbarer« befunden werden als Gold, das doch vergänglich ist. Ein schier unglaublicher Widerspruch! Was soll denn der Vergleich mit dem Gold? Ist das Wertvolle daran nicht gerade, daß alles Störende von ihm weggeschmolzen ist, daß es also rein ist, echt? Müßte so nicht auch der Glaube sein? Wieso kann der Glaube sogar wertvoller sein, wo er doch offensichtlich verunreinigt wird durch die täglichen Erfahrungen? ...
Im weiteren Verlauf müßte nun darauf hingeweisen werden, daß der Vergleichspunkt nicht beim Wert des Goldes liegt, sondern beim Ereignis der Echtheitsprüfung. Sogar ein so wertvolles und scheinbar reines Metall wie Gold muß sich zunächst im Feuer bewähren. Manches an dem scheinbar reinen Goldstück verbrennt, weil es eine Verunreinigung ist. Erst dann kann man von echtem Gold sprechen. Und auch echtes Gold wird sich hin und wieder eine Feuerprobe gefallen lassen müssen, nämlich dann, wenn jemand zweifelt, daß es echt ist. Aber diese Probe kann dann dem Gold nichts mehr anhaben, denn es ist durch und durch echt und kostbar. Damit wird der scheinbar so harmlose und einleuchtende Vergleich von Gold und Glaube sehr dramatisch. Unser Glaube schützt uns nicht etwa vor Erprobung durch das Leben. Im Gegenteil: eine solche Erprobung ist geradezu nötig. Das aber wird sich erst zeigen bei der Offenbarung Jesu Christi, erst dann, wenn wir das Ziel unseres Glaubens erlangt haben. (Hier können andere Versuche erwähnt werden, dem Leiden einen Sinn beizulegen, vgl. K. Berger in den »Kontexten« am Schluß dieses Beitrages).
Echtheitsprüfung: Alles, was nicht echt ist an meinem Glauben, wird im Laufe des Lebens »weggebrannt«. Alles nur Angelernte, alles, was ich tue, um den Menschen (Eltern, Geistlichen, Autoritäten) zu gefallen, wird nicht bestehen. Positiv gewendet: Es gibt etwas in (?) mir / an mir / für mich ..., das Bestand haben kann, das durchhält. Es ist etwas Unerklärliches und doch Wirksames. Es hat mit Liebe zu tun, mit einer beständigen Beziehung. »Ihr habt Jesus Christus nicht gesehen und habt ihn doch lieb; und nun glaubt ihr an ihn, obwohl ihr ihn nicht seht«.

Möglicher Schluß
Glücklich ist dran, wer alles, was im Leben begegnet, auf den Glauben beziehen kann. Glücklich, wer nicht zu anderen Deutungen greifen muß oder gar zu dem Schluß kommt, es sei alles sinnlos. Glücklich, wer Worte

hat für das, was im Innersten bewegt. Wie schön, wenn Sie alles, was Sie traurig oder glücklich macht, vor Gott bringen können. Wie schön, wenn Sie nicht alles bis zum Letzten erklären müssen. Welch eine Freude, wenn das Ziel im Blick bleibt. Ein solcher Glaube ist kostbarer als alles Gold.

Kontexte

Auferstehungsglaube
Vom Hupfinger Alois ist eine Todesanzeige erschienen. Er lebt aber noch und ruft seinen Freund an: »Hast mei Todesanzeige gelesen?« »Freili«, antwortet der Freund, »von wo sprichst denn?« (Für jeden neuen Tag 20, Seite 28, Stuttgart 1991)

Vom Sinn des Leidens
Klaus Berger entfaltet aufgrund des biblischen Befundes »ein differenziertes Bild von den Rollen des Leidens«:
Leiden als Folge des Tuns, Leiden als unerklärliches Geschehen, Leiden des Gerechten als Teilhabe am Widerspruch der Menschen gegenüber Gott, Leiden als Stellvertretung, Leiden als Weg, Leiden als negative Voraussetzung für Gottes Wirken, Leiden als Tausch, Leiden als Freude und Leiden als Gemeinschaft. (Vgl. die Ausführungen dazu in »Wie kann Gott Leid und Katastrophen zulassen?« Stuttgart 1996, Seite 180–183)

Lösungs- und Ressourcenorientierung
»In der klassischen Psychotherapie verschiedener Richtungen wird intensiv und lange über Probleme, Störungen, traumatische Erfahrungen oder Defizite gesprochen. Ziel ist dabei die erinnernde, wiederholende und durcharbeitende Aufarbeitung von Konflikten, nicht so sehr das Finden von Lösungen. Kommunikationstheoretische (Watzlawick) und systemtheoretische Erkenntnisse (De Shazer) haben dazu geführt, daß der Fokus in systemischer Therapie von vornherein lösungsorientiert konzipiert wird. ›Eine dabei wesentliche Prämisse ist die, daß es zur Konstruktion einer Lösung keiner detaillierten Kenntnisse und Erklärungen des Problems bedarf.‹ (Reetzer, a. a. O., 187) Die Lösung wird vom Problem abgekoppelt.«
(M. Ferel in WzM, 48. Jg., 1996, Seite 367)

Miserikordias Domini

Annäherungen an den Predigttext 1. Petrus 2,21-25

Jutta Konowalczyk-Schlüter

Ich habe meine Konfirmandenunterrichtshelfer gebeten, sich eine Stunde lang mit mir intensiv über den Bibeltext zu unterhalten. Vier junge Männer im Alter von 18 bis 30 Jahren sprechen mit der Pastorin über 1. Petrus 2,21-25.

Erste Gesprächsrunde, nachdem wir den Bibeltext mehrmals laut gelesen haben.
Pastorin: Äußert mal bitte Eure Spontaneindrücke zu dem, was Ihr eben gehört habt!
Marco: Das kommt mir alles hammerhart vor: Wenn ich Christus folgen will, muß ich unbedingt ganz genauso sein wie er. Kann man das überhaupt?
Ulli: Das ist wie eine Zwangsjacke, man hat gar keine Wahl, sondern soll genau das tun, was einem vorgeschrieben ist.
Stefan: Ich versteh' den Text nicht so ganz: Sind wir damit gemeint? Sind wir diejenigen, die das alles tun sollen: Leiden, uns nicht zur Wehr setzen, nicht drohen? Ganz zum Schluß steht ja eine prägnante Zusammenfassung über das Leben Jesu.
Mario: Das finde ich auch. Es ist alles so formelhaft zusammengefaßt, als müßte man aus wenigen Worten schon einen viel weiteren Zusammenhang verstehen. Vielleicht ist das nur eine Zusammenfassung? Können wir nicht mal lesen, was vor dem Predigttext steht?

Zweite Gesprächsrunde, nachdem wir 1. Petrus 2,11-3,9 gelesen haben.
Pastorin: Das ist eine Gemeindeanweisung für verschiedene Gruppen in der christlichen Gemeinde. Unser Predigttext richtet sich speziell an die Sklaven.
Mario: Dann hat Christus also für die Sklaven gelitten, und die Sklaven sollen nun weiter leiden bis in alle Ewigkeit?
Marco: Und was ist mit den Herren? Die dürfen nun machen, was sie wollen? Und die Sklaven müssen sich alles gefallen lassen. Das ist nun bestimmt nicht das, was die Bibel unter »christlichem Leben« versteht.

Stefan: Ich finde das gar nicht so schlimm, daß sich ein Wort auch mal an die Sklaven richtet. Mir gefällt 2. Petrus 2,24 gut: Da ist in einem kurzen Satz ausgedrückt, was Christentum für mich bedeutet: Daß Jesus Christus für unsere Sünden ans Kreuz gegangen ist und wir dadurch befreit sind. Was will der Mensch mehr?
Marco: Aber jetzt, wo du den Satz hervorhebst, fällt mir auf: Das ist der einzige Vers, wo von »uns« gesprochen wird. Sonst ist immer nur von »ihr« die Rede. Christus ist also für alle ans Kreuz gegangen, für Herren und Sklaven.
Ulli: Und für Frauen und Männer! Der ganze Text unterstützt ja die Klassengesellschaft: Obenan stehen die Herren, dann kommen die Sklaven, ganz zum Schluß die Frauen. Also, ich frage mich, weshalb so ein Text in der Bibel steht.
Marco: Ist das heute denn anders? Wir sind die Sklaven, die Herren sind die Bundesregierung und unsere Gemeinschaft ist eine Scheingemeinschaft! Ein Bibelwort müßte aber für alle gelten, für alle gleich!
Stefan: Dann war das damals also eine Klassengesellschaft. Das ist es aber nicht, was ich unter Christentum verstehe. Wie ist es eigentlich zu diesen gesellschaftlichen Unterschieden gekommen? Sagt die Bibel darüber nichts?

Dritte Gesprächsrunde, nachdem eifrig der textkritische Apparat der »Einheitsübersetzung« zu Rate gezogen wurde:
Mario: Also, ich bleibe dabei: Das kann ich nicht unterschreiben, daß ich mich ohne Widerspruch mit allem abfinden soll und immer nur unterordnen. Das soll Gott gut finden? Dann wäre es ja wie bei »Animal Farm«: Einer befiehlt, wo's lang geht, und alle anderen sind die dummen Schafe!
Marco: Der Text sagt aber schon was über heute aus: Wir sind dazu berufen, auch Leiden zu erdulden, Ungerechtigkeiten durch höhere Instanzen hinzunehmen. Denk nur an die französischen Atomversuche auf dem Mururoa-Atoll. Können wir was dagegen machen? Aber all das ist auch ein Spiegelbild der heutigen Amtskirche. Die steht auch im Gegensatz zum »Leib Christi« im biblischen Sinn!
Stefan: Ich identifiziere mich schon noch mit den Sklaven. Mir wird hier gesagt, daß durch die Kreuzigung Jesu meine Sünden vergeben sind. Das ist sicher kein Freibrief für mich, aber ein Trost. Gerne wüßte ich, wie es weitergeht: Was folgt nun für uns, die irrenden Schafe, daraus, daß wir zu unserem Bischof Jesus Christus bekehrt sind?
Mario: Ist doch klar, wenn du in den Text hier guckst: »Alle Menschen sind gleich. Nur manche sind gleicher – weil reicher!«

Zum Gottesdienst

Helmut Gröpler

Exegetisch-homiletische Skizze

Am heutigen Sonntag gilt es, daß wir »die Stimme des guten Hirten hören und ihm nachfolgen« (Kollektengebet, traditionelle Fassung). Der Gemeinde soll die Aktualität des stellvertretenden Leidens Christi für ihr Leben heute deutlich werden, konkret für die Situationen, in denen die Glieder als Christen leiden müssen. Am Sonntag Misericordias Domini (= die Barmherzigkeit des Herrn) läßt sich Gottes Erbarmen mit dem Bild vom Hirten gut beschreiben. Unser Text ist als Epistel des Sonntags offenbar um seines Schlusses (Vers 25 b) willen dem Evangelium vom Guten Hirten zugeordnet worden. Christus will als Guter Hirte für die Seinen da sein. Sie gehören zu ihm. Und wer sich ihm in der Gemeinde als »Mithirte« zur Verfügung stellt, sollte seinen Dienst als Verlängerung bzw. Auswirkung des Hirtendienstes Christi selbst verstehen. Es gibt etwas zu tun. Für verspielte Schäfer-Poesie ist kein Platz. Hirtenleben ist rauhe Wirklichkeit! Da geht es darum, sich ganz wach zur Verfügung zu stellen, sich anzustrengen, zu verzichten, Entbehrungen und Strapazen auf sich zu nehmen. So wird deutlich, daß Christus da ist und regiert. Er setzt sich mit seinem Leben für die Schafe ein und sorgt dafür, daß niemand verloren geht.

Mit 1. Petrus 2,21 a beginnt das zweite von den drei »Christusliedern« des Briefes (1,17 ff., 2,21 b ff. und 3,18 ff.). Wahrscheinlich eine Taufparänese. Die Paränese wird begründet durch den Rückverweis auf ihren Herrn. Nachfolge ist Nachfolge Christi. Darum ist an ihm zu messen. Auf Grund der Tatsache, daß Christus für uns litt: sündlos (V. 22), widerspruchslos (V. 23), stellvertretend (V. 24 a), hat er uns in einen Heilsstand versetzt: Vor Gott gerechtfertigt und geheilt (V. 24 b), vor der Welt in die Ordnung seiner Gemeinde gestellt (V. 25). In ihr sind wir aufgefordert, in seine Fußtapfen zu treten (V. 21 b).

So wird das Leiden der Christen beschrieben. Es wird sozusagen zu einem konstitutiven Element auf dem Wege durch die Welt zu Christus.

Angeredet sind die Sklaven. Aber im Rahmen der christlichen Gemeinde weist gerade ihr Stand sofort über sich hinaus: Jesus Christus, der Sohn Gottes, begab sich freiwillig in die »Knechtsgestalt« (Phil 2). Seine Liebe zu den Seinen machte ihn zu ihrem »doulos« (Joh 13), und durch seinen Sklaventod am Schandpfahl vollendete er einen stellvertretend bis zur letzten Konsequenz durchlebten Gehorsam Gott gegenüber. Dadurch hat er die Seinen aus der Knechtschaft der Mächte herausgenommen und in seine Nachfolge berufen. Die Apostel, ja alle Christen sind »douloi christou«. (Zum einzelnen siehe bei Rengstorf ThWB II, Seite 276 ff.).

»Hypogrammon« ist die Schreibvorlage, um eine Gravur mit dem Schreibstift in eine Unterlage zu bringen, die der Schreibkundige für den des Schreibens Unkundigen vornimmt. Wie oft mag der gebildete Sklave seinem Herrn auf diese Weise eine Vorschrift zum Nachvollzug habe anfertigen müssen. Jetzt ist es Christus, der Herr, der seinem Sklaven die Hand führen will. Die Vorlage ist das Leiden Christi, das in die Tafel der Geschichte eingraviert ist. Alles Leiden nach Christus bringt keine neue Gravur, sondern zeichnet die Einschnitte nach, die schon vorgenommen worden sind. Es gibt kein Christsein ohne Teilhabe an Christi Schicksal, an seinem Weg. Darum gehört das Leiden unmittelbar mit der Berufung zum Christsein zusammen. Denn seine Fußspuren führen nicht durch heilige Bezirke, sondern mitten durch die Welt, wie sie ist. Seinen Fußspuren gilt es zu folgen. Wie oft mag der Sklave seinem Herrn den Weg habe ebnen müssen. Nun ist dem Sklaven der Weg von Christus bereitet. Er braucht keinen eigenen Weg zu suchen. Er kann und darf in Christi Fußtapfen treten. Nachfolge ist Nach-Folge Christi. Seine Fußspuren führen mitten durch die Welt. So bleiben wir hinter dem Herrn, der unser Leben als der »Gute Hirte« trägt.

Vielleicht wäre es das beste, die Perikope von hinten aufzurollen, also von Vers 24 und 25. Die Aussage, daß wir verirrte Schafe waren, aber nun den Weg zum Guten Hirten gefunden haben, wird von jedem anerkannt werden, der etwas von dem Wort Tertullians weiß: »christianus fit, non nascitur« (man *wird* ein Christ, man ist nicht als Christ geboren)«. Solche Menschen sind geheilt worden durch Christi Tod. Die Heilung (Vers 24b) besteht darin, daß das Leiden nicht mehr »krank macht«. Es kränkt nicht mehr. Christus schenkt durch seinen Tod neues Leben. »Durch seine Wunden seid ihr heil geworden«. Das Leiden ist überwunden, aber auch Sünde, Schuld und Tod. Hier geschieht Auferstehung! Auferstehung heißt: Jesu Weg durch diese Welt hat den Weg eröffnet, Leiden anzunehmen als eine Situation, die durchlebt werden kann. Jesus von Nazareth hat das Leben gerade im Leiden bejaht. Er hat andere eingeladen, ihr Leben auch im Leiden zu bejahen.

Sehr schön sagt Martin Kruse in GPM 1967/68 z. St.: »Unsere Welt lebt davon, daß Christus sie nicht ertragen, sondern wirklich getragen hat. Sehnt sich unsere Welt nicht nach Menschen, die mittragen können?« – In einigen Predigthilfen wird über die Frage der Perikopenabgrenzung, auch über die Prädikabilität des Textes nachgedacht. Besonders kraß sagt Ulrich Luz in den Predigtstudien, Stuttgart 1974, Seite 52 auf die Frage: ›Sollen wir den Text predigen?‹: »Für mich persönlich kann die Antwort nur grundsätzlich negativ lauten.« In meiner Besinnung habe ich versucht, aufzuzeigen, in welche Richtung die Botschaft unseres Textes zur Sprache gebracht werden könnte.

Zur Liturgie

Psalm 23
Refrain: Weil der Herr uns leitet,
gehen wir fröhlich in den neuen Tag.,
... Jeder Tag gibt Grund zu neuem Dank:
reichliche Pflichten und heimliche Gaben aus der Hand des Herrn.
Auch am Tag der Angst ist er uns nah,
wenn wir erschrecken, vom Unfall bedroht sind,
jäh der Mut erlischt.
Wer kennt unsere Not wie du?
Du suchst längst nach Helfern. Du hörst jeden Hilferuf.
Unser Leben ist wie eine Fahrt:
Früh voll Versprechen und abends voll Freude.
Denn du gibst weit mehr:
Wir bitten dich um Geleit, und du schenkst dich selber.
Jeder Tag wird ein Gewinn.
(Psalmen-Transformationen, Nachdichtungen von Gottfried Schille, Evangelische Verlagsanstalt GmbH Berlin, 2. Auflage 1979, Seite 24 f.)

Kollektengebet
Herr, unser Gott. Du willst unser Hirte sein. Es soll uns an nichts fehlen. Viele Stimmen dringen aber auf uns ein, viele Wege stehen uns offen. Deswegen bitten wir dich: Komm zu uns mit der Kraft deines Heiligen Geistes, damit wir aus dem Stimmengewirr unserer Zeit deine Stimme heraushören, damit wir auf dem Weg bleiben, den wir nach deinem Willen gehen sollen.
Das bitten wir durch Jesus Christus, unsern Herrn.
(Bad. Agende, 3. Lieferung 1985, Miserikordias Domini)

Confiteor zum Sonntag vom Guten Hirten
Herr, wir haben dich, den Hirten, mißachtet, darum mangelt uns die Liebe.
Wir weiden uns an unseren Erfolgen, dafür fehlen die Wege zum frischen Wasser.
Wir beruhigen unsere Seele, dabei laufen wir um andrer Namen willen krumme Straßen, wandern im Unglück und fürchten das finstere Tal.
Wir vergessen, daß du da bist, und sind leidige Tröster.
Wir denken nur an unseren Tisch im Angesicht unserer Freunde, salbadern mit Öl und lassen Arme leer ausgehen.
Wir erkennen, so kann es nicht gehen ein Leben lang.
Wir bekennen: Gutes und Barmherziges kommt im Grunde von dir.
Laß uns bleiben im Hause deiner unverdienten Liebe immerdar.
(Henning Schröer in ZGP 5/1985, Seite 7)

Gebet
Wenn ich zu dir komme, o Gott, nimmst du mich auf.
Du fragst nicht, was ich falsch gemacht habe; denn du weißt es.
Du hältst mir mein Versagen nicht vor; denn du kennst es schon.
Du machst mir das Herz nicht schwer; denn du trägst seine Lasten.
Wenn ich zu dir komme, o Gott, nimmst du mich an.
Du übernimmst meine Schulden; denn du hast sie schon bezahlt.
Du läßt mich frei ausgehen; denn du zerbrachst mein Gefängnis.
Du ermöglichst mir einen Anfang; denn du besiegelst das Ende.
Wenn ich zu dir komme, o Gott, gibst du dich her.
Du teilst dein ewiges Leben mit mir; denn du liebst mich rückhaltlos.
Du rechnest nicht auf; denn alles willst du mir schenken.
Du öffnest dein Herz; denn du bist die Tür zu meinem neuen Leben.
Wenn ich zu dir komme, o Gott, willst du mich ganz.
Du umfängst meine Seele; denn du kannst mich bergen und schützen.
Du nimmst mich in deinen Dienst; denn du teilst dich durch mich mit.
Du vollendest dich in mir; denn ich bin dein Eigentum.
(aus ZGP 4/1985, Seite 39, Verfasser nicht genannt)

Gebet
Herr Jesus Christus,
immer wieder versuchen wir,
unser Leben in die eigene Hand zu nehmen.
Wir vertrauen uns falschen Herren an und werden enttäuscht.
Du bist der rechte Herr und Hirte, führe uns auf deinen Wegen und laß uns nicht Mangel leiden. Bringe uns zu deiner Herde und behalte uns in deiner Gemeinschaft.
(aus: Erneuerte Agende, Vorentwurf, © Lutherisches Verlagshaus GmbH, Hannover 1990, Seite 230)

Lieder
EG 274 (Der Herr ist mein getreuer Hirt),
EG 446 (Wach auf, mein Herz, und singe)
EG 117 (Der schöne Ostertag!)
EG 118 (Der Herr ist auferstanden)

Vorschlag zur Predigt

Möglicher Anfang
Liebe Gemeinde!
Das Christwerden ist ein langer Prozeß. Erst langsam verstehe ich, wohin ich gehöre und wozu ich da bin auf der Welt. Das braucht seine Zeit. Jemand hat einmal sehr schön gesagt: »Man *wird* ein Christ, man ist nicht als Christ geboren.«
Normalerweise laufe ich wie alle Menschen ziellos und planlos durchs

Leben. Unser Text sagt es so: »Ihr wart wie die irrenden Schafe; aber ihr seid nun bekehrt zu dem Hirten und Bischof eurer Seelen« (Vers 25). Es kommt darauf an, einen neuen Lebenszusammenhang zu gewinnen. Wer ihn sucht, höre zu!
Darin besteht die gute Nachricht für den heutigen Sonntag: Der gute Hirte ist da und wartet auf uns. Er hat sein Leben für uns gelassen und ist dadurch in engste Gemeinschaft mit uns getreten.

Zum weiteren Verlauf
Die Bibel gibt uns Existenzdeutung und Orientierungshilfe. Unser heutiger Text sagt uns:
1. Christus ist da - er sucht das Verirrte und Verlorene. Das ist eine Sendung. Er wendet sich den Außenseitern der Gesellschaft zu, den Kranken, den Schwachen, den Kontaktlosen und Gemeinschaftsscheuen. Jesus sagt, sie seien wie Schafe, die sich von der Herde verirrt haben. Ihr Schicksal ging ihm nicht nur nahe, es geht in sein Herz, in ihn selbst hinein, so daß es jetzt ganz sein Elend ist, er nahm es ihnen ab und auf sich. Er erlitt es an ihrer Stelle. Er war auf die Erde gekommen, um die Menschen in dieser Hingabe zu sehen. So kam das Reich Gottes zu den Menschen. Sie kamen zu einem großen Aufatmen.
Und er will uns dabeihaben. »So folgt seinen Fußspuren« (Vers 21). In unseren Tagen ist folgendes geschehen (tatsächlicher Vorfall): »Die alte Frau war von einem Auto angefahren worden. Sie lag auf der Straße, blutend, aber bei Bewußtsein - und ganz allein. Passanten hatten schnell reagiert. Man hatte sogar eine Decke über die Frauz gebreitet. Aber sie lag allein da. Um sie herum in einem Abstand von einigen Metern hatte sich ein Kreis von Menschen gebildet. Und sie lag in der Mitte. Man schaute zu und wartete auf die Hilfe. Es waren ja alle notwendigen Vorkehrungen getroffen«. Es ist für alles vorgesorgt, trotzdem: etwas fehlt. In dieser Szene ist ein Vakuum. Es fehlt ein Mensch, der hingeht zu der alten Frau, bei ihr niederkniet, ihre Hand nimmt, sie ansieht und ihr gut zuredet. Die Scheu, in dieser Situation etwas falsch zu machen, ist verständlich, auch die Angst vor einem hilflosen Menschen. Was sagt man ihm eigentlich? Aber diesen Kreis der Einsamkeit durchbrechen und der Verunglückten ganz nahe sein - das ist lebenswichtig.
Mir scheint diese Szene auf der Straße wie ein Symbol unserer Zeit: Sehr viel Vertrauen in Apparate und Spezialisten, aber das Schlichte, Selbstverständliche, Menschliche, der Schritt heraus aus der Mauer der Zuschauer, unterbleibt. - Gott hat sich in Jesus Christus konkreten Menschen zugewendet. Er ist nicht auf Distanz geblieben. Er hat den Schritt auf die Unter-die-Räder-Gekommenen und Angeschlagenen zu gemacht. Er hilft und heilt. Und er will uns dabeihaben. Er lädt uns ein, an dieser Bewegung des Lebens und der Hilfe nach unseren Möglichkeiten teilzunehmen ... (Kranke, Sterbende, Behinderte, Gegner)

Wir sind seine Mitarbeiter und sollten wissen: Alles, was wir ausrichten, bewirkt er durch uns. Uns wird geholfen, wo wir helfen. Wir sind erfaßt, wo wir zufassen. Wir empfangen, wo wir geben. Wir antworten, wo wir reden. Wir siegen, wo wir leiden.

2. Christus ist da - er lehrt uns, unsere Gegenwart, auch das Leiden, anzunehmen und aktiviert unsere Hoffnung. »Als er leiden mußte, drohte er nicht, sondern stellte es Gottes gerechtem Gericht anheim« (Vers 23) - »Jetzt aber hat er euch zu eurem Hirten bekehrt, der euer Leben behütet« (Vers 25). Propst Grüber, Berlin, hat einmal erzählt, er habe im Konzentrationslager Sachsenhausen den mit ihm gefangenen Niemöller kommen sehen, während er gerade einen Weg zu kehren hatte. Er habe für seinen Bruder und Leidensgenossen, den er nicht ansprechen durfte, in den Sand die Buchstaben VIVIT geschrieben, das lateinische Wort »Er lebt«. Welch ein Hoffnungssignal in dieser Situation, Hoffnung, die Mut gibt zum Leben und zum Durchhalten.

Möglicher Schluß
Liebe Mitmenschen, so einen weiterhelfenden und frohmachenden Impuls brauchen auch wir für unser Leben. In der Nähe des Guten Hirten erreicht er uns - hoffentlich.

Kontexte

Freude,
du Schwester des Dunkels, Schwester des Leids,
größer denn alles, Bewegerin der Zeit.
Freude,
vom Herzen Gottes gesandt in die Zeit,
flutend umhülle mein Licht und mein Leid.
(Hedwig-Maria Winkler, in EG, Ausgabe für die Evangelisch-Lutherische Kirche in Bayern und Mecklenburg, Seite 225)

Das Leiden muß getragen werden, damit es vorübergeht. Entweder die Welt muß es tragen und daran zugrunde gehen. Oder es fällt auf Christus und wird in ihm überwunden. So leidet Christus stellvertretend für die Welt. Allein sein Leiden ist erlösendes Leiden. Allein auch die Gemeinde weiß nun, daß das Leiden der Welt einen Träger sucht. So fällt in der Nachfolge Christi das Leiden auf sie, und sie trägt es, indem sie selbst von Christus getragen ist. Stellvertretend steht die Gemeinde Jesu Christi für die Welt vor Gott, indem sie nachfolgt unter dem Kreuz.
(D. Bonhoeffer © Chr. Kaiser/Gütersloher Verlagshaus, Gütersloh)

Alle, die im Leiden lernen, die Erfahrungen machen und alte Erkenntnisse überwinden, die ihre eigene Stärke erfahren und den Schmerz der Lebenden im Reich der Toten kennenlernen, beginnen den Exodus (die Umwertung des Lebens).
(D. Sölle, Leiden)

Jubilate

Annäherungen an den Predigttext 1. Johannes 5,1-4

Ulrike Schilling

In einer Runde von vier Frauen im Alter zwischen 26 und 75 Jahren, alle mit kirchlicher Bindung, haben wir den Text auf uns wirken lassen. Erste Eindrücke:

- Dieser Text ist sehr hoch angesiedelt: Die Überwindung der Welt durch den Glauben, die Gebote, die nicht schwer sind, da komme ich mir eher klein vor, das könnte ich nie von mir sagen.
- Ich finde den Text schwierig, nicht leicht zu verstehen. Die Sätze sind sehr verschachtelt. Als Epistellesung würde ich nicht viel davon aufnehmen können. Welche Verbindung besteht zwischen diesem Brief und dem Joh-Evg?
- Ich habe den Text schon mehrfach gelesen - er bleibt mir fremd. Mir gefällt diese Zweiteilung der Welt nicht. Ich finde die Welt nicht so schlecht, daß ich sie überwinden muß. Ich sehe auch manches Positive in der Welt.

Ich hielt es an dieser Stelle für erforderlich, exegetische Hintergründe zu erläutern, fußend auf H.-J. Klauck, Der erste Johannesbrief, EKK XXIII/1, 1991. Wichtig dabei war mir, daß dieser Text gerade gegenüber den gnostisch ergriffenen Abtrünnigen für seine Gemeinde die Bodenhaftung bewahren und das Bewußtsein einer gemeinsamen Identität wieder herstellen will. Es geht dabei um *Jesus* als den Christus und um tatsächlich ablesbare geschwisterliche Liebe untereinander, die sich der Vaterschaft Gottes verdankt. Daß dieser Text aus sich selber in dieser Richtung nicht verständlich ist, blieb ein Problem.

- Das ist mir alles zu abgehoben, ich muß mir diese Gedankenkonstrukte mühsam übersetzen. Mir ist das zuviel Liebe. Das macht mich schon wieder wütend. Ich erlebe auch Nächstenliebe, die sich nicht von der Gottesliebe her begründet. Für mich liegt darin die Gefahr einer neuen Gesetzlichkeit. Ich finde die Gebote nicht leicht.

Diese Meinung wurde von den anderen nicht geteilt, zeigt aber, daß die Tendenz zur Polarisierung dem Text selbst innewohnt. Es ist ein Insidertext, dessen Begrifflichkeit das Ergebnis eines längeren Prozesses ist. Übersetzungsarbeit wurde für uns notwendig.

- Ich muß mir den Jesus der Synoptiker vor Augen führen, der sich den Menschen zugewandt hat und sie mit auf den Weg genommen hat. Glauben heißt für mich vertrauen. So muß ich mir den Satz »Jesus ist der Christus« aufschließen. Ich finde das sehr anstrengend.
- Mir gefällt dieser Text. Ich finde diesen ganzen Brief wunderbar. Mich erhebt dieser Text auch noch mit meinen 75 Jahren. Ich sage nicht, daß ich so leben kann, so vollkommen in der Liebe bis hin zur Feindesliebe, das werde ich nie können, aber ich weiß, wohin ich gehöre und worauf ich mich gründe. Daß die Gebote leicht sind – in Christus kann ich dahin kommen.
- Das »leicht« steht schon in Spannung zu dem Wort »Sieg«. Der Sieg setzt einen Kampf voraus, etwas, was ich durchmachen muß, um dahin zu kommen, daß mir die Gebote leicht werden. Mir hilft der Text zur Vergewisserung meiner Werte, die ich leben möchte und die ich so überhaupt nicht als selbstverständlich vorfinde bei der wachsenden Gewaltbereitschaft, Mobbing etc. in unserer Gesellschaft. Ich brauche diese Vergewisserung, und hier spüre ich sie als Kraft.
- Wenn ich alles in Frage stelle, dann kann gar kein Glaube entstehen. Das widerspricht sich doch. Ich bin froh, daß ich von meiner Mutter lutherisch klar geprägt worden bin. Ich kann diesen Text so annehmen, so wie ich als Kind das Lied »Weißt du, wieviel Sternlein stehen« angenommen habe und es immer noch liebe. Ich empfinde auch hier im Text Glauben als passiven Akt, daß er einem geschenkt wird. Für mich entsteht auch keine Spannung zwischen der Liebe und den Geboten. Erst Bindung ermöglicht Freiheit, man kann die Gebote ja auch als Hilfestellung lesen zum Leben. Etwas Verbindliches muß dasein.
- Ich erlebe dieses Bild »aus Gott geboren« oder »aus Gott gezeugt« ganz stark, diese Leiblichkeit, mit der wir an die Liebe Gottes angeschlossen oder in sie eingebunden sind. Hier fällt ein Gegenüber von Gott und Mensch weg zugunsten des Bildes der Familie mit Zeugung, Vererbung, mit den Geschwistern, vor die man sich gestellt sieht und mit denen man sich auseinandersetzen muß. Neben Geschwister*liebe* gibt es immer auch Konkurrenz, Neid, unterschiedliche Phasen von Nähe und Distanz. Wahrscheinlich wirbt der Text deshalb so sehr um die Liebe der Kinder Gottes untereinander und bindet sie deshalb so eng an die Gottesliebe von Gott und zu Gott.

Wichtig war dazu wieder der Blick auf Jesus, der uns Gott als Vater gezeigt hat, und auch die Linie von den 10 Geboten zum Doppelgebot der Liebe. Mir hat dieses Gespräch gezeigt, daß es gut ist, daß es eine selbstverständliche Verständigung gibt über den gemeinsamen Glauben, aber daß diese Selbstverständlichkeit der Begriffe auch unter Christen nicht selbstverständlich ist. Ich muß mich auf meine theologischen Begriffe hin befragen lassen, und ich muß Übersetzungsarbeit anbieten, am besten im Miteinander, so wie es hier geschehen ist. Die Distanz der einen Teilnehmerin zu diesem Text ließ sich dabei trotzdem nicht überwinden.

Zum Gottesdienst

Friedrich Holze

Exegetisch-homiletische Skizze

»Unser Glaube - der Sieg«: die Kühnheit dieser Worte verschlägt den Atem. Schon M. Luther fragt 1545 in einer späten Predigt über die Epistel, ob hier über den Glauben nicht »zu hoch, zu hoffärtig geredet« werde (WA 49,703). Sind nach 2000 Jahren Christentumsgeschichte mit vielen dunklen Kapiteln solche triumphalistischen Töne noch angebracht?
Es scheint, daß eine solche Fragestellung zwar grundsätzlich berechtigt, aber durch den besonderen geschichtlichen Hintergrund des 1. Joh nicht abgedeckt ist. Wie Hartwig Thyen (TRE XVII [1988], 189 ff.) verdeutlicht, meldet sich im 1. Joh (wie auch im gesamten Corpus Johanneum) nicht die selbstgewisse Stimme einer ecclesia triumphans zu Wort, sondern die Stimme einer bedrängten Gemeinde, die im Ringen mit einer erstarkten jüdischen Orthodoxie von Abwanderung bedroht ist und ihre Glieder zum Bleiben in der christlichen Gemeinschaft ermutigen will. Die Rückkehr von Christen jüdischer Herkunft in die ursprüngliche Heimat der Synagogengemeinde löst eine tiefe Existenzkrise innerhalb der Christengemeinde aus (1. Joh 2,19). Daß es gerade ehemalige Gemeindeglieder sind, die aus religiöser Ernüchterung oder aus politischem Opportunismus heraus die Messianität Jesu bestreiten, trifft sie ins Mark. Der scharfe Gegenwind, der ihr ins Gesicht bläst, zwingt sie zur Selbstbesinnung: Was rechtfertigt eigentlich unsere Existenz? Was ist bei uns so besonders und anders, daß wir bewußt einen eigenen Weg neben dem Judentum und aus ihm heraus suchen? Weshalb ist die Gestalt Jesu für unseren Glauben unverzichtbar und unaufgebbar? So ist der 1. Joh als Dokument einer zutiefst verunsicherten und sich ihrer Identität neu vergewissernden Gemeinde zu lesen (und zu predigen). Nicht die helle Siegesfanfare des christlichen Glaubens wird hier angestimmt, wie dies später in einer allzu mächtig und selbstsicher gewordenen Kirche oft genug zu ihrem Unheil geschah. Vielmehr kleiden sich in die Bilder von Sieg und Überwindung die Visionen einer bedrängten Gemeinde, die inmitten einer bedrückenden und einschüchternden Gegenwart ihre Hoffnung auf die verwandelnde Kraft des Glaubens an Jesus Christus festzuhalten und zugleich neu zu buchstabieren sucht.

Damit rührt der zu predigende Abschnitt aus dem 1. Joh an wichtige Fragen unserer eigenen Gemeinde- und Kirchenwirklichkeit. Viele Menschen kehren ihr innerlich und äußerlich den Rücken, halten sie für weltfremd und überholt, wenden sich auf dem religiösen Markt anderen Angeboten zu. Angesichts dieser breiten Ausstiegsbewegung, deren Ende noch nicht abzusehen ist, sind die anfänglich triumphierenden Stimmen derer, die vom notwendigen »Gesundschrumpfen« der christlichen Kirche sprachen, stiller geworden. Die Christen aber, die sich auch weiterhin bewußt zu »ihrer« Gemeine halten, geraten zunehmend gegenüber den immer offensiver argumentierenden Zweiflern am Christentum in die Defensive. Welche Christus-Vision hat eine Kirche, die ins gesellschaftliche Abseits zu geraten droht? Haben wir Christen überhaupt noch eine Vision? Wie läßt sich die Christus-Wirklichkeit in einer modernen Welt formulieren und proklamieren? Schon längst ist nicht mehr der bloße Bestandserhalt der Kirche angesagt, sondern: Wie sind die Abwandernden zum Bleiben zu bewegen? Wodurch ist der Exodus der Gleichgültigen und Enttäuschten zu stoppen? Kann der allgemeinen Sogwirkung eines gesellschaftlichen Trends überhaupt wirkungsvoll begegnet werden? In all dem sind Fragen aufgeworfen, die uns mit dem 1. Joh verbinden. Seine Antwort, auch wenn sie unseren Ohren befremdend klingt: In unserer Angst vor einer Wirklichkeit, in der uns die Felle davonzuschwimmen scheinen, spiegelt sich letztlich eine tiefe Glaubens- und Lebenskrise der Christen. In uns selbst, in unserem Glauben muß sich etwas bewegen, wenn sich etwas verändern soll.
Für den 1. Joh kommt alles auf diesen Glauben an, diesen ersten und entscheidenden Sprung in eine neue Vertrauenshaltung zu Gott. Wie eine neue Geburt ist das, wie ein Neu-Geboren-Werden aus Gott, wie die - dem Christusgeschehen vergleichbare - Auferstehung in einen neuen Erfahrungshorizont, der mich Gott, mich selbst und meine Welt neu sehen läßt. Was vorher schwer fiel, das Halten der Gebote Gottes, wird plötzlich leicht. Denn was ist Glauben anderes als das Eintauchen in die göttliche Liebe, die mich frei macht zu liebendem Handeln? »Nur der Geliebte kann lieben; so gründet unser Lieben im Evangelium von Gottes Liebe zu uns« (Helmut Gollwitzer 1973). Von innen her, aus dem Glauben heraus geschieht die Revolutionierung meines Ich. Die in mir schlummernden Kräfte der Liebe werden geweckt und freigesetzt für eine schöpferische Veränderung der Welt. Dem 1. Joh ist die Liebe, die unter Menschen geschieht, ein lebendiges Abbild der Liebe des Schöpfers selbst, der seine Welt nicht aufgibt, sondern ihr als ein Liebender nahekommt. Indem er in Jesus Christus die Gestalt von Fleisch und Blut annimmt, arbeitet er - auf diese Weise den Abstand zwischen sich selbst und der Welt überwindend - schon längst an der Veränderung unserer Wirklichkeit. »Wir sind Geliebte, damit wir lieben, weltüberwindend geliebt, daß wir weltverändernd lieben« (H. Gollwitzer ebd.) In diesem Sinne kann der Glaube als ein Sieg verstanden werden, der aus dem korrespondierenden Liebesverhältnis von Gott und Mensch

erwächst: Aus der Erfahrung der Liebe des Schöpfergottes in die von ihm geschaffene Welt wird die Angst vor der Welt überwunden durch ein neues Vertrauen in die Welt. Nicht Weltflucht, nicht Weltfremdheit predigt darum der 1. Joh, sondern das selbstbewußte Zugehen von Christen auf die Welt durch eine exemplarische Praxis der Liebe, für die das Zusammenleben innerhalb der christlichen Gemeinde ein glaubwürdiges Zeugnis ablegen soll. Geht das alles auch ohne Jesus? Nein, denn so wie Gottes Liebe in Jesus Gestalt gewinnt, so wird auch alles Tun der Liebe letztlich die Züge seiner Gestalt tragen - und darin Gott selbst spiegeln.

Vorschläge zur Liturgie

Eingangspsalm

Groß ist unser Gott und groß seine Macht
und seine Weisheit ohne Ende.
Lobet ihn, ihr Himmel,
lobet ihn, Sonne, Mond und Planeten
in der Sprache, die euch gegeben ist,
euren Schöpfer zu loben.

Lobet ihn, ihr himmlischen Chöre,
und auch du, meine Seele, singe,
singe die Ehre Gottes,
solange es dir vergönnt ist.
Von ihm, durch ihn und zu ihm sind alle Dinge,
das, was wir noch nicht kennen,
und das, was uns bekannt ist.
Ihm sei Lob, Ehre und Preis
von Ewigkeit zu Ewigkeit.

Ich danke dir, Schöpfer und Herr,
daß du mir diese Freude an deiner Schöpfung,
das Entzücken über die Werke deiner Hände
geschenkt hast.
Ich will die Herrlichkeit deiner Werke
den Menschen kundtun,
soweit mein endlicher Geist
deine Unendlichkeit zu fassen vermag.
Wo ich etwas sage,
was deiner unwürdig ist,
oder wo ich der eigenen Ehre nachtrachte,
das vergib mir in Gnaden.

(Johannes Kepler 1571-1630)

Kollektengebet

Zusammengekommen sind wir, Gott,
an diesem Morgen,
um Dir, dem Schöpfer unseres Lebens,
die Ehre zu geben,
um zu hören, was Du uns sagst.
Eine ganze Woche bringen wir mit uns:
alles, was wir erlebten,
Bedrückendes und Schönes,
die Arbeit, die wir getan,
und die freien Stunden, die wir erlebten,
die frühlingshaften Tage
mit ihren hellen Farben
und dem Zauber Ihres Lichts.
Darum bitten wir Dich, Gott,
der Du die Liebe bist,
daß du heute mit uns redest,
daß du uns ansprichst und in Bewegung bringst.
Gib, daß die ganze Gestalt unseres Lebens
dir dankt, dich lobt, dich preist
durch Jesus Christus,
der aus deiner Liebe gelebt hat.

Lesungen

Präfamen zur Epistel 1. Johannes 5,1–4:
Geht es auch ohne den Glauben an Jesus? So fragen viele Menschen – damals wie heute. Nein, sagt die Epistel des heutigen Sonntags Jubilate. Denn in Jesus Christus nimmt Gottes Liebe unter uns Gestalt an. Das ist ein Grund, Gott zu loben.

Präfamen zum Evangelium Johannes 15,1–8:
Geht es auch ohne den Glauben an Jesus? So fragen viele Menschen – damals wie heute. Nein, sagt das Evangelium des heutigen Sonntags Jubilate. Denn nur in der Verbindung mit Jesus Christus trägt unser Leben reiche Frucht. Das ist ein Grund, Gott zu loben.

Fürbittengebet

Wir danken Dir, Gott,
für die Zeichen der Liebe und Freundlichkeit
in dieser Welt
und auch in unserem Leben.
Wir alle sind beschenkte und begabte Menschen,
jeder von uns hat Grund genug,
dir zu danken,

dich zu loben und zu preisen.
Wecke darum unsere Sinne auf,
daß wir uns auch über die kleinen
und unscheinbaren Dinge freuen können:
über ein mutmachendes, freundliches Wort,
über die kleine Aufmerksamkeit,
über die Liebe, die wir von anderen erfahren
und über die Schönheiten dieser Erde.

Du bist ein großzügiger Gott.
Du schickst keinen mit leeren Händen fort,
der zu dir kommt.
Fülle auch uns die Hände,
daß wir denen helfen,
die hilflos sind,
die ansprechen,
die einsam sind und denen niemand zuhört,
denen vertrauen,
die nur Mißtrauen erfahren,
denen zu ihrem Recht verhelfen,
die rechtlos und verachtet sind,
diejenigen versöhnen,
die sich auseinandergelebt haben -
damit alle sehen,
wie freundlich du bist.

Wir bitten Dich, der Du ein Gott der Liebe bist:
Laß in der ganzen Welt deine Kirche
aus Anbetung und Gesang
neue Kräfte schöpfen.

Mit den Worten Jesu rufen wir Dich gemeinsam an:
Vater unser im Himmel ...

Lieder

Als Eingangslied: EG 279,1+2+7+8 »Jauchzt, alle Lande« (Ps. 66).
Nach der Epistel: EG 108,1-3 »Mit Freuden zart«.
Nach dem Evangelium: EG 406,1+2 »Bei dir, Jesu, will ich bleiben«.
Nach der Predigt: EG 303,1+3+4+8 »Lobe den Herren, o meine Seele«
oder EG 409,1-8 »Gott liebt diese Welt«
oder nach Melodie: EG 395 »Vertraut den neuen Wegen«.

Vertraut den neuen Wegen, auf die der Herr uns weist,
weil Leben heißt: sich regen, weil Leben wandern heißt.
Seit leuchtend Gottes Bogen am hohen Himmel stand,
sind Menschen ausgezogen in das gelobte Land.

Vertraut der neuen Wegen und wandert in die Zeit!
Gott will, daß ihr ein Segen für seine Erde seid.
Der uns in frühen Zeiten das Leben eingehaucht,
der wird uns dahin leiten, wo er uns will und braucht.

Vertraut der neuen Wegen, auf die uns Gott gesandt!
Er selbst kommt uns entgegen. Die Zukunft ist sein Land.
Wer aufbricht, der kann hoffen in Zeit und Ewigkeit.
Die Tore stehen offen. Das Land ist hell und weit.

(Klaus Peter Hertzsch 1989)

Vorschlag zur Predigt

Möglicher Anfang
Liebe Gemeinde, wie ein heller Weckruf erklingt der Name des heutigen Sonntags »Jubilate«! Jubelt! Denn seit Ostern ist der Himmel über uns ein anderer geworden. Stimmt ein in den Jubel über Gott, der das Leben will. Mit der Auferstehung Jesu ist der lähmende Bann des Todes durchbrochen. Gott befreit uns aus den Gräbern unserer Angst. Das Tor ist aufgestoßen, im weiten Horizont der Liebe Gottes unser Leben neu zu wagen. Jubilate! Denn Ostern ist nicht nur Vergangenheit, Geschichte, die einmal war. Ostern ist auch lebendige, lebensstiftende Gegenwart. Ostern ist die Zukunft, auf die hin wir leben, handeln, hoffen. Laßt euch mitreißen von diesem Osterjubel, von dem unbezwinglichen Gesang des Lebens, der alle Müdigkeit, Trägheit, Verzagtheit aus euren Gliedern vertreibt. Steht auf und »jauchzet Gott in allen Landen«! (Ps 66,1). Jubilate! »Unser Glaube ist der Sieg, der die Welt überwunden hat.«
Unser Glaube - der Sieg? Wie steht es denn um unsern Glauben? Eine ernüchternde Frage. Sie holt uns von den Höhenflügen des Osterjubels ganz unvermittelt wieder auf den Boden der Tatsachen zurück. Nicht wahr - in unserer Kirche herrscht zur Zeit wenig Siegesstimmung, und auch von Aufbrüchen zu neuen Ufern ist wenig zu spüren. Ganz oben auf der Tagesordnung: die Sorgen um die Zukunft, um den Erhalt des Bestandes. Aufgrund der hohen Arbeitslosigkeit in unserem Land fließen die finanziellen Mittel spärlicher. Der Gürtel wird enger geschnallt. In vielen Gemeinden herrscht Unruhe, weil Pfarrstellen eingespart und kirchliche Dienste eingeschränkt werden sollen. Ein Rückzug auf künftig geringere Resourcen hat begonnen. Und auch der stille Auszug aus der Kirche setzt sich fort. Menschen kehren selbstbewußt der Kirche ihren Rücken zu. Viele von ihnen suchen nach einem Glaubensangebot auf dem ausufernden Markt der Religionen. Ist der christliche Glaube eine Antwort auf Fragen von gestern für die Ewiggestrigen, die den Zug der Zeit verpaßt haben?

Kein Grund zum Jubel also, wenn wir selbstkritisch die Früchte unseres Glaubens betrachten, kein Anlaß für Siegeshymnen; eher registrieren wir ein Dahinschlummern der weltverändernden oder gar weltüberwindenden Kräfte des Osterglaubens, dem nach 2000 Jahren Christentum weitgehend die Puste ausgegangen zu sein scheint. Kein Raum für die hellen, selbstgewissen und siegessicheren Töne, welche die Epistel des heutigen Sonntags Jubilate aus dem 1. Johannesbrief anschlägt.
Doch wie - wenn es ganz anders wäre, wenn schon damals, wenige Jahrzehnte nach den Osterereignissen, die Christen den Gegenwind der Geschichte genauso bedrängend erlebt hätten wie wir heute? Neuere Untersuchungen zeigen uns ein bewegendes und bewegtes Bild dieser jungen christlichen Gemeinde, an die sich unser Predigttext wendet. Da ist nach einem kurzen und stürmischen Höhenflug der Begeisterung für die von messianischem Glanz umstrahlte Gestalt Jesu plötzlich die Luft heraus. Folge: ein »Mitgliederschwund«, wie wir heute sagen würden. Überall bröckelt es ab. Viele, die dem neuen Messias zugejubelt haben, verlassen die Gemeinde und kehren zurück in den Schoß ihrer früheren Religion, ins Judentum. Sie sind überzeugt, sie können ihren Glauben auch ohne Jesus leben, ohne Ostern, ohne das Bild eines Gottes, der sich mit der Geschichte dieses Jesus verbindet und sich in ihr sichtbar macht. Wen haben wir also vor uns - als Adressaten unseres Briefes? Keine Glaubenshelden aus früher Zeit. Stattdessen eine Gemeinde in einer tiefen Glaubenskrise, erschüttert in den Grundfesten ihrer Wahrheit, um ihr Überleben ringend - verunsichert, ratlos, suchend. Wie wir. Und auf den Nägeln brennt die Frage: Wie können wir künftig bestehen? Gibt es aus den Wurzeln des Glaubens heraus für uns einen Neuanfang, einen Neubeginn, einen neuen Geburtsakt des Vertrauens in Gott?

Zum weiteren Verlauf
Im Folgenden möchte ich die Spannung zwischen einer christlichen Gemeinde, die in der Gefahr steht, sich defensiv und kleinlaut in den Schmollwinkel der Geschichte zurückzuziehen, und dem fast beschwörend durch jede Zeile des 1. Johannesbriefes hindurchklingenden Wunsch, diese Lähmung durch eine neue überzeugende Glaubens- und Lebenspraxis zu überwinden, an dem im Predigtabschnitt des Sonntags 1. Joh 5,1-5 formulierten Glaubensbekenntnis entfalten.
1. Die neue Wahrnehmung der Wirklichkeit (1. Joh 5,1)
Heraus aus der Defensive: Aus dem drohenden Abseits herausfinden kann nur eine Gemeinde, die neu zu bekennen wagt, was ihren Glauben trägt. Zurück zu den Quellen also: zu der geheimnisvollen Erfahrung, daß in einem Menschen auf einzigartige Weise Gottes Liebe aufgeleuchtet ist, daß Gottes Bild in ihm Gestalt annahm und sich ein neuer Raum öffnete für die Begegnung mit Gott mitten im dunklen Alltag der Welt. Wo wir erkennen und bekennen, daß dieser Jesus Christus »von Gott geboren«

ist, d. h. daß sich in ihm Gott selbst lebendig, schöpferisch und liebend mit unserer Welt verbindet, werden wir gleichfalls neu »von Gott geboren« - verwandelt zu Menschen, die von Gottes Liebe berührt, angesteckt und ermutigt sind. Dies läßt uns unsere oftmals einschüchternde und hoffnungsarm erscheinende Wirklichkeit mit anderen Augen wahrnehmen. Denn entgegen unserer Schwarzseherei ruht auf ihr Gottes liebender Blick; entgegen unseren Zukunftsängsten hat er schon an ihrer Veränderung zu arbeiten begonnen; entgegen unseren kleinmütigen Zweifeln hat er bereits helle Hoffnungsspuren in sie hineingelegt. Wo das Vertrauen in Gottes Liebe erwacht, verändert sich von Grund auf die Sicht meiner Person, meiner Geschichte, meiner Welt ...

2. Der neue Mut zum Handeln (1. Joh 5,2 f.)

Aus der Defensive in die Offensive: Die Erfahrung von Gottes Liebe befreit zur Liebe. Die inneren Widerstände, die von uns zu überwinden sind, um als Liebende handeln zu können, liegen weniger darin, daß die Liebe uns überfordert, sondern daß es uns an Zutrauen in ihre Kraft mangelt. Doch wo der Glaube die Augen öffnet für das, was Gottes Liebe vermag, da eröffnen sich im Vertrauen auf ihre verwandelnde Energie neue Spielräume der Hoffnung und Phantasie. Was unveränderbar und entmutigend erschien, beflügelt nun das Herz und beschwingt den Schritt. Herausforderungen werden angenommen. Denn der Ort der christlichen Gemeinde ist nicht die gesellschaftliche Nische, in der sie sich abkapselt und überwintert für vermeintlich bessere Zeiten, sondern ihr Platz ist der offene Markt, wo sie das, worauf sie vertraut, durch ihr Zusammenleben und Handeln bezeugt ...

3. Die überwundene Welt (1. Joh 5,3 f.)

Etwas verändern und verändert werden, an Widerständen wachsen: Die Welt und ihre Wirklichkeit sind nicht festgeschrieben. Veränderung ist möglich. Auch wir müssen nicht bleiben, die wir sind. Die Kräfte der Angst in uns können durch ein neues Vertrauen in die Liebe Gottes überwunden werden. Der Glauben ist nichts anderes als die Überwindung unserer Weltangst durch ein neues Weltvertrauen. Der Sieg des Glaubens über die Angst aber ist zugleich der Sieg über die oft so einschüchternde und lähmende Realität unserer Welt. Denn die Überwindung unserer Angst weitet den verengten Horizont; sie macht Lust zur Veränderung, zum Aufbruch zu neuen Ufern. Die Zukunft wird wieder offen und transparent für Utopien. Es lohnt sich, auf eine »Kultur des Erbarmens« hinzuleben - »betend, erzählend, handelnd« (Bischof Klaus Engelhardt auf der EKD-Synode in Borkum im November 1996).

Möglicher Predigtschluß

Wie steht es also um unseren Glauben? Was trauen wir ihm, was trauen wir Gott zu? Damals wie heute ist es ein Wagnis, sich in Gottes Arme fallen zu lassen in dem Vertrauen, daß seine Liebe uns trägt über den dunklen Wassern der Angst. Doch »Angst essen Seele auf«, wie der Regisseur Rainer Werner Faßbinder es 1973 im Titel einer seiner Filme beschrieb. Vielleicht ist das, was den Kreislauf unserer Angst aufbricht, als Geheimnis verborgen im Namen des heutigen Sonntags. »Jubilate« – jubelt, stimmt ein in das Lob Gottes! Was meint das? Doch wohl dies: Die so schwer faßbare und begreifbare andere Realität jenseits der Angst, der Atem von Gottes Liebe, wird mir erfahrbar im Atem meines Lobes über alles, was unsere Welt liebenswert und schön macht – inmitten dessen, was sie an Dunkelheiten in sich birgt. Im Lob weitet sich meine Seele. Im Lob entdecke ich mich selbst gleichsam wie neu geboren, wie neu beschenkt, besiegt und überwunden durch eine Kraft, die mir das Zutrauen ins Leben wiederschenkt. Darum: Jubilate! Amen.

Kontexte

Aus dem allem folgt der Schluß, daß ein Christenmensch nicht in sich selbst lebt, sondern in Christus und in seinem Nächsten: in Christus durch den Glauben, im Nächsten durch die Liebe. Durch den Glauben fährt er aufwärts zu Gott, von Gott fährt er wieder abwärts durch die Liebe. Sieh, das ist die rechte, geistliche, christliche Freiheit, die das Herz von allen Sünden, Gesetzen und Geboten frei macht. Sie überragt alle andere Freiheit wie der Himmel die Erde. Gott gebe uns, daß wir sie recht verstehen und festhalten! (Martin Luther »Von der Freiheit eines Christenmenschen«, 1520, *zitiert nach der Calwer Luther-Ausgabe Bd. 2 [1964], Seite 187)

Die Gesetzgebung Gottes ist ein Vorbild für die Regierungsweisheit des Menschen. Er kommt mit wenigen Geboten aus, weil er nichts überflüssiges gebietet, und seine Gebote sind nicht schwer, weil sie zu unserem Heil gegeben sind. Gott ist groß und einfach, und darum sind auch seine Gebote nur wenige Worte. Der Inhalt des göttlichen Gebotes heißt Liebe und der Beweggrund zu seiner Erfüllung heißt ebenso. Wie wir auf dieser einfachen Grundlage arbeiten, ist unsere Sache. Es ist möglich, daß wir bei dieser Arbeit menschliche Gebote verletzen, ohne doch damit vor Gott schuldig zu werden, und es ist ebenso möglich, daß wir vor Menschensatzungen untadelig sind und doch Gottes Gebot nicht erfüllt haben. Gottes Gebot ist nicht schwer, es ist einfach und herrlich, aber es wird doch im Grunde weniger befolgt als tausend Gebote der Menschen, denn große Gebote erfordern große Seelen, und die Liebe, die den Unendlichen erfaßt, ist und bleibt eine seltene Pflanze (Friedrich Naumann, Gotteshilfe, Gottesdienstgestaltung. Ein ökumenisches Werkbuch, hrsg. v. K.H. Bieritz u. a., Vandenhoeck & Ruprecht, Göttingen, 2. Aufl. 1987)

Als erste Komponente der gesunden Persönlichkeit nenne ich das Gefühl eines Ur-Vertrauens, worunter ich eine auf die Erfahrungen des ersten Lebensjahres zurückgehende Einstellung zu sich selbst und zur Welt verstehen möchte. Mit »Vertrauen« meine ich das, was man im allgemeinen als ein Gefühl des Sich-Verlassen-Dürfens kennt, und zwar in bezug auf die Glaubwürdigkeit anderer wie die Zuverlässigkeit seiner selbst. Das Ur-Vertrauen ist der Eckstein der gesunden Persönlichkeit. Gegen die sich häufenden Eindrücke von Enttäuschung, Trennung und Verlassenwerden, die zusammen einen Niederschlag von Ur-Mißtrauen bilden können, muß das Ur-Vertrauen aufrechterhalten und gefestigt werden. (Erik H. Erikson »Identität und Lebenszyklus«, © Suhrkamp Verlag Frankfurt am Main 1973, Seite 106 ff.) Der Glaube der Eltern, der das im Neugeborenen keimende Vertrauen unterstützt, hat stets im Verlauf der Geschichte seine institutionelle Sicherung in einer organisierten Religion gesucht. Das aus der liebenden Fürsorge erwachsene Vertrauen ist der Prüfstein der Aktualität jeder Religion. (ders. »Kindheit und Gesellschaft«, Klett-Cotta, Stuttgart 1968/3, Seite 244)

Kantate

Annäherungen an den Predigttext
Brief an die Gemeinde in Kolossä 3,12–17

Gerhard Engelsberger

Kein »Lied, marsch, marsch«
Es gibt Haltungen, anerzogen, übernommen, tradiert, die sind nicht weniger als Uniform oder Fahne, Ausdruck einer bestimmten Zugehörigkeit. Ich erinnere mich - um nicht gleich mit Kirchenbeschimpfung zu beginnen - wie ich einmal mit dem Sessellift auf dem Feldberg, dem höchsten Berg des Schwarzwald ankam. Schon beim Aussteigen empfing mich ein mehr oder weniger erhebender, vierstimmiger Männergesang. Ein Männergesangverein hatte sein Ausflugsziel erreicht und mußte auf diese Weise seine »Duftnote« hinterlassen.
Andere Szene: Wir sitzen mit unseren Kirchenältesten inmitten vieler Besucher eines badischen Tagungshauses beim Mittagessen. Fünf oder sechs verschiedene Gruppen tagen gleichzeitig, darunter offensichtlich ein Kirchenchor. Während die »Meinen« schon mit dem Essen der Suppe beginnen, klopft ein Mittvierziger unüberhörbar an sein Glas und stimmt einen gebetsersetzenden Mittagskanon an. Wir lassen aus Anstand die Suppe stehen, schauen uns kopfschüttelnd an, singen zögerlich, teils verärgert eben mit, weil es sich so gehört.
Dritte Szene: Bei aller kultureller Leistung durch die evangelische Kirchenmusik - muß es denn wirklich immer ein Kanon sein? Muß das Kaffeetrinken partout immer »fröhlich sein« mit der entsprechenden händeschüttelnden und Verse aufsagenden Eingangsliturgie? Warum überkommt Christen, wenn sie gehäuft auftreten, dieser Drang zur Demonstration einer Fröhlichkeit, die ihnen sonst sowohl im Privatleben wie auch in Gottesdiensten meist abgeht?
Vierte Szene: Ich sehe vor mir einen Kirchenchor, Altersdurchschnitt weit über 50 Jahre. Vor ihm steht ein kirchenmusikalisch korrekt ausgebildeter Dirigent, der seinem Chor einen Gospel-Song beibringen will. All die armen Menschen, die in ihrem Leben noch nie etwas von »blue notes«, von einem Lebengefühl in Synkopen, von »schwarzer Musik« gehört haben, werden mit exakten Dirigenteneinsätzen, unter lautstarkem Zählen, Händeklatschen, schließlich unter vorwurfsvollen Blicken auf »modern« und »jung« getrimmt. Ich spreche den Dirigenten vorsichtig auf das Mißverhält-

nis an. »Ich möchte«, so meint er, »mit diesen Liedern mithelfen, daß auch Jüngere in den Chor kommen.« Ob dabei die Klage und das Loblied der Schwarzen auf den Baumwollfeldern Virginias vergewaltigt wird, scheint ihn ebenso wenig zu interessieren wie die banale Weisheit, daß ein Lied nur klingt, wenn Herz und Bauch mitsingen.

Letzte Szene: Eine Kollegin leitet das Gebet im Gottesdienst mit der Formel ein: »Wir wollen nun beten«. Später sage ich ihr, wie deutlich ich gespürt habe, daß ich nicht »will«, daß ich ganz anderes im Sinn hatte zu diesem Zeitpunkt. Mir wird klar, was wir allein schon Sonntag für Sonntag damit tun, daß wir die Lieder auswählen, die gesungen werden, ganz abgesehen von formulierten Gebetsanliegen. Gäbe es vielleicht - gerade nach Einführung des neuen Gesangbuches - die Möglichkeit, ab und zu die Gemeinde zu befragen, welche »alten« Lieder sie gerne wieder singen und welche »neuen« Lieder sie einmal kennenlernen möchte? Ich werde jedenfalls eine solche Umfrage bei uns starten. Es bleibt abzuwarten, was dabei herauskommt. Aber wichtig ist: Die Auswahl der Lieder ist nicht anders wie die Predigt und der ganze Gottesdienst eigentlich Sache der Gemeinde - evangelisch verstanden.

Erinnerung

Mehrmals wieder in den letzten Wochen bin ich von Schwerkranken und Sterbenden auf die enorme Kraft verinnerlichter, erinnerter Lieder hingewiesen worden. Besonders eindrücklich waren mir die Schilderungen der Verwandten eines eben Verstorbenen. Er war seit dem 8. Lebensjahr durch eine Krankheit gehörlos. Man brachte ihn - für die 20er Jahre unseres Jahrhunderts eminent fortschrittlich - in eine besondere Schule in Berlin. Dort lernte er, der absolut nichts mehr hören konnte, mithilfe sehr einfühlsamer Lehrerinnen und Lehrer die klassischen Gedichte, die Lieder Paul Gerhardts, humanistisches Gedankengut in Versform auswendig. Bald 8 Jahrzehnte arbeitete er an diesem inneren Schatz, rezitierte im Familienkreis Gedichte, legte die Hand aufs Klavier, wenn die Enkelin eine Mozartsonate spielte und strahlte dabei. »Erinnerte« Lieder und Gedichte wurden zur Brücke zu anderen, Basis seiner ganz eigenen Kommunikationsfähigkeit. Und darüber hinaus: Es gibt Klänge, die tief in uns leben. Wenn sie zu schwingen beginnen, beginnt der Mensch zu strahlen.

Was das Herz voll ist

Der Volksmund und Matth 12 sagen: Was das Herz voll ist, des läuft der Mund über. Der Singkreis unserer Gemeinde, mit dem ich kurz über den Predigttext spreche, ist sich schnell einig: Die Kleiderordnung, von der der Kolosserbrief erzählt, enthält als entscheidendes Band die Liebe. Liebe wird dadurch aber nicht nur zum äußeren Zeichen, gelobt wird aus dem Inneren, aus dem Herzen (Kol 3,16). Ich kann noch so schöne, jugendliche und farbenprächtige Kleider anziehen, wenn das Herz müde und kalt ist, wird nie ein strahlender Mensch daraus. Andererseits sagen die Frauen und

Männer: Mit Liedern ist es wie mit Menschen, manchmal spürt man eine ganz spontane Sympathie und harmoniert, manchmal ist der Weg sehr mühsam. Erst nach langen, nervenden Proben entdeckt man die Liebe zu einem schwierigen Stück.
Kann der Gottesdienst an Kantate helfen, daß Herzen sich bewegen? Jedenfalls nicht durch plattes Absingen möglichst vieler und möglichst neuer Lieder. Eher durch eine sensible Entdeckungsreise, wo jeweils das Herz des anderen schlägt. Sobald wir das hören, beginnt die spannende Frage, ob aus dem, was da beim Einzelnen zum Klingen kommt, ein gemeinsames Loblied werden kann. Der Predigttext nennt alle notwendigen und sensiblen Schritte, an deren Ende (!) die Dankbarkeit der Herzen in ein gemeinsames Gotteslob mündet.

Zum Gottesdienst

Dorothee Münkner

Exegetisch-homiletische Skizze

1. Die Perikope enthält einen Tugendkatalog (Vers 12–15), eine die Gemeinde betreffende Ermahnung (Vers 16) und einen allgemeinen Abschluß (Vers 17). Der Aufbau des 3. Kapitels zeigt die Zeitbezogenheit der ethischen Mahnungen: Vers 18–25.4,1 die Ermahnungen an Frauen, Kinder, Sklaven und ihre Herren. Ergänzend zum Tugendkatalog findet sich in den Versen 5–11 ein Lasterkatalog. Beide werden durch die Ermahnung Legt ab! Zieht an! miteinander verbunden. Wie einer alte und neue Kleider wechselt, so soll auch der alte und der neue Mensch sein. Das in Christus verborgene Leben soll in der Gemeinde und ihrem Verhalten wiederstrahlen (Vers 1–4). Der Grund für die Verhaltensänderung ist die Berufung. Von der Berufung wird in Anklängen an den alten Bund gesprochen: »Ihr sollt mir ein Königreich von Priestern werden und ein heiliges Volk« (Exodus 19,5.6) bis hin zur Offenbarung des Johannes (1. Vers 6) »er hat uns zu einem Königreich, zu Priestern für Gott, seinen Vater gemacht ...« und parallel dazu im 1. Brief des Petrus: »Ihr aber seid das auserwählte Geschlecht, die königliche Priesterschaft, das Volk des Eigentums, damit ihr die herrlichen Taten dessen verkündet, der euch berufen hat« (2. Vers 9). Als zweiter Grund für die Verhaltensänderung wird die Dankbarkeit genannt. In verschiedenen Variationen begegnet die Aufforderung: und seid dankbar (Vers 15.17). Ein Anreiz für die Gemeinde besteht darin, Gottes Verhalten nachzuahmen (vgl. Eph 5) und Jesus ähnlich zu werden: »Wie Christus euch vergeben hat, so vergebt auch ihr!« (Vers 13).

2. Vers 16 setzt über die einzelnen Beispiele hinaus einen Schwerpunkt: »Laßt das Wort Christi reichlich unter euch wohnen«. Diese Aufforderung wird sogleich in Theorie und Praxis erläutert: Einmal durch Weisheit, Lehre und Ermahnung und dann praktisch durch das Singen von Psalmen, Hymnen und geistlichen Liedern. Für den Sonntag der Kirchenmusik, Kantate,hat dieser Vers wohl den Ausschlag für die Perikopenwahl gegeben. Hier sind die Kirchenmusikerinnen und Kirchenmusiker gefragt, die Gestaltung des Gottesdienstes zu prägen. Ein Blick in die Psalmen erweitert den Horizont ebenso wie die Benutzung des katholischen Gesangbuches, des »Gotteslob«. Eindrücke aus der Liturgie der orthodoxen Kirche wie »die himmlische Liturgie« des heiligen Chrysostomus, werden der Predigt zugute kommen. Das gleiche gilt für die Lieder aus der Ökumene, die zum Teil im Evangelischen Kirchengesangbuch zu finden sind. Hier deutet sich die Möglichkeit einer Themapredigt an, konzentriert auf Vers 16.
3. Vers 17 bündelt die Aussagen über das Verhalten. Aus der Dankbarkeit heraus wird der christliche Lebensstil entwickelt. Sie ist nicht der letzte Schritt, sondern die Motivation, aus der sich die christlichen Tugenden ableiten lassen. Aus dem Wort Jesu Christi lassen sich die Kriterien für das tägliche Verhalten benennen: Alles, was ihr tut! Tut es im Namen Christi!
Das dritte Kapitel des Briefes an die Gemeinde Kolossä zeigt die Schwierigkeiten für die Maßstäbe christlichen Verhaltens! Eine inklusive Sprache findet sich hier nicht. Auf der einen Seite argumentiert der Apostel mit der christlichen Freiheit (Vers 11), auf der anderen Seite befiehlt er den Frauen, sich ihren Männern unterzuordnen (Vers 18). Es hat lange gedauert, bis dieser Passus aus der christlichen Trauagende gestrichen wurde. Predigerin und Prediger sind gewarnt, wenn sie zur Predigt ansetzen. Sie könnten leicht das, was sie für anständig halten als christlichen Lebensstil ausgeben. Und wie ist es mit den christlichen Liedern? »Da wird man gezwungen, etwas zu singen, was man nie sagen würde«, lautet ein ernst zu nehmender Einwand. Der Verzicht auf Konkretion könnte aber zur Flucht ins Allgemeine werden. Damit ist niemand geholfen. Die christliche Kleiderordnung nach der letzten Mode durchzuprüfen, bringt auch nicht weiter.
4. Ich konzentriere mich in der Predigt auf den Anfang von Vers 16, um die Frage: Wie redet die Gemeinde Jesu Christi miteinander? Was richtet sie auf? Was lähmt sie? Wo kommt das Wort Christi in der Gemeinde vor? vom Predigttext her zu meditieren. Denn wenn das Wort Christi ein erlösendes Wort ist, dann muß dieses erlösende Wort auch in seiner Gemeinde zu finden sein. Und an den Konkretionen des Predigttextes sind Antworten möglich. Mir ist wichtig die Frage nach der Dankbarkeit als Kennzeichen eines christlichen Lebens; Dankbarkeit, die ihren Ausdruck in der Musik, im Gotteslob findet. Auf diese Weise können Predigttext und Sonntag Kantate miteinander verbunden sein.

Lieder (alle aus dem EG)
302 Du meine Seele, singe
265 Nun singe Lob, du Christenheit
368 In allen meinen Taten
243 Lobt Gott getrost mit Singen
330,7 »Ach nimm das arme Lob auf Erden,
mein Gott, in allen Gnaden hin.
Im Himmel soll es besser werden,
wenn ich bei deinen Engeln bin;
da sing ich dir im höhern Chor
viel tausend Halleluja vor.«

Gebete
So
wie die Kompaßnadel
sich,
vom Magneten berührt,
gen Norden wendet,
so gebührt es mir,
o Herr,
mich dir zuzuwenden in Liebe,
um dich zu preisen
und dir zu dienen,
hast du doch
aus Liebe
Pein und Leiden erduldet.
(Raymundus Lullus; vom Vf. leicht geändert)

Schenke uns
ein reines Herz,
damit wir dich sehen;
ein demütiges Herz,
damit wir dich hören;
ein liebendes Herz,
damit wir dir dienen;
ein gläubiges Herz,
damit wir dich leben.
(Dag Hammarskjöld)

Wenn ich niedergeschlagen und hilflos bin,
wenn Lügen das Feld beherrschen,
wenn Angst und Gleichgültigkeit wachsen – komme dein Reich.

Wenn die Freude versiegt,
wenn keine Liebe mehr da ist,
wenn der Unglaube zunimmt - komme dein Reich.
Zu den Kranken und Einsamen,
zu den Gefangenen und Gefolterten - komme dein Reich.
In unsere Kirchen,
in unsere Gebete und Lieder - komme dein Reich.
In unsere Herzen,
in unsere Hände und unsere Augen - komme dein Reich.
(Tschechische Litanei)

Gedenke, Herr,
der Stadt, in der wir wohnen,
jeder Stadt und jedes Landes
und der Gläubigen, die darin wohnen.
Gedenke, Herr,
der Reisenden, der Kranken, Notleidenden und Gefangenen.
Gedenke, Herr, derer,
die Frucht bringen und Gutes tun und sich der Armen annehmen
in deinen heiligen Gemeinden.
Laß über uns kommen den Reichtum deiner Barmherzigkeit
und laß uns mit einem Mund und einem Herzen
deinen herrlichen und hohen Namen preisen und feiern,
Vater, Sohn und Heiliger Geist,
jetzt und immerdar und von Ewigkeit zu Ewigkeit.
Und die Gnade des großen Gottes und unseres Heilandes
Jesus Christus sei mit uns allen.
(Aus der Chrysostomus-Liturgie)

Alle Gebete sind aus dem Ökumenischen Fürbittenkalender: »Mit Gottes Volk auf Erden«, Lembeck/Knecht, Frankfurt 1989.

Vorschlag zur Predigt

Predigtanfang
Lasset das Wort Christi reichlich unter euch wohnen! Wie redet die Gemeinde Christi miteinander? Wir kommen ja zum Gottesdienst zusammen, um uns anreden zu lassen. Wir möchten hören. Wir brauchen für uns selbst diese Anrede Gottes, die Stille und Sammlung, die unser Herz öffnet, damit wir wissen, wie wir leben können. Es gibt für diese Haltung ein schönes Symbol. Das Schneckenhaus. Damit meine ich nicht das Schneckenhaus, in das man sich zurückzieht, sondern das Schneckenhaus, das wie eine Muschel aussieht. Es ist das Symbol der Schwedischen Individuellen Menschenhilfe in Hannover und ein Zeichen des Zuhö-

rens, der Offenheit und der Behutsamkeit. Einen solchen Umgang wünschen wir uns untereinander. In dieser Haltung kann das erlösende Wort gefunden werden. Wir wissen selbst, wie gut ein erlösendes Wort tut. Da ist es plötzlich leicht, miteinander zu reden, da wird nichts unter den Teppich gekehrt, da hat man sich etwas zu sagen und das Gespräch geht in die Tiefe. Aber auf Befehl geht das nicht. In Psalm 137 heißt es: »... an die Weiden im Lande hängten wir unsere Harfen. Denn dort hießen uns singen, die uns hinweggeführt, hießen uns fröhlich sein unsere Peiniger ... Wie könnten wir des Herrn Lied singen auf fremder Erde?« Trauer und Angst wirken lähmend. Wie soll da das erlösende Wort gefunden werden?

Weiterer Verlauf
Der Apostel schlägt der Gemeinde zwei Wege christlichen Lebens vor:
- den Weg durch Weisheit, Lehre und Ermahnung und
- den Weg durch Psalmen, Hymnen und geistliche Lieder;

Der Apostel beschreibt den Ton, der in einer Gemeinde maßgeblich ist. Er sagt: Ihr seid von Gott auserwählt, heilig und geliebt. Aus dieser Liebe gestalten sich Weisheit, Lehre und Ermahnung und soll auch untereinander angemahnt werden: wie Christus, so verhaltet auch ihr euch!
Der schönere Weg ist das Singen.
Durch die Psalmen lernen wir das Loben Gottes in allen Lebenslagen. In der orthodoxen Kirche lernen wir, was ein Hymnus ist.
Die Kirchenmusik lehrt uns, Lebenserfahrung und Gotteserfahrung zusammenzubringen und gemeinsam Gott zu loben.

Predigtschluß
Seid dankbar! Dankt Gott, dem Vater, durch Jesus Christus! Hier ist der Grundton für das Singen und Beten der Gemeinde und damit die Grundlage für den christlichen Lebensstil. Wie diese Dankbarkeit aussehen kann, hat Matthias Claudius in Worte gefaßt, die uns wie ein Kinderlied vorkommen. In seinen Worten drückt sich eine tiefe, im Leben verankerte Frömmigkeit aus. Er nennt das Gedicht »täglich zu singen«. Es beginnt mit den Worten »Ich danke Gott und freue mich, wie's Kind zur Weihnachtsgabe, daß ich bin, bin! Und daß ich dich, schön menschlich Antlitz habe; daß ich die Sonne, Berg und Meer und Laub und Gras kann sehen und abends unterm Sternenheer und lieben Monde gehen; und daß mir dann zu Mute ist, als wenn wir Kinder kamen und sahen, was der heil'ge Christ bescheret hatte, Amen!« (aus Matthias Claudius: Der Wandsbecker Bote. insel taschenbuch 130, Seite 206–208)
Es ist die tägliche Dankbarkeit, die in der Gemeinde erinnert wird, die eine Einstellung zu Geld, Ehre und zum Umgang miteinander auslöst. Davon kann der Apostel einen ganzen Katalog aufstellen, den er den Christen wie einen Spiegel vor die Augen hält. Aber der Grundton im Umgang kommt

vom Gotteslob und die Korrekturen, die im Leben nötig sind, werden im Wort Christi gefunden. Deshalb soll es reichlich in der Gemeinde wohnen und untereinander verbreitet werden.

Kontexte

»Es liegt daran, daß der Haufe Gottes oder Gottes Volk ein Wort oder Lied annehme oder für unrecht erkenne. St. Ambrosius hat viel schöner Hymnen gemacht, heißen Kirchengesang darum, daß sie die Kirche angenommen hat und braucht, als hätte sie dieselben gemacht und wären ihre Lieder« (Martin Luther) - Motto für Jochen Klepper: »Kyrie«, Eckart-Verlag 1958/9.

Mit Gottes Volk auf Erden - Ökumenischer Fürbittenkalender, Lembeck/Knecht 1989

Die Autorinnen und Autoren

Superintendent Theodor Bohlen, Hannover; Dekan i. R. Dr. Friedhelm Borggrefe, Ludwigshafen; Dekan Dr. Ludwig Burgdörfer, Landau; Student Jörg Chilla, Schwerte; Pfarrer Stefan Claaß, Mainz; Pfarrer Dr. Albert Damblon, Korschenbroich-Herrenhoff; Pfarrer Gerhard Engelsberger, Wiesloch; Superintendentin Gisela Fähndrich, Garbsen; Pfarrer Christian Fuhrmann, Naumburg-Flemmingen; Pfarrerin Dr. Heiderose Gärtner, Ludwigshafen; Pfarrer Wolfgang Gerts, Neustadt am Rübenberge; Pfarrer Peter Godzig, Schleswig; Studentin Dorothée Gommen, Schwerte; Pfarrer Günter Gottschämmer, Darmstadt; Pfarrer Helmut Gröpler, Neuruppin; Sonderpädagogin Susanne Gröpler, Neuruppin; Pfarrer Friedrich Holze, Loccum; Superintendent Christof Karzig, Neuruppin; Pfarrer Hannes-Dietrich Kastner, Worms; Pfarrerin Heidi Kell, Tangstedt; Pfarrerin Ingrid Keßler-Woertel, Moormerland-Veenhusen; Pfarrerin Hanne Köhler, Flörsheim; Pfarrerin Jutta Konowalczyk-Schlüter, Bremen; Direktor Pfarrer Helmut Liersch, Braunschweig; Pfarrer Helmut Marschall, Dorum; Pfarrerin Dorothee Münkner, Hannover; Pfarrerin Ulrike Schilling, Kiel; Pfarrer Joachim Schnell, Bad Bevensen; Pfarrer Dieter Schupp, Kaiserslautern; Pfarrer Dr. Gunnar Sinn, Nürnberg; Pfarrerin Renate Stein, Küsten; Karin Weissenborn, Worms; Präses Hartmut Wenzel, Nürnberg; Pfarrerin i. R. Elsbeth Zuleck, Ludwigsburg